Bernard Waymel

# La Hongrie de Kádár à Orbán

## Du communisme de goulache à la démocratie illibérale

# Table des matières

# Avant-propos

La Hongrie, petit pays d'Europe centrale d'à peine dix millions d'habitants, est assez peu connue des français. Il y a même généralement confusion entre sa capitale Budapest, une ville d'un million sept cent mille habitants tout de même, et celle de la Roumanie, Bucarest. Lorsque les médias français évoquent la Hongrie de façon positive, c'est qu'il s'intéressent au tourisme thermal ou aux cliniques dentaires à bas coût. Mais en général ils donnent de ce pays une image assez peu reluisante en faisant leurs titres sur les atteintes à l'état de droit perpétrées par le régime d'Orbán Viktor[1], premier ministre depuis 2010.

Parmi les plus anciens, certains se souviennent que la Hongrie était considérée comme la baraque la plus gaie du camp socialiste à l'époque où le rideau de fer était encore en place, c'est-à-dire jusqu'en 1990. Je me suis rendu pour la première fois en Hongrie en 1985 pour passer une semaine de vacances au bord du Balaton, un immense lac de 70 km de long. De Paris j'avais loué par le biais de l'agence de tourisme officielle IBUSZ un petit logement privé sur la rive sud du lac. Il y avait bien évidemment des lourdeurs bureaucratiques : exigence d'un visa pour entrer dans le pays, longue attente à la frontière, obligation pour le loueur privé de présenter les passeports des vacanciers étrangers à la police ou encore nécessité de se procurer des bons pour obtenir du carburant. Mais les hongrois que j'ai pu côtoyer m'ont donné l'impression de mener leur vie sans trop de soucis. Les magasins étaient correctement approvisionnés même si la gamme de produits proposée était limitée, seulement deux sortes de fromage par exemple.

Pendant une quinzaine d'années je suis retourné dans ce pays une ou deux semaines chaque été. J'ai pu y observer des changements rapides à partir de 1990. Ce qui m'a le plus marqué, c'est d'abord l'inflation importante puisque le taux de change du forint[2] hongrois par rapport aux monnaies occidentales a été divisé par quatre en dix ans de 1990 à 2000. C'est aussi l'ouverture de nombreux petits

---

1    En hongrois le nom précède le prénom. J'ai respecté cette règle.
2    Forint se traduit par florin mais c'est le terme forint qui est généralement utilisé en français.

magasins privés, pas beaucoup plus chers que les magasins d'État qui vont peu à peu disparaître. Ce que je n'ai pas vu depuis mon lieu de villégiature, c'est la liquidation de grands complexes industriels obsolètes entraînant le chômage pour de nombreux ouvriers non qualifiés.

En 2000 j'ai acheté un logement à Budapest ce qui m'a permis de séjourner plus longuement dans le pays, près de quatre mois par an, le temps des vacances scolaires dont je bénéficiais en tant qu'enseignant. Je me suis alors intéressé plus sérieusement à la politique hongroise. Je me trouvais devant la télévision hongroise lorsqu'en 2006 les socialistes et leurs alliés libéraux ont remporté un second mandat consécutif aux élections législatives alors que depuis 1990 il y avait toujours eu une alternance, les sortants étant systématiquement battus parce qu'ils avaient mécontenté la population.

J'ai alors été témoin d'une dégradation rapide de la situation aussi bien économique que politique. Les socialistes avaient fait des promesses inconsidérées qu'ils n'ont pas pu tenir. Le responsable du parti ira même jusqu'à déclarer devant une réunion des députés de son groupe tenue à huis-clos qu'il avait sciemment menti aux électeurs pour gagner les élections. Ces propos fuiteront ce qui provoquera la fureur de l'opposition avec de violentes manifestations. En 2008 La Hongrie est durement touchée par la crise financière internationale, elle se retrouve au bord de la faillite. Elle sera sauvée par l'aide de la BCE[3], du FMI[4] et de l'Union européenne, aide dont les contreparties imposées entraîneront une détérioration des conditions de vie de nombreux hongrois.

Comme il fallait s'y attendre l'opposition emmenée par Orbán Viktor remporte les élections législatives de 2010. C'est un triomphe puisque son parti obtient la majorité des deux-tiers qui lui permet de changer la constitution et de faire voter de nombreuses lois requérant cette majorité. L'opposition crie à la dictature et utilise le néologisme *viktatura*[5] pour qualifier le régime. Régime assez autoritaire, il faut le reconnaître, toujours soutenu à l'unanimité par

---

3  Banque centrale européenne.
4  Fond monétaire international.
5  Mot forgé à partir du prénom Viktor et du terme hongrois diktatura que l'on traduit aisément.

5

les députés du parti d'Orbán car il n'est pas envisageable de jouer au frondeur.

Orbán mène une politique nationaliste très critiquée par l'Union européenne, surtout lorsqu'il s'attaque aux banques ou aux grandes sociétés à capitaux étrangers, et par la plupart des médias occidentaux mais appréciée par de nombreux hongrois. C'est pourquoi il est reconduit avec la même écrasante majorité aux élections de 2014. Au cours de ce deuxième mandat c'est sur la question migratoire qu'Orbán se distingue au grand dam des dirigeants européens. Mais sa politique économique porte ses fruits puisque le taux de chômage tombe à 3,8 % au début de l'année 2018.

Je dois avouer que lorsque j'ai commencé à écrire ce livre j'avais un a-priori défavorable envers Orbán. J'étais vraisemblablement influencé par les médias français pour qui Orbán, avec un programme politique proche de celui du front national, tendance Marion[6], est un personnage qu'il faut à tout prix diaboliser. Mais la télévision et la presse hongroises, qui ne soutiennent pas unanimement le régime d'Orbán contrairement à ce que l'on pourrait penser, m'ont fait changer d'avis. Certes je ne suis pas devenu un admirateur béat du régime d'Orbán. La corruption reste très importante dans le pays, une partie des fonds européens versés à la Hongrie s'évapore. Par ailleurs Orbán est capable de tenir un discours destiné à la Hongrie profonde et nationaliste, puis de se dédire en s'alignant sur Merkel dans les conclaves bruxellois. Mais il faut reconnaître que la situation économique du pays s'est bien améliorée. Par ailleurs on se sent vraiment en sécurité dans ce pays même si cela a nécessité des mesures que certains jugent attentatoires aux droits de l'homme.

Dans ce livre je parcours l'histoire de la Hongrie de 1956 à nos jours. Je relate les faits les plus anciens à partir de lectures d'ouvrages généralement écrits ou traduits en français ou d'informations tirées de Wikipédia en français, en anglais ou en hongrois, en effectuant un sérieux tri compte-tenu des imprécisions ou des partis-pris des auteurs ou rédacteurs. Quant aux événements les plus récents je les ai vécus et suivis dans la presse. J'ai retenu les

---

6    Marion Maréchal Le Pen que l'on peut considérer comme le chef de file de la branche la plus cléricale de ce parti.

plus importants que je relate par ordre chronologique. J'en ai beaucoup parlé avec mes amis hongrois, des intellectuels qui font plutôt partie de l'opposition à Orbán, des urbains parfois un peu déconnectés de la vie réelle pour lesquels une simple manifestation regroupant quelques centaines de personnes est un signe annonciateur de la fin prochaine du régime d'Orbán.

Avant d'entrer dans le vif du sujet j'ai tenu à évoquer brièvement trois thèmes récurrents de la vie politique hongroise que sont le Trianon, Horthy et les tziganes. Les deux premiers prennent leur source dans l'entre-deux guerres tandis que le troisième a une origine beaucoup plus ancienne puisque les tziganes sont arrivés en Hongrie au XIVe ou au XVe siècle, fuyant les Balkans devant les conquérants ottomans.

# 1 - Le Traité du Trianon

Imaginez que la France ait fait partie des vaincus de la première guerre mondiale. Que par un traité imposé par les vainqueurs la Bretagne ait été donnée à l'Angleterre et que la pratique du français y soit, près d'un siècle plus tard, une source de conflits. Imaginez que l'Alsace et la Lorraine aient été cédées à l'Allemagne. Imaginez que la Savoie et la région de Nice aient été attribuées à l'Italie à l'issue d'une conférence internationale. C'est la situation qu'à vécue la Hongrie en 1920, avec un démembrement encore plus important aussi bien en population qu'en territoire.

L'empire austro-hongrois, composé de l'empire d'Autriche et du royaume de Hongrie, fait partie des vaincus de la première guerre mondiale. Cet état multiethnique de 51 millions d'habitants s'effondre avec la défaite militaire. Le 31 octobre 1918 la Hongrie, qui jouissait déjà d'une large autonomie au sein de l'empire, se sépare de l'Autriche. Mais les territoires majoritairement slaves de Haute-Hongrie et de Ruthénie[7], 3 millions et demi d'habitants dont plus d'un million de magyars[8], rejoignent la Tchécoslovaquie. Au sud du royaume, les croates puis un peu plus tard la province de Voïvodine[9] prennent leur indépendance et rejoignent les serbes dans ce qui deviendra la Yougoslavie entraînant avec eux plus d'un demi-million de magyars. A l'est la Transylvanie[10] qui compte 5 265 000 habitants dont 1 700 000 hongrois va rejoindre le royaume de Roumanie. A la fin de l'année 1918 le territoire de la Hongrie est sérieusement amputé.

Mais ce n'est qu'un an plus tard, à la fin de l'année 1919, que la Hongrie est convoquée à Paris par les vainqueurs pour entamer les négociations de paix. Les frontières avec l'Autriche à l'ouest et avec la Tchécoslovaquie au nord ont déjà été fixées dans le traité de paix signé par l'Autriche à Saint-Germain-en-Laye le 19 septembre 1919. Les membres de la délégation hongroise sont quasiment traités comme des prisonniers. Si la Hongrie veut faire valoir ses droits historiques sur les territoires dont on veut l'amputer, les vainqueurs

---

7     Transcarpatie ukrainienne autour des villes d'Oujgorod et Moukatchevo.
8     « Magyar » est la traduction hongroise de « hongrois ».
9     Nord de la Serbie.
10    Nord-ouest de la Roumanie.

lui opposent le droit des peuples à disposer d'eux-mêmes, qui ne s'appliquera cependant pas aux communautés hongroises séparées de la mère-patrie.

Le traité du Trianon[11] est signé avec la Hongrie le 4 juin 1920. Le royaume de Hongrie est amputé des deux tiers de son territoire, sa superficie passant de 283 000 à 93 000 km², et de la moitié de sa population dont une bonne partie n'était cependant pas magyarophone[12]. Mais plus de trois millions de Hongrois se retrouvent à l'extérieur des nouvelles frontières, un million sept cent mille en Roumanie, près d'un million en Tchécoslovaquie et cinq cent mille dans le royaume des serbes,croates et slovènes.

Des milliers de rapatriés, les fonctionnaires représentant l'État dans touts les territoires perdus qui n'ont aucune chance de retrouver un emploi dans les régions séparées de la Hongrie arrivent à Budapest avec leur famille. On ne peut pas les loger. Beaucoup de familles vont végéter des années durant dans des wagons désaffectés dans la banlieue de Budapest. Il y a bien sûr beaucoup de misère parmi ces populations. La nostalgie des territoires perdus est légitime.

L'injustice flagrante de ce traité a traumatisé les hongrois aussi bien à l'intérieur des nouvelles frontières que dans les communautés magyarophones détachées du pays. Il faut reconnaître que les Hongrois ont été les principales victimes des traités imposés par les vainqueurs de la première guerre mondiale. S'il était logique de donner satisfaction aux minorités slaves ou roumanophones de la grande Hongrie, il est clair que Prague, Bucarest et Belgrade ont tout fait pour que le droit des hongrois à disposer d'eux-mêmes soit ignoré dans le traité imposé par les vainqueurs.

Avec ce traité la Hongrie perd aussi une bonne partie de ses richesses naturelles et de son industrie. Elle perd son accès à la mer. L'explosion de colère qui éclate chez les Hongrois, non seulement à l'intérieur du pays mais aussi dans les territoires détachés, est parfaitement légitime pour les observateurs neutres. Ils ont du mal à comprendre la stratégie des vainqueurs qui semblent avoir voulu humilier la Hongrie. Ont-ils été effrayés par la courte expérience de

---

11  Signé au Grand Trianon dans le parc du château de Versailles.
12  Parlant la langue hongroise.

la République des conseils de Hongrie dirigée par Kun Béla[13] et le risque de contamination bolchevique ?

Miklos Horthy, élu régent le 1er mars 1920 dans l'attente de la restauration de la monarchie, négocie tant bien que mal le traité de Trianon et, sitôt après l'avoir signé, réclame avec insistance sa révision. Pour l'obtenir, il se rapproche de Mussolini puis de Hitler. En novembre 1938, c'est le premier arbitrage de Vienne, Ribbentrop et Ciano[14] permettent à la Hongrie de récupérer le sud de la Slovaquie. En mars 1939, c'est la Transcarpatie ukrainienne qui rentre dans le giron hongrois à l'occasion du démantèlement de la Tchécoslovaquie. Lors du second arbitrage de Vienne en août 1940 Ribbentrop et Ciano obligent la Roumanie à rétrocéder aux hongrois les deux tiers de la Transylvanie. Enfin l'entrée des forces allemandes en Yougoslavie permet à la Hongrie de prendre sous sa protection la plus grande partie de la Voïvodine. Ce n'est pas tout à fait la grande Hongrie d'avant la seconde guerre mondiale mais la plupart des populations hongroises sont rentrées au bercail.

Le 4 avril 1945, après le long siège de Budapest qui dura tout l'hiver, la totalité de la Hongrie passe sous le contrôle du commandement soviétique. La Hongrie, à nouveau vaincue, est définitivement rétablie dans les frontières du traité du Trianon.

Tous les hongrois même ceux, fort nombreux, qui ne parlent pas le français, connaissent le mot « Trianon ». Et aujourd'hui encore pour beaucoup de hongrois Trianon signifie punition et même punition injuste. Toutes les librairies de Budapest proposent la carte de l'ancienne Grande Hongrie qui englobe toute la Croatie, le nord de la Serbie, la Transylvanie roumaine et une grande partie de l'actuelle Slovaquie. Carte que l'on retrouve dans bien des habitations et pas seulement chez ceux qui rêvent de redessiner les frontières. Alors les extrémistes ou simplement les nationalistes ont beau jeu d'utiliser ce sentiment d'injustice et ils ne manquent pas de le faire car cela peut rapporter gros électoralement parlant. Cent ans plus tard, en 2020, on continue à faire signer des pétitions pour l'annulation du traité du Trianon.

---

13    Gouvernement communiste qui dura 133 jours du 21 mars au 6 août 1919.
14    Respectivement ministre des affaires étrangères d'Allemagne et d'Italie.

# 2 - L'amiral Horthy

Parfois surnommé le Pétain hongrois, Horthy Miklós dirigea la Hongrie de mars 1920 à octobre 1944. Complètement oublié et même caché à l'époque communiste, Horthy sort progressivement de l'oubli dès le début des années 90 jusqu'à bénéficier aujourd'hui d'une certaine forme de réhabilitation que condamne une partie de la population hongroise. Mais qui était donc Horthy ?

Bien que l'Autriche et la Hongrie n'aient aucun accès à la mer, l'amiral hongrois Horthy Miklós était en 1918 le commandant en chef de la flotte austro-hongroise qui patrouillait dans la mer adriatique. Après l'éclatement de l'empire austro-hongrois il devient chef des forces armées du gouvernement contre-révolutionnaire de Szeged[15], opposé au pouvoir central aux mains du communiste Kun Béla, la République des Conseils. En août 1919 les armées roumaines et françaises entrent dans Budapest peu après la chute de Kun Béla. L'armée de Horthy prend alors la route de Budapest, qu'elle n'atteindra qu'en novembre, en faisant régner sur son passage une terreur blanche, pourchassant les communistes, assez peu nombreux dans les campagnes, et surtout les juifs. Il faut dire que les dirigeants de la République des conseils étaient non seulement communistes mais aussi majoritairement juifs. Les juifs constituaient à cette époque le quart de la population de Budapest.

Le danger bolchevique étant écarté, l'armée française quitte Budapest en février 1920. En mars l'Assemblée nationale de Hongrie rétablit la monarchie et, sous la pression de l'armée, désigne l'amiral Horthy comme régent, dans l'attente du retour d'un roi à la tête du royaume de Hongrie. Horthy instaure un régime autoritaire mais pas fasciste bien que dans son entourage se trouve un certain nombre de personnes attirées par le fascisme. Horthy est un conservateur rural aux valeurs chrétiennes, violemment anticommuniste, qui a le soutien de l'Église et des grands propriétaires fonciers. Le multipartisme est maintenu, seul le parti communiste est interdit.

Horthy est, comme beaucoup de ses compatriotes, antisémite. L'antisémitisme est un préjugé courant en Hongrie à cette époque

---

15   Ville du sud de la Hongrie, proche de la Serbie et de la Roumanie.

mais il n'a rien à voir avec l'idéologie raciale nazie. La population juive, qui est plus urbaine et donc plus scolarisée, est sur-représentée dans certaines professions (banquiers, avocats, médecins, etc), ce qui déplaît aux hongrois de souche. Dès son arrivée au pouvoir Horthy instaure un numerus-clausus pour limiter le nombre de juifs à l'Université. En fait la loi ne vise pas directement les juifs, elle a pour but d'équilibrer la représentation des groupes sociaux à l'Université.

Horthy admire tout particulièrement Mussolini mais il va être contraint de se rapprocher d'Hitler. Il le rencontre une première fois en 1936 puis en août 1938. Cette seconde rencontre se passe assez mal car Horthy refuse d'attaquer la Tchécoslovaquie pour prendre la Slovaquie (ou vit une importante minorité hongroise) comme le voudrait Hitler. Pour ne pas désobéir complètement Horthy instaure de nouvelles lois anti-juives qui limite la présence des juifs à 20 % de l'effectif dans certaines professions (presse, médecins, cadres de l'industrie et du commerce, etc), proportion qui sera réduite à 6 % par une autre loi en 1939. En 1941 une loi de pureté raciale interdira les mariages entre juifs et non-juifs. Il faut noter que les grandes familles possédantes juives ne sont pas véritablement touchées, ce sont les classes moyennes qui sont visées.

La Hongrie est récompensée car elle récupère – ce sont les arbitrages de Vienne de 1938 et 1940 – une partie des territoires perdus en 1920. Mais elle se retrouve définitivement alliée aux allemands. Et en avril 1941 elle attaque la Yougoslavie aux côtés des allemands et des bulgares, ce qui lui permet à nouveau de s'agrandir. Quelques jours après l'Allemagne, Le 27 juin 1941, la Hongrie déclare la guerre à L'URSS. Elle envoie sur le front sa deuxième armée qui sera complètement massacrée en janvier 1943.

Cependant Hitler reproche à Horthy sa tiédeur dans le règlement de la question juive. Il n'a expulsé que les juifs de nationalité étrangère. Les juifs hongrois ont été mis au ban de la société mais n'ont pas été déportés. Pour les diplomates allemands en poste à Budapest Horthy n'est pas fiable d'autant plus que circulent des rumeurs de négociation du gouvernement hongrois en vue d'un armistice séparé. En mars 1944 Horthy est convoqué par Hitler qui l'informe que l'Allemagne va envahir la Hongrie, ce qui est réalisé une semaine plus tard. Horthy reste régent mais doit nommer un gouvernement plus favorable aux allemands.

En 4 mois 440 000 juifs hongrois sont regroupés dans des ghettos par les allemands, avec l'aide de la gendarmerie hongroise, puis déportés. En juillet 1944 les déportations cessent, suite à un veto d'Horthy semble-t-il. Elles reprennent le 15 octobre 1944 lorsque Horthy déclare avoir demandé l'armistice avec l'URSS. Le mouvement des *Croix fléchées*[16] prend alors le pouvoir. Horthy est contraint d'abdiquer et il est emmené en Allemagne où il est maintenu en résidence surveillée.

A l'issue de la guerre le dirigeant yougoslave Tito demande qu'Horthy soit jugé comme criminel de guerre compte tenu des exactions commises par les troupes hongroises en Yougoslavie. Les alliés refusent. Il est relâché et s'exile au Portugal où il mourra en 1957.

Horthy sombre dans l'oubli après 1945. Les ouvrages relatif au personnage ou à son action disparaissent des bibliothèques. On dit même que des agents du régime communiste font régulièrement la tournée des antiquaires pour racheter les vieux livres faisant référence à Horthy. Et les historiens sont priés de choisir leurs sujets d'étude en dehors de la période de la régence d'Horthy.

En 1990, suite au changement de régime, on ressort avec prudence un certain nombre de figures de l'entre-deux-guerres, dont Horthy. Dans cet exercice il y a les historiens, qui font leur travail, mais aussi les nationalistes qui ont besoin d'idoles. Puis le premier gouvernement Orbán (1998-2002) revalorise l'entre-deux guerres, période ou l'on ne vivait pas si mal. Enfin ces dernières années un certains nombre de statues à la mémoire d'Horthy ont été érigées par des communes ou des associations mais le gouvernement d'Orbán est resté à l'écart des différentes manifestations organisées lors des inaugurations.

---

16  L'idéologie du parti des Croix fléchées est similaire à celle du parti nazi.

# 3 - Les tziganes, ces « immigrés de l'intérieur »

Tzigane ou rom, quel terme faut-il employer ? Le terme tzigane est issu du grec médiéval athingani, qui signifie intouchable. C'est celui qui était utilisé jusqu'au début des années 70. En 1971 les associations tziganes d'Europe de l'Est, trouvant ce terme péjoratif, lui substituèrent celui de rom. Les deux termes sont donc quasiment synonymes, au moins en ce qui concerne l'Europe de l'Est.

Bien que les tziganes soient présents en Hongrie depuis le moyen-âge ils ne se sont absolument pas fondus dans la population et il persiste un fort sentiment de défiance à leur égard de la part des hongrois non-tziganes, quand ce n'est pas simplement du racisme. Peut-on pourtant comparer ces tziganes hongrois aux immigrés français non intégrés ? Non car ils sont plus mal lotis, il n'existe par exemple pas de lois anti-discrimination en Hongrie. Et pourtant ils ne se révoltent pas, ne brûlent pas de voitures, n'incendient pas de bâtiments publics. Les villages ou quartiers majoritairement tziganes ne sont aucunement des zones de non-droit.

Combien de tziganes en Hongrie ? Il est de ce point de vue surprenant de constater que, dans une dépêche rapportant les résultats d'un sondage sur les tensions communautaires réalisé en 2009, l'agence de presse hongroise MTI[17] avance le chiffre de presque un million, concernant le nombre de Hongrois d'origine tzigane. Ce chiffre marque une rupture avec les usages précédents qui faisaient généralement état soit de 400 à 600 mille soit d'un demi-million d'individus. Au recensement général de la population de 2011, 309 000 personnes ont déclaré leur appartenance à cette minorité. Il faut noter que le recensement de 2001 n'en comptabilisait que 190 000, ce qui laisse supposer que certains tziganes préfèrent cacher leur appartenance à cette minorité si décriée. Cependant les estimations les plus fiables font état de 700 000 tziganes en Hongrie. Et la démographie, avec un fort taux de fécondité des femmes, joue en faveur de cette minorité qui représente environ 7 % de la population hongroise.

---

17  Magyar Távirati Iroda, agence de presse officielle, que l'on peut comparer à l'AFP française.

A l'issue de la seconde guerre mondiale les tziganes sont sédentarisés depuis déjà un bon moment. On les trouve essentiellement au nord-est du pays. Le régime communiste veut les éduquer convenablement et il crée pour cela des classes et des écoles séparées pour les enfants tziganes. Mais le niveau d'éducation reste faible. Cela génère une masse énorme de main d'œuvre sans qualification absorbée sans difficulté par le volontarisme socialiste d'industrialisation. En même temps il y a un déplacement des populations tziganes vers les grands ensembles créés autour des centres industriels du nord-est du pays. A cette époque où régnait le plein-emploi, les habitants tziganes et non-tziganes occupaient les immeubles en périphérie des villes, d'une manière mixte, sans conflits particuliers.

Au début des années 80 les intellectuels prennent unanimement position contre l'enseignement séparé qui maintient les enfants tziganes à un niveau faible. Mais la disparition des écoles tziganes a pour conséquence l'augmentation du nombre des enfants tziganes qualifiés de déficients et placés dans des classes spécialisées ou de rattrapage, à l'exemple de nos SEGPA[18] françaises. Ces classes spécialisées ne permettent pas véritablement une remise à niveau. La sous-qualification reste la norme dans la population tzigane qui est la première touchée par le chômage dès le milieu des années 80.

Mais le changement de régime en 1989 va considérablement dégrader les conditions de vie des tziganes dont on peut dire qu'ils en sont les principaux perdants. Les fermetures de complexes industriels vétustes vont entraîner un chômage massif chez les tziganes. De nombreux petits villages du nord-est de la Hongrie, aux habitations extrêmement dégradées, proches de taudis, ont vu partir les familles les plus aisées qui ont pu trouver un emploi tandis que s'y sont installées des populations démunies chassées de grands ensembles, dans l'impossibilité de payer loyers et charges. Des villages ou des quartiers misérables, ethniquement homogènes, n'accueillant plus que des tziganes dans la misère.

Un rapport de la Banque mondiale sur les Roms en Europe datant de 2003 – on a assez peu d'études récentes bien que les statistiques ethniques ne soient pas interdites en Hongrie – estimait que 54,9 %

---

18  Sections d'enseignement général et professionnel adapté.

des foyers tziganes de Hongrie n'avaient pas accès à l'eau chaude et que 34,7 % n'avaient pas du tout accès à l'eau courante. En 2007, le taux de chômage des tziganes était estimé à 60 %, alors que pour cette même année le taux national était de 7,2 %. Les choses ne se sont pas vraiment améliorées depuis cette date.

Le niveau d'instruction des tziganes en Hongrie reste fortement en dessous du niveau général. En 2009 on comptait 3,1 % de bacheliers dans la population tzigane alors que 40% de la population hongroise était titulaire du baccalauréat. En 2015 un cinquième seulement des élèves tziganes sort diplômé de l'école secondaire, les autres abandonnant les études en cours de route.

Un fort sentiment anti-tzigane persiste dans la population hongroise. Un récent sondage indiquait que 70 % des parents Hongrois ne voudraient pas voir leur enfant assis à l'école à côté d'un tzigane. 86% des lycéens de 16 ans ne partageraient pas leur banc d'école avec un tzigane. Le racisme anti-tzigane existait dans la Hongrie d'avant-guerre, son expression publique était interdite sous les communistes mais il est réapparu au grand jour dès le changement de régime en 1990. Si la période où la garde noire[19] faisait régner la terreur dans certains villages tziganes est révolue, les conditions de vie des tziganes restent très difficiles. Le taux de chômage des tziganes atteint 85 % dans certaines régions. Alors on les accuse de ne pas vouloir travailler. Beaucoup de tziganes dépendent donc des aides sociales ou sont contraints par des entrepreneurs peu scrupuleux de travailler au noir. Il faut aussi noter que dans la communauté tzigane, le chômage aidant, la petite criminalité a explosé ce qui conforte les Hongrois pensant que les tziganes sont des voleurs.

En 2015, suite à l'arrivée en masse d'immigrés illégaux en Europe que les dirigeants de l'Union européenne tentent de dispatcher dans les différents pays, le fardeau représenté par la minorité tzigane en Hongrie est l'une des raisons avancées par le gouvernement hongrois pour refuser d'accueillir son quota d'immigrés.

---

19   La *Garda*, dont on parlera plus tard.

# 4 - La Hongrie en 1956

En 1945 après la défaite allemande et l'occupation de la Hongrie par l'armée soviétique le parti communiste s'impose peu à peu dans la vie politique. Il ne comptait pourtant que quelques centaines de militants à l'issue de la guerre. Son chef Rákosi Mátyás, qui vivait en exil à Moscou pendant la guerre, se veut le meilleur élève de Staline. Il soviétise le pays et met l'accent sur l'industrie lourde sans tenir compte des traditions de la Hongrie, pays encore très agricole. Il élimine ses opposants de droite d'abord puis les socialistes et même des membres de son propre parti qu'il considère comme déviationnistes. Alors que la population de la Hongrie est à peine supérieure à 9 millions d'habitants, entre 1948 et 1953, plus d'un million de hongrois seront traduits devant les tribunaux et subiront des condamnations allant de la simple amende à la peine de mort. 900 d'entre eux périront en prison ou seront exécutés. Le gouvernement hongrois est alors l'un des plus répressifs d'Europe.

La Hongrie est sortie de la guerre avec de nombreuses destructions. Elle a par ailleurs à payer des réparations de guerre à l'Union soviétique, la Tchécoslovaquie et la Yougoslavie pour un montant de l'ordre de 20 % de son Produit Intérieur Brut selon la Banque nationale de Hongrie. La mauvaise gestion de l'économie et la faible productivité des entreprises d'État ne permet pas de redresser le pays. En matière d'investissement les critères économiques ont cédé le pas aux considérations politiques. Les hongrois souffrent donc de nombreuses pénuries de produits de base avec des rationnements. En 1952 le revenu réel disponible des ouvriers et employés est inférieur d'un tiers à celui qu'il était en 1938. Non seulement les libertés individuelles ont disparu mais les ventres sont vides.

La mort de Staline en mars 1953 met en difficulté son meilleur élève Rákosi Mátyás qui doit céder son poste de premier ministre au réformateur Nagy Imre. Ce dernier tente de mettre en place une réforme rappelant un peu la NEP[20] de Lénine. Il réoriente les investissements vers l'agriculture, l'industrie alimentaire et l'industrie légère. Il essaie d'augmenter le niveau de vie de la population en jouant sur les salaires et les prix fixés les uns comme

---

20  Nouvelle politique économique, moins étatiste, mise en place en URSS de 1921 à 1925.

les autres par l'État. Il libère des opposants politiques emprisonnés. Cependant Rákosi Mátyás, qui est resté à la tête du parti, a conservé une capacité de nuisance qui lui permet de saper les timides réformes mises en place. En avril 1955 Nagy Imre est contraint à la démission et remplacé par Hegedűs András, un proche de Rákosi. Nagy Imre est par ailleurs exclu du parti communiste.

En février 1956 Nikita Krouchtchev, dans son rapport secret présenté lors du 20e congrès du parti communiste d'Union soviétique, dénonce le stalinisme non seulement en URSS mais aussi dans les autres pays du bloc soviétique. Ce rapport est interprété en Hongrie comme une condamnation des méthodes répressives de Rákosi. Au printemps 1956 des intellectuels, écrivains et journalistes, des étudiants et des membres du parti communiste proches de Nagy créent une forme d'opposition avec le cercle Petöfi[21]. Des débats organisés par ce cercle attirent des milliers de personnes. Sur des sujets tels que le développement excessif de l'industrie lourde, le coût exorbitant de l'armée suréquipée, la faillite de l'agriculture étouffée par la collectivisation ou l'absence de liberté de la presse. C'en est trop pour Rákosi qui s'apprête à lancer une nouvelle vague de répression. Mais les soviétiques sentent alors qu'il est temps de lâcher Rákosi. En effet Youri Andropov, ambassadeur soviétique à Budapest, ne cessait de transmettre à Moscou les signes de remous touchant non seulement la population mais aussi la Police, l'Armée et le parti dirigeant.

En juillet 1956 Rákosi est contraint par les soviétiques de quitter son poste de secrétaire général. Il rédige son autocritique qui paraît dans la presse et demande à être démis de ses fonctions pour raisons de santé. Il parvient cependant à faire nommer son bras droit Gerő Ernő, qui n'est pas vraiment un réformateur, à la tête du parti communiste, le MDP[22]. Le bureau politique est remanié et Kádár János y retrouve une place qu'il avait dû abandonner quelques années plus tôt. Mais ce changement de façade ne satisfait pas l'opinion publique. La contestation déborde du milieu intellectuel pour atteindre les usines.

---

21  Du nom du poète inspirateur du nationalisme hongrois.
22  Magyar Dolgozók Pártja, le parti des travailleurs de Hongrie né en 1948 de la fusion des partis communiste, social-démocrate et paysan.

Le 6 octobre sont organisées les funérailles officielles de Rajk László, ancien ministre communiste qui avait été condamné et exécuté en 1949, accusé d'espionner au profit de Tito et d'agir au profit de l'impérialisme occidental. La réconciliation en 1955 de la Yougoslavie avec les soviétiques enlevait toute valeur aux accusations de déviationnisme titiste dont Rajk László avait fait l'objet. La direction communiste l'avait donc réhabilité quelques mois plus tôt. Plus de 100 mille personnes participent à la cérémonie aux premiers rangs desquels se trouvent la veuve de Rajk ainsi que Nagy Imre. Même si tout se déroule dans le calme, c'est la première grande manifestation d'opposition en Hongrie depuis l'après-guerre.

Le 14 octobre 1956 Nagy Imre est réintégré au sein du parti communiste. Le régime sent que les choses risquent de tourner mal et que l'on pourrait avoir besoin de Nagy Imre qui conserve une grande popularité auprès des contestataires.

# 5 - L'insurrection d'octobre 1956

Le 22 octobre, 2 000 étudiants de Budapest réunis en assemblée décident une manifestation silencieuse pour le lendemain en soutien à leurs revendications qui allaient de la suppression des cours de russe et de marxisme-léninisme à une demande de démocratisation de l'État avec des élections libres et au retrait des troupes soviétiques de Hongrie. Cette manifestation interdite dans un premier temps est finalement autorisée par le régime.

Le 23 octobre après-midi les étudiants se regroupent en plusieurs lieux de Budapest, entre autres devant le parlement et devant le siège de la Radio d'État. Face au parlement on crie le nom de Nagy Imre qui a réintégré le parti communiste après avoir été réhabilité. Celui-ci prend la parole d'un balcon du parlement et reste très prudent, cherchant à calmer la foule. A la Radio la situation dégénère. Une délégation étudiante entrée dans les bâtiments pour faire diffuser ses revendications est arrêtée. A l'extérieur les manifestants réclament avec force leur libération. Face à cet attroupement très hostile des membres de L'ÁVH[23], la police secrète, font feu et tuent un étudiant. Il s'ensuit un véritable siège de l'édifice, les insurgés se procurant armes et munitions dans les casernes avoisinantes. La révolte s'étend rapidement, les ouvriers rejoignent les étudiants après leur journée de travail et une partie des forces de police sympathise avec les manifestants. Des dépôts d'armes sont pris d'assaut. Une gigantesque statue de Staline est abattue dans la capitale, sur la place des Héros. Le régime est débordé et il fait appel aux soviétiques pour rétablir l'ordre.

Les soviétiques, disposant de plusieurs bases militaires en Hongrie, peuvent répondre sans délai. A l'aube du 24 octobre plusieurs centaines de chars et quelques milliers d'hommes investissent la capitale sans rencontrer de véritable résistance de la part des habitants pourtant armés. Le président du conseil Hegedűs András démissionne et est remplacé par Nagy Imre qui instaure immédiatement la loi martiale. Dans un discours diffusé à la radio Nagy promet aux insurgés qui déposeront leurs armes avant 14 heures de ne pas tomber sous le coup de cette loi martiale. Il ajoute qu'il a déposé au parlement un projet de démocratisation de la vie

---

23  ÁllamVédelmi Hátóság, autorité de protection de l'État.

politique et économique de la Hongrie. C'est peine perdue, les insurgés sont partout dans la capitale. L'après-midi la foule se dirige vers le Parlement, non loin du siège du parti où se trouve le chef du KGB[24]. Ce dernier donne l'ordre de tirer. Les soldats soviétiques et la police secrète s'exécutent. La foule armée réplique. On dénombre une centaine de morts et 300 blessés.

Le 25 octobre Gerö, dont le nom est conspué par tous les groupes d'insurgés, cède la place à Kádár János , une ancienne victime du stalinisme, à la tête du parti unique MDP. La décision a été prise par les représentants de Krouchtchev en Hongrie, MM. Souslov et Mikoyan. Mais c'était aussi le souhait de Nagy Imre. Cela est cependant très insuffisant pour ramener le calme. Au contraire l'insurrection s'étend à tout le pays. Les symboles communistes sont arrachés ou détruits. Le colonel Maléter Pál, qui commande une division militaire hongroise stationnée à Budapest, se range du côté des insurgés. Des membres de la police secrète honnie ÁVH sont exécutés par la foule.

En dépit de ses 870 000 membres le parti unique s'effondre. Profitant du vide du pouvoir les insurgés installent un peu partout, dans les usines, dans les municipalités ou dans les administrations, des conseils ouvriers et des comités révolutionnaires. Le parti, à contrecœur, accepte l'existence de ces comités et conseils. Mais les revendications se radicalisent et on en vient à demander non seulement le départ des forces soviétiques mais aussi le retrait du pacte de Varsovie.

Le 27 octobre Nagy Imre fait entrer dans son gouvernement deux non-communistes, auparavant membres du parti paysan FKgP[25]. Le soir Nagy et Kádár rencontrent les représentants soviétiques Souslov et Mikoyan à l'ambassade d'URSS à Budapest. Ces derniers sont conscients que face à l'ampleur de la résistance les troupes soviétiques sont en nombre insuffisant pour s'imposer. Il est vraisemblable que c'est là que se prennent les décisions qui seront annoncées le lendemain par Nagy Imre

---

24  Services secrets soviétiques, équivalent de la CIA américaine.
25  Független Kisgazda Párt, parti indépendant des petits propriétaires ou parti paysan qui avait fusionné avec le les communistes et les socialistes en 1948.

Le 28 octobre Nagy **Imre** s'adresse à la population par la radio. Il présente les événements comme une conséquence des erreurs et des crimes du passé. Il affirme son soutien aux nouveaux organismes de gestion créés par les insurgés que sont les conseils et comités. Il annonce un cessez-le-feu avec le retrait immédiat des troupes soviétiques de Budapest, une amnistie pour les insurgés et des négociations avec leurs représentants. En outre la police secrète ÁVH est dissoute. Les combats cessent quasiment car les troupes soviétiques quittent effectivement la capitale. Cependant Nagy comprend très vite que pour rétablir l'ordre et reprendre la situation en mains il lui faudra aller beaucoup plus loin.

Le 30 octobre Nagy annonce la fin du régime de parti unique et la tenue d'élections libres, avec toutefois une limite puisque les partis autorisés sont ceux de la coalition de 1948, c'est-à-dire outre le parti communiste, le parti social-démocrate et le parti paysan. Nagy est convaincu qu'il ne pourra pas pacifier la révolte sans l'aide des anciens partis non communistes. Dans une allocution radio-diffusée, le secrétaire général du parti communiste Kádár János apporte son soutien à la politique « de son ami et camarade Nagy Imre ».

Ce même jour le cardinal Mindszenty, primat[26] de Hongrie est libéré. C'est un homme d'un conservatisme quasiment médiéval : en 1945 il était favorable au rétablissement de la monarchie, ne voulait pas que le réforme agraire touche aux biens considérables de l'Église, voulait interdire le divorce et rendre obligatoire les cours de religion dans les écoles publiques. Il avait la nostalgie du régime de Horthy, pendant lequel l'Église dirigeait les ministères de l'Éducation et de la Santé. Il s'est donc heurté violemment aux communistes qui l'ont emprisonné et condamné en 1949 à la prison à vie pour trahison envers l'État hongrois.

Le 31 octobre les soviétiques ont terminé le retrait de leurs troupes de Budapest qui ont regagné leurs bases implantées en Hongrie. Cependant des informations parviennent au gouvernement sur l'entrée de nouvelles troupes soviétiques en Hongrie, ce que dément l'ambassadeur d'URSS, Andropov. En soirée, dans un meeting, Nagy déclare qu'il va engager des négociations avec les soviétiques

---

26  Poste le plus élevé dans la hiérarchie de l'Église catholique hongroise. Le primat est par ailleurs l'évêque d'Esztergom, ville du nord de la Hongrie.

23

en vue du retrait de la Hongrie du pacte de Varsovie. Ce même jour le parti unique MDP se transforme en MSZMP[27], parti socialiste des travailleurs hongrois. Kádár en reste le chef. Il cautionne toutes les mesures prises par le gouvernement de Nagy Imre.

Dans la nuit du 31 octobre au 1er novembre Moscou prend la décision de mettre fin à l'aventure hongroise. Le secrétaire général du parti communiste soviétique, Krouchtchev, bien que profondément inquiet par l'évolution de la situation en Hongrie, était très indécis sur la conduite à tenir. Mais au politburo[28] les faucons ont le soutien des dirigeants communistes des démocraties populaires[29] qui craignent la contagion. Bien que les relations sino-soviétiques soient assez détériorées on écoute aussi le dirigeant chinois Mao-Tse-Toung qui, après avoir regardé d'un œil bienveillant la révolte hongroise, pousse maintenant à l'intervention militaire. La Yougoslavie de Tito, pourtant plus modérée, se range dans le même camp. La décision hongroise d'instaurer le multipartisme a profondément ébranlé ces deux dirigeants.

Le 1er novembre les troupes soviétiques prennent possession des aéroports hongrois. Le gouvernement hongrois décide alors le retrait du pays du pacte de Varsovie[30] et proclame la neutralité du pays. Le soir Kádár János, accompagné du ministre de l'intérieur Münnich Ferenc, se rend à l'ambassade soviétique à Budapest. Ils disparaissent tous deux. Ils sont en fait emmenés par les soviétiques à Moscou où se trouvaient déjà les dirigeants démis Rákosi, Gerö et Hegedűs. S'y rendent-ils de leur plein gré ? Sont-ils forcés ? Manifestement Kádár ne s'était pas préparé pour ce voyage. Il arrive à Moscou, où il fait froid, sans vêtement d'hiver. Par la suite Kádár János sera très peu prolixe sur ce qui s'était passé à Moscou.

Le 3 novembre Nagy Imre forme un gouvernement dans lequel les communistes, au nombre de 4, sont minoritaires, auprès de 3 sociaux-démocrates, 3 représentants du parti paysan et 2 ministres

---

27 Magyar Szocialista Munkáspárt, en français parti socialiste ouvrier hongrois.
28 Bureau politique du parti communiste d'URSS.
29 Albanie, Allemagne de l'Est, Bulgarie, Pologne, Roumanie Tchécoslovaquie et Yougoslavie.
30 Pendant de l'OTAN, cette alliance militaire regroupait L'Albanie, l'Allemagne de l'Est, la Bulgarie, la Hongrie, la Pologne, la Tchécoslovaquie, l'URSS et la Roumanie.

du parti Petöfi, issu du cercle du même nom. Ce 3 novembre le cardinal Mindszenty fait une longue allocution dans laquelle il laisse entendre que le communisme a été balayé. Il réclame la restitution des biens de l'Église qui ont été confisqués. Son souhait est d'en revenir à l'ancienne Hongrie, celle d'avant guerre. Le même jour Krouchtchev rencontre Tito sur l'île de Brioni en Yougoslavie. Ils se mettent d'accord sur la personne de Kádár pour reprendre le pays en mains. Le soir une délégation hongroise dirigée par le ministre de la défense Maléter Pál, devenu général, est invitée à participer à des négociations sur le retrait des troupes soviétiques de Hongrie au siège du commandement soviétique, dans la banlieue de Budapest. A minuit les négociateurs hongrois sont arrêtés par les services du KGB.

# 6 - Mais qui est donc Kádár János ?

Kádár János est né le 26 mai 1912 à Rijeka[31], ville de l'empire austro-hongrois, sous le nom de Czermanik János, dans une famille pauvre que le père abandonna raidement. Quelques années plus tard la famille vient habiter à Budapest où János acquiert une formation modeste de mécanicien. Il entre à l'usine à 17 ans et devient un militant syndical. En septembre 1930 il adhère au mouvement communiste clandestin et occupe bientôt d'importantes responsabilités au sein des jeunesses communistes. Ses activités illégales le conduisent en prison à plusieurs reprises. C'est d'ailleurs lors d'une période de détention qu'il fera connaissance du futur dirigeant communiste Rákosi Mátyás. En 1934 le parti communiste lui demande d'adhérer au parti social-démocrate[32]. Il conservera cette double appartenance jusqu'à la fusion des deux partis en 1948.

En mai 1942 il entre au comité central du parti communiste. Certains responsables trouvaient sa formation idéologique un peu faible mais les arrestations ayant laminé les effectifs de la direction, il fallait bien trouver des remplaçants. Et puis il avait quand même des talents d'organisateur. Ensuite tout va très vite pour lui, il entre au secrétariat du comité central en décembre puis est nommé premier secrétaire en janvier 1943 suite à l'arrestation du titulaire du poste. C'est à cette époque qu'il prend le nom de Kádár.

Les arrestations de communistes décimant les rangs du parti, Kádár décide de dissoudre le parti communiste hongrois en juin 1943. Le parti de la Paix lui succède. Les dirigeants communistes hongrois basés à Moscou, dont Rákosi Mátyás, condamnent cette décision. Et la police ne s'y trompe pas, les arrestations se poursuivent malgré le changement de nom.

En mars 1944 l'Allemagne décide d'occuper la Hongrie qui était pourtant son alliée. Les communistes envisagent alors de mener des actions de représailles et créent leur comité militaire. Kádár János tente de se rendre en Yougoslavie pour prendre contact avec les partisans de Tito très actifs contre les allemands. Mais il est arrêté à

---

31  Aujourd'hui ville croate.
32  Sous Horthy, contrairement au parti communiste interdit, le parti social-démocrate a une activité légale.

la frontière et condamné à deux ans de prison. En novembre 1944 il réussit à s'échapper d'un convoi de prisonniers en partance pour l'Allemagne et il rentre à Budapest où il vit dans la clandestinité. Il rend la tête du comité militaire du parti communiste qui ne recevra que peu de soutien de la population et dont l'action restera par conséquent marginale.

A la fin de l'année 1944 les soviétiques sont aux portes de Budapest. La ville tombe le 13 février 1945 après 50 jours de siège. Kádár devient chef-adjoint de la police de la capitale. Les dirigeants communistes hongrois établis à Moscou rentrent et prennent la direction du parti communiste qui retrouve son nom d'origine. Kádár, qu'ils avaient critiqué, fait cependant partie de la direction, secrétaire du comité central en avril 1945 puis membre du bureau politique le mois suivant.

Aux élections législatives du 4 novembre 1945 le parti communiste dont le nombre des adhérents a beaucoup progressé dans l'environnement soviétique n'obtient que 17 % des voix. Kádár devient député. Il ratisse alors les quartiers ouvriers et les usines pour attirer au parti communiste les trop nombreux travailleurs sous influence social-démocrate. En 1946 il devient l'un des deux adjoints du secrétaire général du parti communiste Rákosi Mátyás. L'une des raisons de sa promotion est son origine ouvrière alors que la majorité des dirigeants communistes sont intellectuels et juifs.

Aux élections parlementaires du 31 août 1947 les communistes arrivèrent en tête mais avec seulement 22 % des voix. Cependant le bloc de gauche constitué des communistes, du parti social-démocrate et du parti paysan obtient la quasi-majorité avec 203 sièges sur 411. Il faut dire que près d'un demi million de personnes soupçonnées de sympathie pour les partis fascistes d'avant-guerre avaient été radiés des listes électorales. Kádár est à nouveau élu député.

En juin 1948, sous la pression des communistes et de l'Union soviétique le parti paysan et le parti social-démocrate sont contraints de se fondre avec le parti communiste dans le parti des travailleurs hongrois, le MDP. Kádár, qui a toujours la double affiliation politique, joue un rôle actif dans la création de ce nouveau parti contrôlé par les communistes.

Le 5 août 1948 Kádár est nommé ministre de l'intérieur. Il n'a cependant pas de réel pouvoir car les principaux organismes de sécurité de l'État, aux mains des communistes, travaillent sous le contrôle direct de Rákosi, chef du MDP. Ce dernier, qui n'appréciait guère Kádár, voulait l'impliquer dans l'élimination de Rajk László[33], très populaire parmi les communistes, un possible concurrent par conséquent. Rajk, accusé d'être un espion de Tito et un agent du capitalisme occidental, est condamné à mort et exécuté en octobre 1949 ainsi que 15 co-inculpés. Les pièces à charge ont été fabriquées ou obtenues sous la torture par des agents du ministère de l'Intérieur. Pour Kádár cette exécution est douloureusement ressentie. D'une part Rajk était l'un de ses amis. D'autre part c'est lui qui avait poussé Rajk à faire des aveux, lui assurant qu'il aurait la vie sauve.

Le 19 juillet 1949 Kádár épouse Tamáska Mária qu'il a rencontrée lorsqu'il militait au sein du parti social-démocrate.

En 1950 Kádár sent que les purges, qui touchent les sociaux-démocrates, les responsables syndicaux, et des responsables communistes, se rapprochent dangereusement de lui. Le 19 juin il démissionne de son poste de ministre de l'Intérieur en invoquant des raisons de santé. Il conserve cependant ses responsabilités au sein du parti dirigeant et pense être tiré d'affaires. Il est finalement arrêté en mai 1951. Outre le reproche qui lui est fait d'avoir dissous le parti communiste en 1943 il est accusé d'avoir été un espion au service de la police de Horthy. Le tribunal le déclare coupable et le condamne à l'emprisonnement à vie.

Après la mort de Staline en mars 1953 et la nomination de Nagy Imre au poste de premier ministre en juillet 1953 un processus de libéralisation est enclenché en Hongrie entraînant la libération des prisonniers politiques. Kádár sort de prison et accepte le poste de secrétaire du parti dirigeant dans le 13ᵉ arrondissement de Budapest, un quartier très industriel. Il est promu en 1955 premier secrétaire du parti dans le comitat[34] de Pécs, au sud de la Hongrie. En juillet 1956 il fait son retour à la direction du parti unique

---

33  Le communiste Rajk László est nommé ministre de l'intérieur en mars 1946 puis occupe le poste de ministre des affaires étrangères d'août 1948 au 30 mai 1949, date de son arrestation.
34  Équivalent du département français.

lorsque les soviétiques contraignent Rákosi à abandonner son poste de secrétaire général.

# 7 - Le rétablissement de l'ordre communiste

Le 4 novembre débute l'opération « cyclone ». Douze divisions soviétiques arrivées d'Ukraine et de Roumanie, soit environ 60 000 hommes de troupe, viennent renforcer les cinq divisions déjà stationnées en Hongrie. A 4 heures du matin les tanks soviétiques pénètrent dans Budapest le long du Danube, prennent le contrôle des ponts et coupent la ville en deux. Ils occupent rapidement tous les points stratégiques car l'armée hongroise offre peu de résistance.

Peu après 5 heures du matin Münnich Ferenc[35] annonce à la radio de Szolnok, ville située à une centaine de kilomètres à l'est de Budapest, la constitution d'un gouvernement ouvrier-paysan révolutionnaire dirigé par Kádár János, lui-même étant ministre de l'intérieur et de la défense. Il énumère la liste des ministres et le programme de ce gouvernement qui prétend apporter son soutien au mouvement ayant permis d'éliminer Rákosi mais constate la faiblesse de Nagy et l'influence croissante des contre-révolutionnaires. Par conséquent ce nouveau gouvernement demande aux soviétiques de venir rétablir l'ordre en Hongrie.

A 5h20 Nagy Imre fait son dernier discours à la radio, annonçant que les troupes soviétiques attaquaient Budapest mais que le gouvernement restait à son poste. Cependant une réunion d'urgence du gouvernement légal ne permit de réunir que 3 ministres. Dans la matinée Nagy Imre et plusieurs de ses proches se réfugient à l'ambassade de Yougoslavie, sur proposition de l'ambassadeur. Tito et Krouchtchev s'attendaient à la démission de Nagy, ce qu'il refusera de faire. Le cardinal Mindszenty se réfugie à l'ambassade des États-Unis.

A la tombée de la nuit une dizaine de villes importantes, dont Szolnok, sont entièrement occupées par les troupes soviétiques. Par contre, à Budapest, les insurgés tiendront plusieurs jours, infligeant beaucoup de dommages aux soviétiques. Mais la plupart des habitants se terrent et il leur est difficile de se nourrir. Kádár s'installe avec son gouvernement dans la ville de Szolnok.

---

35   Qui avait été emmené le 1er novembre à Moscou, avec Kádár.

Le 7 novembre les soviétiques amènent au parlement Kadár qui patientait depuis 3 jours à Szolnok, espérant la démission de Nagy Imre. Il prend possession du pouvoir. Il n'y a cependant plus d'autorité dans le pays en dehors de l'armée soviétique. Kádár ordonne aux fonctionnaires de réintégrer les postes qu'ils occupaient avant l'insurrection, postes très souvent occupés par des personnes désignées par les conseils révolutionnaires. Mais le retour des anciens ne se fait que très lentement.

Des grèves éclatent dans de nombreuses entreprises, les combats s'étendent à tout le pays mais dès le 11 novembre la révolte est matée, c'est la fin de l'insurrection. Les conseils ouvriers qui s'étaient mis en place en octobre poursuivent cependant leur activité contestataire. Le 14 novembre ils créent une coordination pour la région de Budapest. Deux jours plus tard cette coordination appelle à la reprise du travail.

Le 21 novembre les conseils ouvriers du pays décident de se réunir au Palais des sports de Budapest afin de créer un conseil national pour mettre en place un pouvoir syndical fort. Mais les soviétiques font échouer la réunion en bloquant tous les accès à l'aide de chars.

Le 22 novembre Nagy obtient un sauf-conduit de Kádár en échange duquel il accepte de quitter l'ambassade. L'après-midi Nagy et ses amis ainsi que leurs épouses et enfants sont emmenés dans des autobus militaires jusqu'à un aéroport. Ils sont embarqués dans un avion soviétique, surveillés par des soldats armés, sans qu'on leur indique leur destination. A 7 heures du soir ils arrivent sur un aéroport couvert de neige. Ce n'est qu'à la vue d'un haut responsable du parti communiste roumain qu'ils se rendent compte qu'ils se trouvent à Bucarest. Ils sont alors emmenés au bord du lac Snagov[36] où ils sont assignés à résidence, isolés du monde extérieur, dans un petit château qui avait appartenu à la famille royale de Roumanie. Officiellement ils sont hôtes du gouvernement roumain.

Les hommes ne reviendront en Hongrie que le 14 avril 1957 pour y être emprisonnés et jugés. Nagy est jugé à huis-clos en juin 1958, condamné à mort pour haute trahison et exécuté par pendaison le

---

36  A une trentaine de kilomètres au nord de Bucarest. C'est aujourd'hui un lieu de villégiature.

16 juin. Les femmes et les enfants ne retrouveront la liberté qu'en rentrant en Hongrie en septembre 1958. Les soviétiques avaient exigé une répression dure. Il semble cependant que dans le cas de Nagy Imre ils aient été plus conciliants, compte tenu de sa notoriété. Ils auraient conseillé une condamnation exemplaire suivie d'une grâce. Ce serait donc Kádár qui, conscient qu'il n'acquerrait une véritable légitimité qu'avec l'élimination de Nagy Imre, aurait poussé à l'exécution de la sentence de condamnation à mort prononcée par le tribunal. Cependant la plupart des commentateurs du monde occidental ont tenu les soviétiques et particulièrement Krouchtchev pour responsables de cette exécution.

L'insurrection rapidement écrasée par les chars de l'armée soviétique a causé environ 2 000 morts du côté hongrois auxquels il faut ajouter 20 000 blessés. Du côté des soldats soviétiques on compte 700 morts. Près de 200 000 Hongrois ont pris le chemin de l'exil. 12 000 d'entre eux ont choisi la France.

Une certaine forme de résistance persiste pendant plusieurs semaines, que ce soit parmi les ouvriers avec des grèves ou chez les intellectuels avec des protestations de leurs associations. La vie économique du pays reste très perturbée. Le régime semble encore un peu hésitant sur la marche à suivre, mais que faire avec un parti qui ne compte plus que 40 mille membres ?

Les soviétiques demandent à Kádár de juger et condamner sévèrement ceux qui ont joué un rôle à la tête de l'insurrection. Fin novembre le ministère de l'intérieur crée de nouvelles unités de maintien de l'ordre dans lesquelles on retrouvera de nombreux membres de l'ÁVH qui avait été dissoute par Nagy. Début décembre le gouvernement dissout les comités ouvriers et fait arrêter leurs chefs. Puis c'est au tour des insurgés notoires d'être incarcérés. En janvier ce seront les associations d'intellectuels, dont celle des écrivains qui sont dissoutes.

Le 12 décembre sont créés les tribunaux d'exception pour juger les contre-révolutionnaires arrêtés. Le 15 janvier un décret institue une procédure pénale accélérée pour les accusés détenteurs d'armes à feu. Pas besoin de découvrir une arme au domicile, un témoin ayant vu l'accusé circuler avec une arme, et ce fut le cas de milliers de hongrois lors de l'insurrection, est une preuve suffisante pour la justice. Plus de 300 personnes seront condamnées à mort et 22 000 à des peines de prison. Par ailleurs plusieurs dizaines de milliers de hongrois perdront leur emploi. Ils ne se retrouveront pas au chômage pour autant mais seront contraints d'accepter des emplois sous-qualifiés.

La grande majorité des hongrois, bien qu'opposée au nouveau pouvoir, constate que l'ONU est impuissante compte tenu du veto des soviétiques et qu'il est donc inutile d'attendre une aide extérieure. L'opposition au régime Kádár se transforme progressivement en neutralité. En juin 1957 le parti unique MSZMP annonce qu'il compte désormais 346 000 membres c'est à dire qu'il a déjà récupéré 40 % des effectifs d'avant l'insurrection.

La mise au pas du pays prendra plusieurs années. Cependant quelques mois seulement après l'exécution de Nagy Imre apparaissent les premiers signes d'un relâchement dans la politique répressive du régime. Il y aura des vagues d'amnistie d'abord assez restreintes en 1958 puis 1960. La période de répression prendra fin en 1963 avec une décision gouvernementale d'amnistie générale. Elle ne concernait cependant pas ceux qui avaient porté atteinte à la vie d'autrui, c'est-à-dire les insurgés arrêtés une arme à la main. Ces derniers ont parfois dû patienter jusqu'au début des années 70 pour sortir enfin de prison. En ce sens les opposants intellectuels qui se sont contentés de se battre par la parole et par l'écrit s'en sont mieux sortis que les ouvriers et militaires qui les ont écoutés et ont agi en conséquence. Cependant beaucoup de ces intellectuels libérés ne retrouveront, au moins dans un premier temps, qu'un emploi en dessous de leur qualification.

# 8 - La normalisation

En deux ou trois années de répression assez féroce Kádár fait capituler la population qui non seulement abandonne toute velléité d'opposition mais tente de s'intégrer dans le cadre du régime qui lui est imposé. C'est ainsi que le parti qui ne comptait plus que 37 800 adhérents fin 1956 en retrouve près d'un demi-million 10 ans plus tard. L'autorité du parti étant restaurée, Kádár peut alors se permettre de passer de la répression à une dictature plus souple. Les hongrois qui ont en quelque sorte renoncé à la liberté obtiennent en compensation quelques libertés, un assouplissement de la censure et une réduction des tracasseries administratives. Kádár a la sagesse de pratiquer une ligne assez libérale sur le plan culturel et très pragmatique sur le plan économique d'autant plus que l'URSS lui laisse une marge de manœuvre beaucoup plus grande qu'aux autres états satellites.

L'économie du pays connaît une croissance rapide. La Hongrie reçoit de l'URSS des matières premières et des ressources énergétiques tandis qu'elle lui livre de nombreux produits industriels finis ou semi-finis. Cependant, comme le destinataire n'est pas trop regardant sur la qualité, les entreprises hongroises n'éprouvent pas le besoin de se moderniser et d'améliorer les processus de fabrication afin d'accroître leur rentabilité. Mais cette croissance rapide permet le plein emploi, une amélioration des revenus ainsi que des prestations sociales.

En 1959 le pays s'engage dans la voie de la recollectivisation des terres. En effet, en 1956 la tentative de création de fermes d'état avait dû être abandonnée devant la résistance des paysans. Cependant la faible productivité de petites exploitations manquant de matériel conduit le gouvernement à fonder des coopératives paysannes qui devaient permettre de moderniser l'agriculture. Contrairement à ce qui s'est passé dans les pays frères la collectivisation de l'agriculture hongroise n'a pas entraîné un déclin de la production. Au contraire on a assisté à sa croissance rapide de la production agricole. Il faut souligner qu'à leur entrée dans les coopératives, les paysans ont reçu des compensations financières pour l'apport de leurs bâtiments, de leurs terres et de leurs outils de travail. Il n'avaient aucune raison de se venger en sabotant la production comme on a pu le voir ailleurs. Les paysans aisés, les koulaks[37], ne furent pas chassés. Au contraire, on recherchait leur concours afin qu'ils fassent bénéficier les coopératives de leur savoir-faire. Ajoutons enfin que les paysans pouvaient choisir assez librement leurs dirigeants de coopérative.

La Hongrie n'a donc pas, contrairement à ses voisins, connu de pénuries alimentaires. Elle a même pu se permettre d'exporter des produits agricoles. Il faut reconnaître que la politique agricole de Kádár fut un relatif succès.

L'année 1961 marque un tournant dans le kadarisme. En septembre Kádár remanie la direction du parti et le gouvernement en remplaçant des cadres historiques par des hommes plus jeunes et plus dynamiques, des amis bien souvent. Il nomme même aux affaires étrangères l'évêque protestant rallié au régime, János Péter. Conscient qu'il ne peut s'appuyer indéfiniment sur la force pour gouverner il se tourne vers les millions de hongrois sans-parti, ni communistes, ni opposants notoires, en proclamant que « ceux qui ne sont pas contre nous sont avec nous ». Une grande partie de la population voit dans ce slogan une raison de composer avec un régime qu'elle est contraint d'accepter.

Les élections locales qui se déroulent au début de l'année 1963 sont un indicateur de la poursuite de la libéralisation du régime. Comme toujours les candidats sont choisis dans des assemblées de travailleurs, le vote des électeurs n'étant plus qu'une formalité. Sur les 107 000 candidats officiels les assemblées n'en rejettent pas moins de 3 800. La plupart sont remplacés, cependant dans 300 cas, faute d'accord, il reste deux candidats et ce sont les électeurs, surpris de se trouver face à deux bulletins de vote, qui font le choix. Peu de temps après, le 21 mars, Kádár déclare le moment venu de liquider les problèmes nés des événements de 1956 et il propose une loi d'amnistie permettant de libérer la quasi-totalité des personnes condamnées qui restaient encore emprisonnées.

Les pénuries alimentaires ont disparu, les frontières s'entrouvrent, le gouvernement envisage de tolérer la petite entreprise privée. Tout en respectant les contraintes soviétiques Kádár essaie de rendre la

---

37  C'est ainsi que l'on désignaient dans l'Empire russe les riches paysans possédants des biens : terre, outils et bétail.

vie des hongrois le plus supportable possible. Sa loyauté envers l'URSS étant totale, le Kremlin[38] l'autorise à mener quelques expérimentations en Hongrie et lui apporte une aide économique non négligeable. On a coutume de dire que l'URSS était largement bénéficiaire dans les échanges qu'elle réalisait avec les démocraties populaires. Ce n'était pas le cas avec la Hongrie, au moins jusqu'au milieu des années 70.

Dans le domaine religieux on assiste aussi à une ouverture. Déjà depuis 1956 prêtres, pasteurs ou rabbins peuvent enseigner la religion dans les écoles aux enfants qui s'inscrivent volontairement. Mais les inscriptions sont prises par les enseignants qui ne sont pas véritablement favorables à ces cours, placés tôt la matin ou tard le soir dans l'emploi du temps. Et les annulations pour causes techniques sont fréquentes. Les églises chrétiennes et le consistoire sont contrôlés par l'État qui nomme évêques et rabbins et les rémunère. En 1964, en accord avec le Vatican, un accord est signé avec l'Épiscopat qui s'engage à agir contre les petites communautés de base créées en opposition aux paroisses officielles et qui échappent donc au contrôle de l'État. En contrepartie les croyants peuvent pratiquer librement leur religion. Tandis que les dissidents de ces communautés continueront à être traqués et parfois emprisonnés, l'Épiscopat ne cessera d'insister sur les bonnes relations entre l'Église et l'État dont profite, il est vrai, l'immense majorité des croyants.

Les secteurs privé, c'est-à-dire les artisans, et semi-privé, constitué de petits groupes travaillant à leur compte au sein d'entreprises d'État, représente 7 % de la population active. A cela il faut ajouter les activités agricoles privées des membres des coopératives qui exploitent un petit lopin à titre personnel. Mais si dans le domaine artisanal l'autorisation d'ouvrir des ateliers privés porte ses fruits, il y a un blocage du côté de la grande industrie qui reste peu efficace. L'industrie lourde a été créée sur le modèle soviétique alors que la Hongrie ne possède pas de matière premières et sa gestion planifiée et centralisée est soumise aux directives du parti qui ne sont pas vraiment en adéquation avec les nécessités économiques. T tous les ans le régime pouvait annoncer une augmentation de la production d'acier, d'engrais ou de machines, le hongrois n'en voyait pas les

---

38 Forteresse située au centre de Moscou dans laquelle siège les dirigeants de l'URSS. Mais le terme signifie aussi pouvoir soviétique.

conséquences dans les rayons des magasins où perdurait la pénurie de biens de consommation courants.

Dans la seconde moitié des années soixante le MSZMP connaît le même phénomène que les partis communistes occidentaux. Il apparaît au sein de ce parti des partisans du trotskysme, du maoïsme, ou simplement des non conformistes, bref ce que l'on appelle des révisionnistes. Ce sont essentiellement des intellectuels, des gens de culture, des chercheurs ou des universitaires. Ce qui fait que certaines publications universitaires s'éloignent de la ligne officielle. Ce bouillonnement d'idées est encore plus sensible au sein du KISZ[39], l'association des jeunes communistes. Cela conduit à des exclusions, des pertes d'emploi parfois, voire même des emprisonnements.

En 1968 Kádár suit avec intérêt le printemps de Prague et le renouveau du socialisme. Il met cependant en garde son ami Dubcek[40] sur les dangers d'une libéralisation trop rapide. Après avoir tenté, sans succès, de servir d'intermédiaire entre Moscou et Prague, Kádár sera contraint d'engager les troupes hongroises auprès des soviétiques lors de l'intervention des forces du pacte de Varsovie en Tchécoslovaquie en août 1968.

La remise au pas de la Tchécoslovaquie coïncide cependant avec le démarrage d'une réforme économique en Hongrie. Le 1er janvier 1968 est entré en vigueur « le nouveau mécanisme économique » élaboré par des économistes sous la direction de Nyers Rezsö, issu du parti social-démocrate. On s'éloigne assez fortement des règles de l'économie planifiée avec une décentralisation et une autonomie permettant aux entreprises de gérer elles-mêmes la production, les salaires, les prix et la commercialisation de leurs produits. Il arrive à la tête de certaines entreprises des gens nommés pour leur compétence et non pour leur allégeance au système. Les absurdités les plus flagrantes de la planification centralisée sont alors corrigées. On commence à parler de management. Des mécanismes de marché sont mis en place : au lieu de produire pour remplir des objectifs fixés nationalement on commence à s'intéresser à la demande. Le bénéfice devient la principale motivation économique

---

39 Magyar Kommunista Ifjúsági Szövetség, association de la jeunesse communiste hongroise.
40 Secrétaire général du parti communiste tchécoslovaque, réformiste et partisan du « socialisme à visage humain ».

dans la gestion des entreprises. Les syndicats, auparavant simples courroies de transmission, obtiennent un droit de veto sur certaines décisions du responsable d'entreprise. Moscou ne réagit pas puisque l'on ne touche pas au monopole du parti communiste. L'économie hongroise se développe mieux que dans les pays frères, à l'exception de l'Allemagne de l'Est. Il faut cependant souligner que la relative prospérité du pays est aussi permise par la fourniture par l'URSS de matières énergétiques et de matières premières au-dessous des cours mondiaux. Dans le même temps la Hongrie commence à s'endetter en achetant à l'Ouest des biens de consommation et de la technologie sophistiquée. Cependant la mise en œuvre des réformes sera sans cesse combattue par les conservateurs du parti et par les dirigeants des grandes entreprises d'État si bien que le mécanisme sera freiné à plusieurs reprises.

L'amélioration du niveau de vie et une entrée très modeste, à partir des années 70, dans l'ère de la consommation entraînent une acceptation partielle du régime par la population hongroise. A la fin des années 70 le salaire réel et la consommation ont triplé par rapport à ce qu'ils étaient avant guerre et même sous la période Rákosi au début des années cinquante. Le hongrois peut rêver d'acheter une voiture Trabant[41] (on comptera en Hongrie 164 voitures pour 1000 habitants en 1989 contre seulement 56 en URSS) voire même de se construire un petit chalet sur le bord du lac Balaton[42]. Plus généralement le logement se modernise accueillant toutes les commodités que l'on connaît dans le monde occidental. Les hongrois sont plutôt contents de leurs conditions de vie d'autant plus que la contrainte politique s'est relâchée. L'arbitraire policier et les tracasseries administratives ont quasiment disparu. On ne vient plus réveiller en pleine nuit une famille gênante pour lui réclamer une pièce manquante dans un dossier qu'elle a déposé auprès d'une administration.

Il se constitue une sorte de classe moyenne formée de l'intelligentsia, journalistes, écrivains ou artistes capables de s'autocensurer, à laquelle s'est ajoutée des petits entrepreneurs bénéficiaires de privatisations dans le domaine du tourisme, ainsi que des petits commerçants et des artisans.

---

41  Petite voiture à moteur deux-temps fabriquée en Allemagne de l'Est, capable de rouler à 110 km/h.

42  Lieu de villégiature très prisé avec résidences secondaires, résidences de vacances collectives et immenses campings.

Parallèlement à cela, le pouvoir laisse se développer une forte économie parallèle qui devient un vivier d'emplois pour la population hongroise. De nombreuses personnes cumulent alors un emploi partiel privé en complément de leur emploi principal. Ce recours est particulièrement répandu dans l'agriculture, mais aussi dans le secteur de la construction, du bâtiment, de la manutention, de l'artisanat, etc. Cette économie parallèle permet ainsi à 75 % des familles hongroises de compléter leurs revenus. A titre d'exemple je connais une ancienne proviseure de lycée qui à cette époque complétait ses revenus grâce à un élevage de 2000 poules. On effectue aussi de petits boulots au noir après sa semaine de travail, bien souvent en utilisant la matière première dérobée à l'employeur principal, une entreprise d'État.

La Hongrie fait figure de réussite en Europe centrale. Les hongrois se désintéressent de la vie politique interne pour se consacrer à leur enrichissement personnel. Mais dès 1972 apparaissent des tensions sociales avec l'accroissement des inégalités de revenus, une partie de la population estimant que les réformes économiques ne profitaient qu'aux débrouillards. Les éléments les plus conservateurs du parti unique tirent profit de cette situation. Il y a un coup d'arrêt aux réformes en 1974, année au cours de laquelle est enclenchée une lutte contre le révisionnisme. Nyers Rezső lui-même est exclu du bureau politique et du comité central et la bureaucratie récupère son pouvoir et reprend ses droits. Cependant les réformes reprendront au début des années 80. Cela n'empêche pas le gouvernement de parfois faire preuve d'audace. C'est ainsi qu'au milieu des années 70 la Hongrie adopte une loi permettant aux étrangers de détenir jusqu'à 49 % du capital des joints-ventures[43] créées sur son territoire. En 1984 on dénombrera une trentaine d'entreprises de ce type.

Le 28 septembre 1971 le cardinal Midszenty, réfugié depuis 15 ans à l'ambassade des États-Unis à Budapest, est contraint par la Vatican d'émigrer à Vienne. Il y meurt en 1975. Après marchandages entre Rome et Budapest c'est Mgr Lekai László qui devient cardinal-évêque d'Esztergom et par conséquent primat de Hongrie. Selon ses proches, depuis son arrestation en 1950 suivie de sa libération

---

43 Co-entreprise dans laquelle on trouve un partenaire hongrois et un investisseur étranger.

quasi-immédiate, il n'a jamais prononcé en public une seule phrase qui ne puisse être reproduite dans la presse communiste. Devenu primat de Hongrie il s'emploiera à redonner du lustre aux célébrations religieuses et à éviter les vagues. Ses fidèles ne parviendront jamais à le rencontrer en privé. Toutes les demandes de rendez-vous se heurteront à un mur. L'Église protestante n'est pas en reste. Káldy Zoltán, évêque et président de l'Église luthérienne affirme que son Église appuie délibérément l'ordre socialiste de la société qui a liquidé en Hongrie toute forme d'exploitation. Kádár réussit, là ou Rákosi avait échoué, dans l'infiltration du clergé par ses services. S'il est bien difficile d'établir le compte exact des ecclésiastiques qui avaient accepté un rôle d'agent auprès des autorités, on estime qu'il représentait 10 à 15 % du clergé dans les années 70 et 80. Certains prélats ont fait le choix de composer avec le pouvoir pour sauver ce qui pouvait l'être. Ils sont en général bien récompensés, par des avantages pécuniaires et des possibilités accrues de contact avec l'Occident.

Dans le secteur culturel il y avait dès la fin des années 50 une certaine forme de tolérance dès l'instant que les œuvres ne présentaient pas de danger politique. Le régime avait passé une sorte de compromis avec les intellectuels : pas de contrainte de l'État en échange d'absence d'engagement politique critique. Ce n'est qu'à partir des années 70 que l'on commence à voir apparaître dans les journaux ou revues des articles non conformistes voire quelque peu critiques. Tout dépendait du rédacteur en chef qui savait qu'il y avait une limite à ne pas franchir pour éviter le limogeage. Cette forme de dissidence intellectuelle est parfois brimée par des amendes ou saisies – l'ambassade soviétique intervient de temps en temps pour faire retirer de la circulation des ouvrages non-standards – mais pas véritablement réprimée. On en arrive au début des années 80 à une sorte de pluralisme intellectuel, avec des journalistes et écrivains restant cependant raisonnables, ne confondant pas une certaine forme de contestation avec une opposition. Cependant certains intellectuels vont beaucoup plus loin avec les samizdats[44], textes bien évidemment critiques, édités clandestinement. En décembre 1981 des dissidents lancent *Beszélő*[45], première revue politique clandestine. Ces dissidents ne

---

44  Document non validé par la censure d'État, imprimé sur des presses clandestines, voire même simplement copié au papier carbone, au texte très compact pour économiser la matière première.

45  Traductions possibles : interlocuteur, narrateur, celui qui parle.

sont nullement des sympathisants de la droite telle qu'on la connaît en Europe de l'Ouest. Ils agissent contre les privations de libertés. Rajk László, fils du ministre communiste exécuté puis réhabilité, créera même un boutique de samizdats ouverte un soir par semaine dans une pièce de son appartement. Elle tiendra deux ans jusqu'en mars 83 avec une descente de police qui confisquera matériel et appartement. A cette époque on estime que les samizdats touchent environ 10 mille personnes, ce qui est relativement peu pour un pays de 10 millions d'habitants. Ces samizdats traitent essentiellement des problèmes sociaux tels que la pauvreté qui touche plus de 20 % de la population, les inégalités engendrées par la réforme économique, l'alcoolisme, ou encore les conditions d'existence des minorités hongroises vivant dans les pays voisins. Dans ces samizdats on voit déjà poindre le clivage entre les auteurs populistes célébrant le peuple hongrois des campagnes ainsi que les minorités hongroises vivant à l'étranger et les urbains au regard tourné vers l'Occident, mais aux idées de gauche.

Kádár a été l'un des principaux bénéficiaires du dégel entre l'Est et l'Ouest dans les années 70. Il inspirait de la sympathie aux dirigeants occidentaux. Ce qui a permis à la Hongrie d'emprunter pour tenter de moderniser ses usines et fabriquer ainsi des produits exportables à l'Ouest permettant de rembourser les crédits. Malheureusement les chocs pétroliers de 1973 et 1979 touchèrent fortement les pays occidentaux qui réduisirent leurs importations. Par ailleurs dans le milieu des années 70 les soviétiques révisent à la hausse les prix de leurs fournitures. Ne voulant pas toucher au niveau de vie des hongrois le pays doit emprunter de plus en plus et il s'engage dans un cercle vicieux où les crédits servent plus à rembourser la dette accumulée qu'à moderniser les industries.

Avec Kádár il n'y a jamais eu de culte de la personnalité comme il en existait dans les autres pays du bloc socialiste. Ses apparitions en public et ses interviews sont plutôt rares. Il se veut rassembleur et, même si le parti reste le maître, Kádár fait nommer des non-communistes à des fonctions importantes. Ce qui fait que dès les années 70 il jouit d'une certaine popularité dans son pays et il est respecté par les occidentaux.

En 1978 Kádár invente le pluralisme socialiste, estimant que l'existence d'un parti unique ne doit pas empêcher l'expression d'opinions contradictoires. Ce que Moscou regarde avec une grande méfiance. C'est ainsi que dès le début des années 80 il est plus facile pour les universitaires hongrois de se rendre à l'Ouest qu'en URSS pour des congrès ou des conférences car Moscou craint beaucoup les économistes hongrois qualifiés de révisionnistes, certains d'entre eux osant même s'attaquer à la propriété d'État.

Au début des années 80 il apparaît clairement un ralentissement de la croissance de l'activité économique dû à la pesanteur de la grande industrie étatique incapable de se moderniser. Même si certains cadres sont conscients de la nécessité d'une restructuration et de l'abandon des productions obsolètes, nombreux sont ceux qui se satisfont de la situation qui leur permet de se servir sur la bête avec beaucoup de coulage à tous les niveaux. Au plus haut niveau gouvernemental on observe alors avec intérêt l'évolution de pays tels que la Corée du Sud, Taïwan ou Singapour dans lesquels l'économie de marché et la prospérité économique coexistent avec l'autoritarisme gouvernemental. Pour certains dirigeants communistes conscients des difficultés de la Hongrie il est clair qu'il faut s'ouvrir sur l'Occident pour améliorer le niveau de vie de la population et pouvoir maintenir le monopole communiste. Mais s'ouvrir sur l'Occident et exporter nécessite d'améliorer la qualité de la production et donc de moderniser. Cependant la dette de l'État atteint déjà 10 milliards de dollars en 1981 avec le taux par habitant le plus élevé en Europe de l'Est.

En 1981 se met en place la semaine de travail de 5 jours, une avancée sociale importante pour les hongrois. Il convient cependant pour le régime de renforcer l'efficacité de l'économie. Les gestionnaires qui prennent peu à peu la place des idéologues à la direction des entreprises font admettre que les activités industrielles doivent évoluer, que certains travailleurs doivent quitter leur emploi improductif et accepter une mobilité. On propose d'ailleurs des rémunérations plus élevées à ceux qui acceptent de changer d'emploi.

En 1984 est décidée une politique de « stabilisation dynamique » qui ne donne guère de résultats. L'endettement du pays augmente dangereusement et certains économistes appellent à des mesures radicales. Ils constatent que le COMECON[46] devient désavantageux

---

46  COuncil for Mutual ECONomic assistance, le Marché commun des pays de l'Est européen.

pour la Hongrie et incitent à se tourner plus vers l'Occident. Ils laissent entendre que rien ne sera possible sans une réforme des institutions, c'est-à-dire une démocratisation du pays. Si la réforme de Kádár a porté ses fruits jusqu'à la fin des années 70, elle a maintenant atteint son optimum et il convient de faire un nouveau pas en avant, de passer à une nouvelle étape non seulement dans la gestion économique mais aussi dans la vie politique, estiment les dirigeants les plus clairvoyants.

Lors du congrès du parti qui se réunit en mars 1985 certains intervenants font état des inquiétudes ressenties dans la population qui n'entrevoit plus d'amélioration de ses conditions de vie. Kádár est cependant réélu secrétaire général et un poste de secrétaire général adjoint est créé pour Németh Károly. Kádár ne bénéficie toutefois pas d'un soutien unanime car il est entouré d'une part de conservateurs qui veulent revenir à une politique plus orthodoxe et d'autre part de réformateurs favorables au développement du secteur privé et à la démocratisation du régime.

Aux élections législatives de juin 1985, pour la première fois dans une démocratie populaire, le gouvernement hongrois autorise deux candidatures par circonscription. Aux côtés de 704 communistes ou apparentés se présentent 77 candidats non recommandés par les autorités. Les dissidents notoires sont sévèrement battus mais quelques personnalités relativement neutres font leur entrée au Parlement.

A l'été 1985 près de 400 intellectuels représentant les différentes tendances de l'opposition tiennent pendant deux jours une réunion dans un lieu tenu secret jusqu'à la dernière minute, un camping à Monor, à 15 km au sud-est de Budapest. Pour ce rassemblement hétéroclite de populistes, d'anciens marxistes, de marxistes déçus, de sociaux-démocrates et de gauchistes, le kadarisme n'est plus viable mais le temps n'est pas encore propice à la confrontation avec le régime. La réunion ne permet même pas d'esquisser une stratégie pour la Hongrie d'après Kádár. Les actes de cette manifestation seront publiés sous forme de samizdat.

En 1986 Kádár fait une concession aux opposants en modifiant à nouveau la loi électorale pour permettre les candidatures multiples aux élections municipales, ce qui permet à certains opposants, à défaut de se faire élire, de populariser leurs idées, de se faire entendre de la population.

Les critiques des opposants n'ont pas été sans répercussions sur les dirigeants du parti unique. C'est ainsi qu'en 1986 le père de la réforme économique Nyers Rezsö, rentré en grâce, et le ministre de la culture Pozsgay Imre reprennent des propositions des opposants et se prononcent en faveur d'une réelle réforme du système. Pozsgay est chargé par le MSZMP de prendre langue avec l'opposition la plus modérée qui est en fait la plus conservatrice. Son action vise aussi à diviser les mécontents.

Parmi les dirigeants du MSZMP de plus en plus de voix s'élèvent pour demander le départ de Kádár qui ne semble pas avoir conscience de la stagnation économique dans laquelle s'enfonce le pays. Mais Kádár n'est pas disposé à céder sa place. Cependant en juillet 1987 Grosz Károly, que l'on peut ranger du côté des réformateurs, devient premier ministre avec l'assentiment du dirigeant soviétique Gorbatchev[47]

En septembre 1987 c'est en présence du ministre Pozsgay que se tient une réunion de 150 intellectuels, majoritairement des populistes, tout comme le communiste Pozsgay, qui aboutira à la création du MDF[48], un forum et non pas un parti d'opposition. Les dirigeants du MDF cherchaient un dialogue avec les autorités. Pozsgay les invite à faire des propositions pour une réforme générale et radicale concernant aussi bien les rapports de propriété et de redistribution que les rapports politiques. Mais l'appareil du parti unique se méfie de Pozsgay dont la popularité ne cesse de croître. Cependant de nombreux membres du MSZMP, 800 000 adhérents tout de même, voient en lui l'homme capable d'assurer la survie du régime grâce aux réformes et à l'introduction de la démocratie.

Parallèlement divers groupes clandestins d'opposition aux idées plus libérales que celles des membres du MDF constituent le Réseau des initiatives libres qui deviendra en 1988 un véritable parti politique, le SZDSZ[49].

---

47  Secrétaire général du parti communiste soviétique de 1985 à 1991.
48  Magyar Demokrata Fórum, forum démocratique hongrois.
49  Szabad Demokraták Szövetsége, alliance des démocrates libres.

Malgré toutes les tentatives de réforme la Hongrie voit son PIB stagner en 1987. La dette atteint 17,5 milliards de dollars et le chômage apparaît, touchant 10 500 personnes. Après quinze à vingt années de prospérité relative les conditions de vie commencent à se dégrader entraînant un mécontentement de la population qui ira croissant dans les dernières années du kadarisme. Les dirigeants, dans leur quasi-totalité, prennent alors véritablement conscience de l'état désastreux de l'économie.

Le 15 mars 1988, pour le 140ème anniversaire de la révolution de 1848[50], une manifestation non autorisée mais tolérée par les autorités réunit environ 15 000 personnes dans les rue de Budapest. Essentiellement des jeunes qui revendiquent la liberté d'association et la liberté de la presse.

Fin mars, 37 étudiants dont Orbán Viktor, alors âgé de 23 ans, créent l'Alliance des jeunes démocrates qui deviendra le parti FIDESZ[51].

---

50  Révolte contre la domination autrichienne qui sera écrasée.
51  FIatal DEmokraták SZövetsége.

# 9 - La transition en douceur (1988-1990)

En mai 1988 le parti unique MSZMP réunit une conférence nationale, à laquelle assistent près d'un millier de délégués, dont les travaux sont diffusés en direct à la télévision. De nombreux délégués demandent des changements radicaux. Kádár est mis sur la touche, avec un poste honorifique de président tandis que Grósz Károly est nommé secrétaire général. Ce communiste réformateur occupe déjà le poste de premier ministre depuis près d'un an. Pozsgay Imre, réformateur aux penchants nationalistes ainsi que Nyers Rezsö, le père de la réforme économique de 1968, entrent au bureau politique du parti dirigeant. Ce renouvellement laisse espérer une évolution du système politique et économique hongrois. Grósz met en place quelques réformes d'inspiration libérale et favorise le développement du secteur privé. Dans son entourage on laisse entendre que Grósz pourrait mettre de l'huile dans les rouages en instaurant une sorte de pluralisme. Cependant son action est entravée par les secteurs les plus conservateurs de son parti.

C'est au cours de cette période que les mouvements d'opposition (MDF, SZDSZ, FIDESZ) s'organisent et que les partis politiques dissous en 1949 (FKGP, KDNP[52], parti social-démocrate) renaissent. Face à la multiplication de ces groupes d'opposition qui ne s'apprécient guère et afin que le gouvernent n'essaie de profiter de leurs divisions, un collectif de juristes, influencé par l'ambassadeur américain à Budapest, leur propose de créer une table ronde de l'opposition qui lui permettrait de parler d'une seule voix.

Le 29 juin 1988 l'élection à la symbolique présidence de l'État de Straub Brunó, un biochimiste renommé qui n'est pas membre du MSZMP, apparaît comme une preuve de libéralisation du régime. Cependant lors d'une visite officielle à Paris en novembre 1988 le premier ministre Grósz Károly déclarera qu'il n'est pas question d'envisager le multipartisme en Hongrie avant plusieurs dizaines d'années.

---

52  Kereszténydemokrata Néppárt, parti populaire démocrate-chrétien.

Le 9 juillet le quotidien *Népszabadság*[53] publie un entretien avec Nyers Rezsö. Il se prononce pour un communisme de réforme, mélange d'une social-démocratie révolutionnaire avec un communisme animé par l'esprit nouveau. Il ajoute que l'abandon après la guerre des traditions politiques est-européennes pour suivre la voie soviétique a été une erreur.

Le 23 novembre 1988 Grósz démissionne de son poste de premier ministre. Il sait que des mesures d'austérité vont être nécessaires pour établir le budget de l'année 1989 et il veut tenter de mettre le MSZMP qu'il dirige à l'écart de l'impopularité qui rejaillira sur le responsable de l'austérité. Németh Miklós est nommé premier ministre. Németh, ancien étudiant à Harvard, partenaire de tennis de l'ambassadeur américain[54], se présente alors comme le Gorbatchev hongrois, indiquant son intention de renforcer le MSZMP afin de permettre une transition harmonieuse vers l'économie de marché. Il hérite cependant d'un ministère qui ne comporte pas que des réformateurs.

A la fin de l'année 1988 le pays compte 30 000 chômeurs.

Le 1ᵉʳ janvier 1989 entre en vigueur une loi permettant aux étrangers de posséder la totalité du capital d'une entreprise, leur accordant des facilités fiscales et leur permettant de rapatrier les profits réalisés. Les capitaux étrangers n'ont donc pas attendu le changement de régime pour affluer en masse en Hongrie.

Le 11 janvier le Parlement adopte un projet de loi légalisant la formation de nouveaux partis politiques. Le multipartisme que le secrétaire général du MSZMP n'envisageait pas avant plusieurs dizaines d'années se met donc en place avec l'aval d'un Parlement dont la plupart des membres ont pourtant été élus en 1985 avec le soutien de ce même MSZMP.

Le 28 janvier 1989, Le ministre Pozsgay Imre déclare à la radio que la révolution de 1956 était un soulèvement populaire contrairement à ce que son parti avait toujours affirmé en qualifiant l'événement de contre-révolution. Ces propos lui attirent les foudres des conservateurs au sein de la direction du MSZMP. Ils sont cependant

---

53  Organe de presse officiel du parti dirigeant MSZMP.
54  Si l'on en croit son principal conseiller Thürmer Gyula

mis en minorité lors de leur tentative d'exclure Pozsgay du bureau politique de ce parti au cours d'une réunion du Comité central les 10 et 11 février.

Les 20 et 21 février lors d'une nouvelle réunion du Comité central est adopté le projet d'une nouvelle constitution hongroise qui ne fait plus état du rôle dirigeant du MSZMP. Le principe d'élections libres est accepté sans toutefois préciser de date pour cela. Très rapidement la censure disparaît, le journal *Magyar Nemzet*, qui soutient Pozsgay et les nationalistes, se rend quasiment indépendant et l'organe officiel du MSZMP, *Népszabadság*, prend ses distances avec le parti. Un proche de Pozsgay déclare que le modèle du socialisme réel en vigueur en Hongrie est irréformable, qu'il faut un nouveau modèle. Quant aux dirigeants des groupes politiques d'opposition, ils n'en sont plus au changement de modèle, ils veulent un changement de système.

Le 7 mars lors d'une nouvelle réunion du Comité central, c'est Berecz János, l'un des dirigeants conservateurs qui présente un projet de programme du MSZMP. Le texte adopté, qui ne satisfait ni les conservateurs ni les réformateurs, prépare la social-démocratisation du parti communiste. La notion de dictature du prolétariat est abandonnée, les forces armées sont tenues à l'écart des luttes politiques, les syndicats deviennent indépendants du MSZMP et une démocratie représentative est instaurée avec des élections libres. Tous ces point figuraient dans le programme de l'opposition. Ce comité propose par ailleurs de nommer Szürös Mátyás, un proche du communiste à la fois nationaliste et réformateur Pozsgay, à la présidence du Parlement.

Les ultra-conservateurs du MSZMP protestent avec force contre ces mesures qui, selon eux, créent une situation contre-révolutionnaire similaire à celle qui a précédé l'insurrection de 1956. Ils ne sont pas entendus par le gros des troupes du parti qui se rangent derrière les réformateurs ou même le quittent. Il y aura 32 000 départs, sur 800 000 membres, entre janvier et avril 1989. Le 14 avril les 4 membres les plus conservateurs du bureau politique du MSZMP, dont Berecz qui avait pourtant été chargé de présenter le programme du parti un mois plus tôt, sont poussés vers la sortie.

Parallèlement l'opposition s'organise. Le 11 mars le MDF (forum démocratique) tient son premier congrès en présence de plusieurs dirigeants du MSZMP. Le FGKP (parti paysan) en fera autant le 23 mars et le SZDSZ (parti libéral) le 13 avril. Lors de la fête nationale du 15 mars commémorant le révolution de 1848 l'opposition réunit plusieurs dizaines de milliers de manifestants à Budapest. L'opposition veut cependant éviter toute confrontation car elle sait que les conservateurs du MSZMP tiennent encore le ministère de l'intérieur ainsi que la milice ouvrière forte de 60 000 membres armés et bénéficient aussi du soutien de la plupart des officiers de l'armée. L'opposition est consciente qu'il lui faut passer par un compromis avec le régime finissant.

Fin avril débute le rapatriement des unités soviétiques stationnées dans le pays depuis 1956. 31 chars quittent le territoire hongrois à destination de l'Ukraine qui fait encore partie du bloc soviétique. Ce rapatriement, négocié avec le gouvernement hongrois, est échelonné sur deux ans. Le gouvernement hongrois se prononce alors pour la dissolution des deux blocs militaires, le Pacte de Varsovie et l'OTAN.

Le 3 mai un tronçon de 4 km de la clôture électrifiée séparant la Hongrie de l'Autriche est démantelé par les autorités à proximité du Lac de Neusiedl (Lac Fertő en hongrois). Les chefs des diplomaties autrichienne, Alois Mock, et hongroise, Horn Gyula, posent symboliquement pour les photos et les caméras, cisailles imposantes à la main. Il s'agit certainement d'un ballon d'essai lancé en direction de Moscou. Mais les autorités soviétiques ne réagissent pas.

De mai à septembre est organisée une table ronde nationale entre les mouvements d'opposition et le parti gouvernemental afin de régler sans heurts la transition vers un système démocratique. Cette transition sera moins l'œuvre d'un mouvement populaire (il n'y a pas foule dans les rues pour combattre le régime), comme ce fut le cas dans d'autres pays de l'Est, que le résultat d'une négociation entre les détenteurs du pouvoir et les représentants d'une opposition à caractère intellectuel. Ce que reprochent les hongrois à leurs dirigeants c'est moins l'absence de libertés que l'impossibilité de maintenir leur niveau de vie dans un pays lourdement endetté. D'autant plus que les hongrois bénéficiaient déjà d'une relative liberté d'expression. Le pouvoir en place va concéder pratiquement tout ce que demandent leurs adversaires. Ce manque de combativité est assez surprenant car il n'y a pas d'effervescence populaire pour soutenir l'opposition.

Le 16 juin il est procédé au ré-enterrement solennel de Nagy Imre. C'est le Comité pour la justice historique, créé un an plus tôt pour établir la vérité sur les événements de 1956, qui organise les funérailles. 200 000 personnes y assistent sur la Place des Héros[55]. Il a été convenu que le MSZMP ne serait pas représenté es-qualités mais que les hauts dirigeants de l'État seraient présents. Le premier ministre Németh Miklós, le vice-premier ministre Medgyessy Péter, le ministre d'Etat Pozsgay Imre et le président du Parlement, Szürös Mátyás, assistent donc à ces funérailles. Remarquons qu'ils sont tous membres du MSZMP. Ce sont des hauts responsables lors de l'insurrection de 1956 dont un co-accusé de Nagy qui prennent la parole ainsi qu'Orbán Viktor, jeune étudiant qui n'était pas né en 1956. Outre l'hommage aux morts on évoque une transition qui accomplirait les objectifs de 1956 à l'exception d'Orbán qui prononce un violent réquisitoire contre les communistes. La télévision publique retransmet la cérémonie dans son intégralité.

La Table ronde qui a créé six commissions débute ses travaux en juin. C'est Pozsgay Imre qui pilote l'affaire. Il souhaite que la Hongrie, qui doit tout inventer puisqu'elle n'a pas de tradition républicaine, se dote d'une constitution à l'américaine, avec un président fort. Il se verrait d'ailleurs bien occuper ce poste. Le MDF semble prêt à accepter cette proposition et envisage un partage du pouvoir avec le MSZMP : un premier ministre conservateur membre du MDF et un président communiste qui serait Pozsgay. Mais le reste de l'opposition s'oppose violemment à cette idée.

Le 6 juillet Kádár János meurt. Le même jour la Cour Suprême annule le verdict du tribunal qui avait condamné à mort Nagy et ses co-accusés et les déclare non-coupables.

Le 22 juillet 1989 a lieu une élection législative partielle à Gödöllö. La députée du secteur, une vieille militante communiste de 73 ans opposée à toute réforme, a dû démissionner après qu'une pétition rassemblant les signatures de plus de 10 % des électeurs a été présentée aux autorités. Conformément à la loi un référendum

---

55  Place monumentale construite pour célébrer les mille ans de l'installation du peuple magyar dans la plaine de Hongrie. On y trouve les statues des héros de l'histoire hongroise.

aurait dû être organisé pour savoir si l'élue avait toujours la confiance des électeurs mais sa démission vraisemblablement forcée entraîne une élection partielle. Le pasteur Rozsík, qui a créé une section locale du MDF, obtient l'autorisation de se présenter. Il sort vainqueur de cette élection avec 70 % des voix, le candidat du MSZMP n'en recueillant que 25 %. Lorsqu'on demande à l'élu s'il se considère comme un révolutionnaire il répond qu'il n'est même pas libéral, qu'il est un conservateur qui croit aux valeurs chrétiennes.

A la même période dans trois autres circonscriptions, à l'occasion d'élections partielles, les candidats du MSZMP sont mis en ballottage à cause d'une trop forte abstention mais au second tour, quinze jours plus tard, l'opposition l'emporte partout. Tout cela ébranle le gouvernement et le MSZMP qui pensaient jouir encore d'un fort soutien populaire grâce à leur politique réformiste assez radicale. Cependant l'affaiblissement de l'URSS joue en leur défaveur. Tant qu'il existait une menace d'intervention de l'URSS les hongrois étaient conscients qu'il ne pouvait y avoir d'évolution qu'à l'intérieur du système existant. Cette époque étant révolue, la population rêve d'une économie de marché à l'occidentale qui lui apporterait abondance et prospérité. Il lui faut autre chose que les simples réformes mises en place par les rénovateurs du parti.

Au cours de l'été on assiste à un afflux massif d'Allemands de l'Est vers Budapest, officiellement pour des vacances, mais avec l'espoir de gagner la liberté de l'autre côté du Rideau de fer. Ils n'ont pas besoin de visa pour se rendre en Hongrie. Le 19 août 1989, sous l'égide du Mouvement paneuropéen du fils de l'ancien Empereur d'Autriche-Hongrie, Otto von Habsbourg, en présence du ministre Pozsgay, est organisé près de Sopron, à proximité de la frontière autrichienne, un pique-nique géant. La frontière est ouverte pour permettre aux autrichiens de participer aux festivités. Des tracts avaient été distribués dans des campings de Budapest, où s'étaient massés les milliers de citoyens de la République démocratique allemande (RDA)[56] pour annoncer l'événement. La frontière reste ouverte durant trois heures et les garde-frontières, qui n'avaient pas reçu de consignes de répression, choisissent de fermer les yeux. Plus de 600 Allemands de l'Est traversent la frontière, avant de gagner, à bord d'autobus, l'ambassade de la République fédérale d'Allemagne (RFA) à Vienne, à 75 km seulement. Il s'agit du premier exode

---

56  Allemagne de l'Est.

massif depuis la construction du Mur de Berlin dans la nuit du 12 au 13 août 1961.

Le 6 septembre la Table ronde débute les discussions sur la future loi électorale. Les partisans du communiste Pozsgay et le MDF avaient conclu un accord secret prévoyant une élection présidentielle, que Pozsgay avait toutes les chances d'emporter compte tenu de sa notoriété, suivie d'élections législatives qui auraient donné la victoire aux conservateurs du MDF, attendue suite aux résultats des législatives partielles. Les autres groupes d'opposition qui voyaient dans ce processus un moyen de les marginaliser refusent de signer le projet. Ils proposent que la divergence soit arbitrée par un référendum. Ils proposent de jumeler la question avec celles de la suppression de la milice ouvrière et des cellules du parti dans les entreprises. Le référendum s'imposera, c'est la loi, suite à une pétition lancée par les libéraux du SZDSZ qui recueillera plus de 100 000 signatures.

Le 10 septembre la Hongrie ouvre totalement ses frontières occidentales, autorisant dès le lendemain les Allemands de l'Est à passer librement en Autriche. Des dizaines de milliers d'allemands de l'Est avaient pris l'habitude de venir passer leurs vacances d'été sur les bords du lac Balaton en Hongrie. Il pouvaient y retrouver des amis ou des parents venus de la RFA[57]. Mais en cet été 1989, 25 000 vacanciers originaires de RDA refusent de rentrer au pays. Le gouvernement hongrois les laisse donc passer par la frontière autrichienne alors qu'ils ne disposent pas des documents de voyage nécessaires pour entrer en Autriche. Si la Hongrie avait respecté ses obligations vis-à-vis du pacte de Varsovie et ses accords bilatéraux avec la RDA datant de 1969 elle aurait dû refouler ces allemands de l'Est vers leur pays. Mais la Hongrie a préféré une solution humanitaire compatible avec ses engagements internationaux en matière de droits de l'homme. D'autant plus que Moscou, interrogé sur la conduite à tenir face à ces fuyards, n'avait pas daigné répondre aux dirigeants hongrois. Gorbatchev avait cependant prévenu ses alliés dès 1988 qu'ils auraient à régler leurs problèmes internes sans l'aide des chars soviétiques. Cette décision apporte un prestige international à la Hongrie et l'Allemagne de l'Ouest lui en sera reconnaissante en participant aux efforts de redressement économique du pays.

---

57  Allemagne de l'Ouest.

Début octobre se réunit le congrès du MSZMP. Il ne se trouve plus aucun portait de Lénine[58] dans la salle. Les participants délaissent l'Internationale au profit de l'hymne national hongrois. Ce n'est déjà plus vraiment un congrès communiste. Les congressistes donnent leur accord pour que leur parti change de nom et devienne le MSZP[59], parti socialiste hongrois. Ils acceptent le programme réformateur qui leur est présenté incluant multipartisme et économie de marché. Par contre il ne se trouve que 10 % des congressistes pour voter la suppression de la milice ouvrière et l'interdiction des cellules dans les entreprises. Le congrès décide aussi de demander aux adhérents de se réinscrire dans le parti au nouveau nom pour bien marquer la rupture avec le passé. A la fin de l'année le MSZP n'aura récupéré que 6 % des adhérents de l'ancien parti. Tous ceux qui adhéraient auparavant pour des raisons autres qu'idéologiques ont compris que l'adhésion à un parti qui ne prétendait plus au monopole de la vie politique n'avait plus d'intérêt. L'économiste réformateur Nyers Rezső devient le secrétaire général du MSZP.

Le 18 octobre, le Parlement qui n'a été que modifié à la marge par quelques élections partielles révise la constitution en lui apportant une centaine d'amendements. La République hongroise abandonne ses qualificatifs « socialiste » et « populaire ». La liberté d'association et la liberté de la presse sont actées. Le rôle dirigeant du parti est abandonné. Le drapeau tricolore perd sa faucille et son marteau. Le 23 octobre, date du début de l'insurrection de 1956, sera désormais commémoré.

Le 23 octobre la nouvelle constitution entre en vigueur. La république est dirigée, par intérim, par le président du Parlement, un communiste proche des nationalistes. Le gouvernement s'emploie alors à démanteler les structures socialistes. On assiste alors aux premières privatisations qui permettent aux anciens responsables des entreprises concernées d'en devenir propriétaires à prix d'amis. De nombreux cadres supérieurs du MSZP créent alors leur propre entreprise ou se mettent au service d'investisseurs étrangers souhaitant s'implanter en Hongrie.

---

58  Il était de tradition que les congrès communistes se tiennent sous les portraits de Marx, Engels, Lénine (et même Staline jusqu'en 1956).
59  Magyar Szocialista Párt.

Le 29 novembre a lieu un référendum portant en particulier la date de l'élection présidentielle et le mode de scrutin. L'opposition en sort vainqueur, de justesse avec un court avantage de 6 000 voix sur 4 300 000 suffrages exprimés, bien que le MDF présidé par Antall Jószef ait préconisé l'abstention. L'élection présidentielle aura donc lieu après les législatives fixées au printemps 1990 et le président sera élu par le Parlement. On rappelle que le gouvernement proposait de débuter les opérations électorales par une présidentielle au suffrage direct que le communiste Pozsgay avait de sérieuses chances d'emporter. Le parti libéral SZDSZ qui était en pointe dans le combat pour inverser les deux élections acquiert alors une certaine notoriété.

Le 17 décembre les communistes conservateurs, qui avaient décidé de préserver l'ancien nom du parti, organisent leur congrès. Avec 100 000 membres, presque tous les anciens permanents et vétérans du MSZMP, ils atteignent un effectif double de celui des réformateurs du nouveau parti socialiste.

Le 5 janvier éclate un scandale relatif aux écoutes des responsables des partis d'opposition, scandale qui sera qualifié de Dunagate[60]. Le SZDSZ et le FIDESZ présentent à la presse hongroise et internationale divers documents prouvant que les services secrets du pays ont espionné illégalement les activités de partis politiques autorisés. L'affaire fait grand bruit et ébranle le ministère de l'intérieur. Le ministre doit démissionner et plusieurs hauts responsables sont limogés. Ce scandale ne joue bien évidemment pas en faveur du MSZP lancé, comme les autres partis, dans la campagne électorale pour les législatives.

Le 10 mars est signé à Moscou un accord prévoyant le retrait total des troupes soviétiques avant le 30 juin 1991. Bien que cet accord ait été négocié et signé par les communistes réformateurs encore au pouvoir, les formations d'opposition ont été associées aux négociations. Car il y a une volonté unanime de réaliser une transition pacifique qui fait que l'opposition participe déjà un peu au pouvoir.

---

60 Terme copié sur Watergate et construit à partir de Duna, traduction hongroise de Danube.

Au mois de mars toujours est créée l'Agence de la propriété de l'État, chargée de superviser les privatisations. Dès le mois d'octobre précédent le gouvernement s'est engagé dans le processus de démantèlement des structures socialistes. Mais ce sont essentiellement des membres de la nomenklatura et les gestionnaires des entreprises concernées qui ont pu bénéficier des privatisations, à peu de frais en général. Certains d'entre eux ont même pu s'associer à des hommes d'affaires occidentaux aux capitaux douteux. L'agence doit donc permettre d'éviter la poursuite des abus constatés lors de la première vague de privatisations.

Les élections législatives ont lieu les 25 mars et 8 avril. Il s'agit d'un scrutin mêlant proportionnelle et vote par circonscription. Au second tour deux coalitions se forment, d'un côté les conservateurs du MDF, du FKGP et du KDNP et en face les libéraux du SZDSZ et du FIDESZ, les socialistes du MSZP restant isolés. Les résultats sont les suivants :

| Partis | Pourcentage obtenu | Nombre d'élus |
| --- | --- | --- |
| MDF | 24,7 | 165 |
| SZDSZ | 21,4 | 94 |
| FKGP | 11,7 | 44 |
| MSZP | 10,9 | 33 |
| FIDESZ | 9 | 22 |
| KDNP | 6,5 | 21 |

Les communistes conservateurs ne franchissent pas la barre des 4 % nécessaire pour entrer au Parlement. Les socialistes du MSZP, qui détenaient auparavant tous les pouvoirs, doivent se contenter de 33 élus sur les 386 du Parlement.

Manifestement le MSZP n'a pas tiré profit de son réformisme radical. C'est très certainement lié au déclin de l'URSS. Tant que ce dernier pays restait une puissance incontournable, les réformateurs communistes étaient les mieux placés pour faire évoluer le système. Mais comme il est apparu évident que l'URSS n'interviendrait plus dans les affaires internes de ses voisins, les électeurs ont estimé que le vote pour le MSZP perdait une grande partie de son intérêt. La population aspirait à l'économie de marché à l'occidentale qui lui permettrait de vivre, croyait-elle, dans la prospérité et l'abondance, sans avoir idée du coût social qu'engendreraient les transformations du système. Et dans l'esprit des hongrois les partis d'opposition et en particulier celui qui paraît le plus raisonnable, c'est-à-dire le MDF, sont les mieux placés pour conduire le pays vers l'horizon rêvé.

Le MDF a été créé par des intellectuels critiques envers le régime mais prêts à collaborer avec celui-ci dans le cadre d'une transition en douceur. Favorable à l'origine à une troisième voie entre socialisme soviétique et capitalisme, il se transforme peu à peu en parti de centre droit et c'est ainsi qu'il se présente aux élections de 1990. Ce parti a une sensibilité nationaliste voire populiste. Si son chef Antall József est incontestablement un démocrate, il y a derrière Csurka István une fraction non négligeable du MDF favorable à une Hongrie authentiquement magyare, hostile aux étrangers et aux libéraux. Le MDF a reconnu avoir bénéficié pour sa campagne électorale de l'aide de partis politiques occidentaux qui avaient misé sur sa victoire, entre autres le parti républicain américain, la CDU allemande ou le RPR français.

Le SZDSZ rassemble des dissidents qui ont été harcelés voire même emprisonnés par les autorités communistes. Ses premiers dirigeants critiquaient aussi bien le socialisme à la soviétique que le capitalisme mais le parti glissera progressivement vers le libéralisme. Il restera attaché à la défense des droits de l'homme, à la laïcité et hostile aux tendances nationalistes ce qui fait qu'il s'éloignera du MDF et se rapprochera des socialistes. Le MDF n'hésite pas à qualifier les adhérents de ce parti de fils de cadres communistes. Et, les sentiments antisémites faisant leur réapparition, certains membres du MDF vont jusqu'à qualifier le SZDSZ de parti des juifs. Le SZDSZ est plutôt un parti urbain qui plaît à l'intelligentsia et aux déçus du socialisme.

Les fondateurs du FIDESZ sont des jeunes intellectuels qui ne manquent pas d'humour. Leur affiche électorale est composée de deux photos : sur la première on voit Brejnev[61] embrassant à la russe, sur la bouche, le dirigeant de l'Allemagne de l'Est

61  Secrétaire général du parti communiste soviétique de 1966 à 1982.

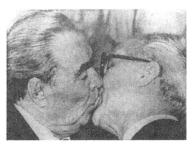

Honecker[62] ; sur la seconde un jeune couple se livrant à la même activité ; en dessous le seul mot CHOISISSEZ. A l'origine ce parti qui se définit comme libéral, alternatif et radical n'est ouvert qu'aux membres de moins de 35 ans Cette limite d'âge sera ensuite abandonnée au profit de la notion de jeunesse d'esprit. Le SZDSZ aurait souhaité en faire son organisation de jeunesse mais le FIDESZ s'y est refusé. Après son entrée au parlement en 1990 ce parti glissera progressivement vers le centre droit.

Le petit KDNP est un parti fondé dans les années 40, représentant la droite chrétienne. Hostile à la séparation de l'Église et de l'État ainsi qu'à la laïcité, il a la volonté d'assurer l'influence de l'Église dans le domaine culturel et éducatif.

Le FKGP, parti des petits propriétaires, a été créé dans les années 30. Il se veut le représentant des petits agriculteurs et des gens de la campagne. Il n'est pas vraiment conscient que le monde a bien évolué et a repris son slogan d'antan « Dieu, Famille, Patrie ». Il propose de restituer les terres collectivisées aux anciens propriétaires ou à leurs héritiers. Il bénéficie d'une popularité compréhensible à la campagne.

Ces cinq partis peuvent être classés dans l'un des deux courants dominants de la vie hongroise que constituent les modernistes et les traditionalistes. On peut, à cette époque, ranger le FIDESZ et le SZDSZ parmi les modernistes partisans d'un libéralisme progressiste dans lequel il y a de la place pour intégrer ce que le régime communiste avait apporté de valable, dans les domaines

---

62   Dirigeant de la RDA (Allemagne de l'Est) de 1976 à 1989.

social et culturel par exemple. Les autres partis se situent clairement dans la ligne traditionaliste se réclamant de la nation et le la religion avec une certaine sympathie pour les valeurs de la Hongrie d'avant 1945. Ils sont violemment anticommunistes et rêvent d'un rapport avec les autorités ecclésiastiques similaire à ce qu'il était avant séparation de l'Église et de l'État. Le MSZP, qui sort marginalisé des élections, reste dans un premier temps à l'écart de ces courants avant de se décider à rejoindre les modernistes.

# 10 - La république des professeurs
# (1990-1994)

La coalition MDF-FGKP-KDNP ayant remporté les élections avec 60 % des sièges, c'est à Antall József, chef du principal parti, le MDF, qu'il revient de former le gouvernement. Qui est Antall József ? Un homme politique que l'on peut qualifier de moderne, admirateur du monde occidental, qui se qualifie lui-même de patriote, chrétien-démocrate et libéral. Né en 1932, élevé chez les frères piaristes[63], il prend part modestement à l'insurrection de 1956. Il perd alors son emploi d'enseignant mais devient directeur du musée et des archives de l'histoire de la médecine. Ses fonctions lui permettent de voyager à l'Ouest dès 1974. Il ne réémerge politiquement qu'en 1989 en prenant la direction d'un parti favorable à une société à la fois conservatrice et nationaliste. Malgré son orientation pro-européenne Antall cherchera à façonner le pays sur un modèle un peu anachronique sorti de son imaginaire ignorant les réalités de la société hongroise du début des années 90.

La campagne électorale a eu pour thème central l'anticommunisme, le seul qui unissait tous les partis d'opposition. Cependant les visées n'étaient pas identiques. Si le SZDSZ voulait abattre un pouvoir totalitaire, le MDF ne songeait qu'à éliminer et remplacer ceux qui exerçaient ce pouvoir. Une des caractéristiques des différents partis est qu'ils s'efforcent d'apparaître le plus près possible du centre, ce qui n'est pas toujours aisé car ils sont tous des rassemblements comportant plusieurs courants aux opinions divergentes.

Le 2 mai un accord constitutionnel définissant les rôles du président de la République et du premier ministre, qui reçoit des pouvoirs étendus, est signé entre le MDF et les libéraux du SZDSZ. L'accord porte aussi sur le principe de la majorité parlementaire des deux-tiers qui n'est conservé que pour le vote des lois fondamentales au Parlement, la plupart des lois ne nécessitant plus que la majorité simple. En contrepartie le SZDSZ, bien que dans l'opposition, se voit attribuer des postes de hauts dignitaires dont

---

63  La congrégation des Piaristes est un ordre religieux essentiellement voué à l'éducation.

celui, sans grand pouvoir, de président de la République qui reviendra à Göncz Árpád.

Les négociations entre les partis de la majorité pour former le gouvernement vont durer plusieurs semaines. Si tous sont d'accord pour privatiser les entreprises et faire passer le secteur public de 90 à 30 % de l'économie du pays et pour supprimer les subventions publiques dont bénéficient non seulement les entreprises mais aussi certains produits de consommation courante, le principal point de friction concerne la restitution des terres des coopératives aux anciens propriétaires, bien souvent des petites parcelles. Le FGKP en a fait le thème central de sa campagne électorale mais les responsables du MDF estiment que cela portera un coup fatal à l'agriculture hongroise qui ne se porte pas trop mal.

Le 23 mai 1990 le Parlement vote enfin l'investiture du gouvernement Antall, composé de 8 ministres du MDF, de 4 membres du FGKP, d'un démocrate-chrétien et de 3 indépendants, des techniciens choisis pour leur compétence. Tous ces ministres sont cependant des inconnus sans grande expérience. Contrairement à ce que l'on pouvait attendre, aucun héros de l'insurrection de 1956, aucun persécuté par les autorités n'apparaît dans les organes dirigeants. La nouvelle nomenklatura est constituée de personnes qui exerçaient leur profession sans entraves, des universitaires, qui pouvaient se rendre à l'étranger sans problème. D'où le nom de république des professeurs pour cette législature. Malgré leurs compétences la plupart des artisans de la transition sont écartés des affaires au lendemain des élections. Antall refuse en effet d'associer au gouvernement toute personnalité ayant collaboré avec le pouvoir précédent. Le manque d'experts, de spécialistes, et de politiques expérimentés l'amènera cependant à faire entrer deux communistes réformateurs dans son gouvernement en octobre 1990, au commerce extérieur et aux finances. Et Horn Gyula, ancien ministre des affaires étrangères du régime déchu, deviendra président de la commission des affaires étrangères du Parlement. Il parviendra à améliorer les relations entre Budapest et Moscou. Nemeth Miklós, l'ancien premier ministre obtiendra bien un poste conforme à ses compétences, mais dans une instance internationale : il sera nommé directeur adjoint de la BERD[64].

C'est un programme très flou qu'Antall présente au Parlement. Il n'est pas question de changements spectaculaires dans l'immédiat. En effet Antall prend la direction d'un pays dont le remboursement de la dette absorbe 40 % du montant des exportations, dont l'inflation est de l'ordre de 30 %. Il sait que la transition aura un coût social important avec un accroissement des inégalités qui ne pourra que nourrir le mécontentement envers son gouvernement.

Dès le début de la législature le Parlement adopte une loi sur l'héritage de la Révolution et du combat pour la liberté en 1956 dans laquelle le nom de Nagy Imre n'est même pas cité. Mais petit à petit la référence à la révolution, terme trop marqué, disparaîtra et 1956 apparaîtra plus comme un combat de libération nationale, un combat contre les soviétiques et un combat d'indépendance.

Puis les partis gouvernementaux décident de fixer la fête nationale non pas au 23 octobre, en référence à 1956, comme envisagé dans un premier temps mais au 20 août, jour de la Saint-Etienne en l'honneur du fondateur de l'État hongrois mille an plus tôt. De même le drapeau national retenu n'est pas celui qui fut en usage avant la prise de pouvoir par les communistes mais celui du royaume de Hongrie d'avant guerre, orné de la sainte Couronne. On préfère insister sur la continuité de la Hongrie millénaire plutôt que sur l'héritage de 1956.

Le 4 août 1990 Göncz Árpád , proche du SZDSZ, est élu président de la République par le Parlement. Après avoir écarté l'élection du président au suffrage universel et limité ses compétences, Antall a conclu un accord avec le SZDSZ, attribuant ce poste honorifique à l'un des siens, avec l'espoir d'émousser les critiques de ce parti ne faisant pas partie de la coalition gouvernementale. En remerciement Le SZDSZ saura jouer le rôle d'une opposition critique mais constructive, n'hésitant pas à voter les lois qu'ils juge positives.

---

64  Banque européenne pour la reconstruction et le développement créée en mai 1990 pour accompagner le passage à l'économie de marché en Europe de l'Est.

A la rentrée scolaire de septembre 1990 l'enseignement facultatif religieux est rétabli dans les écoles. L'Église, qui s'était mise au service du régime précédent, espère ainsi reconquérir une influence dans un pays ou seuls 10 % de la population reconnaît avoir une pratique religieuse régulière. Même si le petit parti démocrate-chrétien qui participe à la majorité gouvernementale a une influence bien faible, Antall ne souhaite négliger aucune voix susceptible d'apporter un soutien à son gouvernement.

Le 14 octobre ont lieu les élections municipales. C'est une défaite pour le MDF. Alors qu'Antall avait, dans son programme électoral, promis d'attribuer de larges pouvoirs aux collectivités locales, il n'a cessé de rogner les prérogatives de ces collectivités. De plus il les a mis en difficulté financière en leur faisant supporter en grande partie l'indemnisation des propriétaires dont les biens avaient été étatisés par les communistes. Le FIDESZ remporte plusieurs centaines de municipalités dont 7 villes importantes tandis que le SZDSZ sort victorieux à Budapest avec l'élection de Demszky Gábor comme maire.

Le 25 octobre à 19h30 les hongrois apprennent par le journal télévisé que le prix de l'essence va être considérablement augmenté. Il ne s'agit pas de mettre fin à des subventions mais d'augmenter les taxes sur les carburants qui étaient relativement faibles afin d'améliorer les recettes de l'État. Immédiatement les chauffeurs de taxis décident de bloquer tous les ponts de Budapest, c'est le taxiblokád. Le lendemain les chauffeurs routiers rejoignent le mouvement. Ce mouvement de protestation inorganisé va durer trois jours. Pris de panique devant la paralysie de la circulation le gouvernement pense d'abord employer la force avant de se résoudre à reculer et à alléger l'augmentation prévue.

Le 6 novembre la Hongrie est le premier pays de l'Est à adhérer au Conseil de l'Europe[65]. Le pays profite de son excellente image de marque auprès des pays occidentaux. Dans ce domaine Antall et son équipe n'ont été que les continuateurs d'une politique étrangère qui dès les années 80 tentait de trouver un équilibre entre l'Est et l'Ouest. Les ministres de la fin de l'ère Kádár et les hauts fonctionnaires des affaires étrangères entretenait déjà de bonnes

---

65 A ne pas confondre avec l'Union européenne. Son action porte essentiellement sur le respect des droits de l'homme sur le continent européen. Ce qui n'empêche pas la Turquie d'en faire partie.

relations avec des pays tels que la RFA et les USA. Au sein de ce conseil la Hongrie pense pouvoir agir pour améliorer le sort des minorités hongroises vivant dans les pays voisins.

Fin 90 les investissements étrangers en Hongrie se montent à 1,5 milliards de dollars, la moitié des investissements occidentaux à l'Est hors RDA. Cela permet de créer de nombreuses entreprises, plutôt de taille modeste, moins de 50 salariés en général. On en comptera 4 800 début 91 de sorte que le secteur privé, avec 600 000e employés représentera 15 % de la population active du pays. Cela n'empêche pas le PIB de baisser de 5,6 % en 1990 car il faut aussi comptabiliser la fermeture d'entreprises aux équipements obsolètes.

Le 24 avril 1991 la Parlement adopte une loi sur l'indemnisation des anciens propriétaires. Elle concerne 800 000 propriétaires terriens, 40 000 propriétaires immobiliers et 4 000 commerçants ou artisans dont les biens ont été nationalisés en 1949. L'État ne disposant pas des ressources financières pour indemniser, il crée des bons que les bénéficiaires pourront utiliser pour participer aux privatisations des entreprises d'État. L'indemnisation est limitée à 5 millions de forints[66] par personne.

En juin 1991 un projet de loi sur la restitution des biens confisqués aux communautés religieuses est présenté au Parlement. Il provoque une levée de boucliers non seulement dans l'opposition mais aussi dans la population qui reste grandement attachée à l'idée d'une Hongrie laïque. Il faut savoir qu'en 1945 plus de la moitié des écoles élémentaires appartenaient à l'Église. De nombreux bâtiments religieux réquisitionnés par les autorités communistes sont devenus des institutions culturelles ou universitaires ou ont été utilisés dans le secteur de la santé. Si une indemnisation peut être envisagée, mais avec quels fonds, la restitution ne semble pas une idée soutenable.

Le 19 juin 1991 les dernières troupes soviétiques quittent la Hongrie, conformément au calendrier arrêté en mars 1990. Les soviétiques dont la présence remontait à l'automne 1944 abandonnent de nombreuses installations militaires, en mauvais

---

66  Soit 350 000 francs – les francs existaient encore en 1991 – ou environ 53 000 euros.

état le plus souvent. Les autorités soviétiques réclament donc à la Hongrie un dédommagement d'un montant équivalent à 9 milliards de francs français. Les hongrois mettent en avant un passif écologique qu'ils estiment au même montant.

Le 28 juin 1991, à Budapest, la dissolution du COMECON est décidée par son comité exécutif. Ce marché commun des pays de l'Est, s'il avait pu atténuer les crises pétrolières de 1973 et 1979, était à bout de souffle. Avec des prix des marchandises déconnectés de ceux du marché mondial il conduisait à l'isolement des pays membres dont les entreprises restaient peu productives en raison d'un manque de concurrence. Cependant cette dissolution brutale, avec l'interruption soudaine des échanges entre les pays membres, a créé des difficultés supplémentaires dans la période de transition vers l'économie de marché.

Au 1$^{er}$ juillet 1991 le taux de chômage atteint 6 % de la population active. Il n'était que de 1,7 % un an auparavant. Les sondages de popularité sont tous défavorables au MDF. L'opinion publique se tourne non seulement vers l'opposition libérale, SZDSZ et FIDESZ, mais aussi vers les anciens communistes du MSZP

Le 22 février 1992 le FKGP, parti des petits propriétaires, quitte la coalition gouvernementale. Il était un boulet pour le gouvernement avec sa volonté de rebâtir l'agriculture selon les normes d'avant 1945, avec restitution des terres, parfois des parcelles minuscules, aux anciens propriétaires de l'époque. Ce qui aurait constitué un véritable frein à la modernisation de l'agriculture.

6 juin 1993 Le MDF exclut de ses rangs Csurka István et ses partisans. Csurka István, écrivain et dramaturge est l'un des membres fondateurs du MDF. Il a été élu député de ce parti en 1990. Cependant ses prises de positions violemment antisémites, anti-tziganes et ultra-nationalistes gênaient de plus en plus le gouvernement. Antall prendra malgré tout du temps avant de faire le ménage, craignant de s'aliéner une partie de son électorat. Csurka crée alors le MIÉP, un parti politique d'extrême-droite, un parti qui a la volonté d'en finir avec la domination judéo-bolchevique !

Le 4 septembre 1993 il est procédé au ré-enterrement solennel de l'amiral Horthy qui a dirigé la Hongrie en tant que régent de 1920 à 1944. Allié aux nazis, il fut cependant arrêté et emprisonné par les allemands en 1944 lorsqu'il demanda un armistice avec l'URSS. Libéré par les américains il put s'exiler au Portugal, accueilli par le dictateur Salazar, où il mourut en 1957. Ses restes sont ramenés dans son village natal de Kenderes, dans la crypte familiale. Plusieurs dizaines de milliers de personnes participent à la cérémonie, retransmise sur la télévision publique, dont quatre ministres. Antall lui-même déclarera que si Horthy ne s'était pas allié avec Hitler le nombre de victimes juives en Hongrie aurait été beaucoup plus important. On estime quand même à près de 500 000 le nombre de ces victimes dans la Grande Hongrie reconstituée en 1941.

Le 12 décembre 1993 le premier ministre Antall József décède. Le ministre de l'intérieur Boross Péter lui succède pour une courte période puisque les élections législatives auront lieu dans moins de 6 mois. Mais ce court laps de temps suffira à Boross pour ancrer franchement son parti dans le camp nationaliste, chrétien et conservateur. Alors que Antall József avait tenté un rapprochement avec le FIDESZ qui était encore un parti d'inspiration libérale.

Quel bilan peut-on tirer de cette législature ? Après avoir adopté quelques mesures d'austérité économique sans commune mesure avec la thérapie de choc mise en place en Pologne le gouvernent Antall a dû faire face à une impopularité croissante. Chômage, dévaluation de la monnaie et baisse du niveau de vie ont frappé de nombreux hongrois. La déception a rapidement succédé à l'enthousiasme de 1989. Le peuple, qui restait attaché à des acquis de l'ancien régime tels que le plein emploi ou presque, les soins médicaux et l'éducation gratuits, les produits de consommation courante subventionnés, était opposé aux transformations radicales rendues nécessaires par le passage à l'économie de marché. L'opinion publique était en ce sens conservatrice. La modernisation du pays, oui mais à condition de ne pas trop toucher aux acquis du kadarisme.

Par ailleurs Les relations du premier ministre avec le président n'ont cessé de se détériorer au cours de la législature. En effet même si l'on peut considérer que l'action gouvernementale au cours de ces 4 années a été assez positive, il y a eu un glissement progressif du gouvernement et du MDF vers un certain autoritarisme avec la volonté de faire aligner la société vers les conceptions du MDF assez peu libérales et manquant parfois de tolérance. C'est ainsi que le

65

président Göncz a été amené à refuser de signer certaines lois ou des décrets et des nominations qu'il jugeait inconstitutionnels. Il a par exemple refusé le licenciement des présidents de la Radio nationale et de la Télévision dont le MDF voulait se séparer. Les éléments les plus extrémistes du MDF sont allés jusqu'à accuser le président Göncz de connivence avec le complot juif international contre la nation hongroise.

Il n'y a pas eu de véritable épuration en Hongrie. Si les noms d'une vingtaine de milliers d'agents secrets ont bien été trouvés dans les archives, le Parlement a confié au président de la République, au premier ministre, au président de ce Parlement et au président de la Cour constitutionnelle le soin d'examiner le cas des hauts responsables pouvant y figurer. C'est certainement dans la police que l'épuration a été la plus visible. Cependant l'opinion publique a plutôt fait un parallèle entre ces révocations de policiers et l'augmentation de l'insécurité et de la délinquance. D'autant plus que le relâchement de la surveillance aux frontières a permis aux trafiquants de drogue, d'armes et autres mafias de développer leurs activités criminelles.

Si, à la fin du régime communiste, la Hongrie était la mieux préparée pour la transition, on avait cependant une dette de 21 milliards de dollars, un plein emploi en trompe-l'œil avec bien souvent un personnel pléthorique dans les entreprises d'État comme dans les administrations, et une industrie et une agriculture trop souvent tributaires des subventions d'État, autrement dit une économie peu compétitive, en dehors du secteur privé. Pourtant la situation semblait gérable compte tenu des réserves en devises du pays et de son crédit au plan international. Mais en 4 ans le MDF fera enfler la dette de 8 milliards de dollars et amènera le déficit du budget à 7 % du PIB. Le chômage atteindra 12 % de la population active tandis que l'inflation explosera avec un taux annuel de 30 %.

Les 8 et 29 mai ont lieu les élections législatives. Les électeurs sanctionnent durement les partis de la coalition gouvernementale qu'ils considèrent comme responsables de leurs maux : chômage, insécurité et baisse du niveau de vie. Beaucoup de citoyens regrettent les années matériellement sûres et politiquement sans histoires de l'époque kadariste et le font savoir avec leur bulletin de vote.

# 11 - le retour des ex-communistes (1994-1998)

Le parti socialiste MSZP emmené par Horn Gyula tire profit de la nostalgie d'une époque de relative stabilité économique qu'a représenté le kadarisme et gagne les élections législatives. Avec 32 % des voix au premier tour et 209 sièges sur 386 après le second tour les socialistes obtiennent la majorité absolue. L'ampleur de ce succès surprend même les socialistes qui ne s'attendaient pas à une telle victoire alors qu'ils avaient été laminés quatre ans plus tôt. Le MDF, discrédité, perd plus de la moitié de ses voix et ne garde que 37 mandats. Les libéraux du SZDSZ avec 19 % des suffrages obtiennent 70 sièges. Les autres partis représentés sont des démocrates-chrétiens du KDNP (22 sièges), les petits propriétaires du FKGP (26 sièges) et le FIDESZ (20 sièges).

Le parti socialiste aurait pu gérer seul mais deux raisons le poussent à conclure une alliance avec un autre parti. Il veut tout d'abord désamorcer les critiques de la droite contre le retour à une gestion communiste en associant au gouvernement des hommes qui n'ont pas été mêlés à la gestion du système sous Kádár. Il sait ensuite qu'il va falloir mener une politique impopulaire qu'il préfère partager avec un autre parti. Il propose d'abord une alliance au FIDESZ qui refuse. Il se tourne ensuite vers le SZDSZ qui accepte, sous l'amicale pression de plusieurs ambassadeurs occidentaux, dit-on.

Il se forme donc une coalition de centre gauche conduite par Horn Gyula, ministre des affaires étrangères du dernier gouvernement communiste, associant le MSZP socialiste au parti libéral SZDSZ issu de l'opposition des années 80. Le gouvernement comporte, outre Horn, neuf ministres socialistes et trois libéraux. A l'opposé des battus qui s'étaient repliés sur une rhétorique anticommuniste la nouvelle équipe présente l'image d'experts et de technocrates en mesure de faire sortir le pays de la crise.

Après une année de tergiversations afin de ne pas décevoir les électeurs, Horn et ses alliés se rendent compte que le fort endettement de l'État et l'énorme déficit budgétaire n'est plus tenable. Le premier ministre se résout à une politique d'austérité et nomme Bokros Lajos ministre des finances. Ce dernier est un économiste néolibéral, issu du monde de la finance et favorable à une sorte de thérapie de choc réclamée par les milieux financiers hongrois et surtout internationaux. Le 12 mars 1995 il présente un plan d'austérité au Parlement, qui sera accepté en juin. Appelé paquet Bokros ce plan a des effets immédiats sur la population avec la limitation de certaines prestations sociales dans le domaine de la santé ou de la famille. Par ailleurs la gouvernement accélère les privatisations dont les bénéficiaires sont les multinationales étrangères faute d'existence de groupes hongrois forts en capitaux.

Le parti socialiste se tourne définitivement vers le néo-libéralisme. Horn Gyula devient d'ailleurs l'un des vice-présidents de l'Internationale socialiste en 1996. La droite hongroise se trouve alors dans l'obligation de trouver un autre angle d'attaque que le domaine économique. Elle reprend alors les thèmes du nationalisme, du cléricalisme et du populisme. Elle utilise grandement l'étiquette communiste, non pour désigner des adeptes de cette idéologie mais pour qualifier les politiciens ou intellectuels de gauche.

Le 19 juin 1995 le Parlement réélit le conservateur Göncz Arpád président de la République pour un second mandat de 5 ans. Malgré une majorité absolue socialiste au sein de ce Parlement. Mais il faut se souvenir que Göncz était le candidat soutenu par le SZDSZ cinq ans auparavant. Et le SZDSZ est maintenant allié aux socialistes du MSZP.

Le 13 février 1996 Bokros Lajos, auteur du plan d'austérité décrié par la population, démissionne. Il est remplacé par Medgyessy Péter, un parfait francophone travaillant aussi dans le secteur financier, mais proche des socialistes. Cependant la politique économique et sociale du gouvernement ne sera guère modifiée. On conservera une politique d'austérité qui n'était manifestement pas celle qu'attendait les électeurs ayant amené les ex-communistes aux commandes de l'État.

En 1998, à la fin de cette législature socialiste, la désillusion est grande. Le taux d'activité au sein de la population en âge de travailler est tombée à 71 % alors qu'il était de 85 % en 1990, conséquence du chômage et de l'accroissement de l'inactivité féminine. Le produit intérieur brut qui avait subi une sévère récession après la disparition du COMECON, vient juste de retrouver son niveau de 1989. Le pouvoir d'achat des ménages, même s'il est en amélioration après une baisse importante au début des années 90, n'a pas encore retrouvé son niveau de 1989. Manifestement la démocratie n'entraîne pas forcément le prospérité.

# 12 - Un premier tour de piste pour Orbán (1998-2002)

Aux élections législatives de 1998, bien qu'arrivé en tête au premier tour avec avec 32 % des voix, le MSZP (socialiste) dont le groupe parlementaire compte 134 députés est en définitive battu par le FIDESZ qui obtient 148 députés. Ce n'est certes pas la majorité dans le Parlement de 386 membres mais le FIDESZ est associé au FGKP qui a 48 élus. Suivent ensuite le SZDSZ, le MDF et le MIÉP avec respectivement 24, 17 et 14 sièges.

En 1998 Orbán Viktor, âgé de 35 ans, devient premier ministre. Son parti qui était à l'origine un groupement alternatif-libéral de centre gauche mais anticommuniste s'est réorienté après les élections de 1994 vers les valeurs conservatrices et traditionnelles. Le MSZP s'étant tourné vers le néo-libéralisme, le FIDESZ a été dans l'obligation de se différencier et pour se faire une image de droite auprès de l'électorat il a adopté des positions cléricales et nationalistes. Il faut noter que les nombreux serviteurs zélés de l'époque Kádár qui ont fait le choix d'adhérer au FIDESZ ne font pas partie des plus modérés.

Orbán compte libérer le pays de l'influence pernicieuse de la gauche qu'il considère comme cosmopolite et antinationale. Il utilise tous les moyens à sa disposition pour tenter de museler ses opposants. Il remplace de façon massive un grand nombre de responsables dans la fonction publique ainsi que dans les entreprises relevant encore de l'État, ce qui rappelle un peu les épurations d'antan. Il utilise un artifice ingénieux pour épurer les médias publics : alors qu'ils sont contrôlés depuis 1990 par un conseil de surveillance dans lequel siègent à égalité majorité et opposition, il demande aux socialistes, aux libéraux et à l'extrême droite de se répartir les 50 % des postes leur revenant, ce qu'ils ne seront jamais en mesure de faire, laissant le FIDESZ seul aux commandes de l'organisme. Il se venge par ailleurs du SZDSZ coupable de s'être allié au MSZP. C'est ainsi qu'à Budapest, dont le maire Demszky Gábor est membre du SZDSZ, l'État retire sa participation au financement de la quatrième ligne de métro dont la construction a pourtant reçu l'aval des conseillers municipaux membres du FIDESZ. Autre exemple, Orbán fait stopper les travaux de construction du nouveau théâtre national au centre de Budapest sous prétexte que son architecture serait trop contemporaine, en fait parce que le projet a été initié par un ancien ministre membre du SZDSZ. Il reste alors un immense trou sur la place Erzsébet, au centre de Budapest, là où les travaux avaient débuté.

Alors que la loi fondamentale de 1990 instaurait la neutralité de l'État dans le domaine religieux, Orbán révise la politique du pays envers les églises. Il fait accorder une aide généreuse aux confessions dites historiques, essentiellement les catholiques et les protestants, et prend l'habitude d'inviter les ecclésiastiques à participer aux différentes cérémonies officielles.

Cependant durant les deux premières années de la législature, Orbán poursuit la politique économique néo-libérale de ses prédécesseurs tout en tenant un discours populiste et anti-élites. Puis, les élections approchant, il lance des programmes coûteux destinés à s'attirer la sympathie de la classe moyenne tels que des réductions d'impôts pour les familles ayant des enfants à charge ou des bonifications d'intérêts sur les prêts immobiliers. Le discours du FIDESZ se durcit aussi, les opposants étant qualifiés d'ennemis du peuple ou même de la nation hongroise ou encore soupçonnés d'agir en faveur des intérêts étrangers. Le parti socialiste est présenté comme un vestige du passé, autrefois au service des soviétiques, aujourd'hui agent du capitalisme étranger.

Le FKGP fait partie de la coalition au pouvoir. Son chef, Torgyán József, devient ministre de l'agriculture. De nombreux scandales éclateront impliquant des proches de ce ministre. Le FIDESZ laissera finalement tomber le FKGP, obtenant la démission des coupables puis de Torgyán lui-même en 2001. Ce dernier laissera l'agriculture dans un état catastrophique. L'agriculture, qui était assez florissante sous Kádár, a vu ses capacités productives diminuer d'un tiers en une dizaine d'années. La volonté du parti paysan FGKP de favoriser le retour à la petite exploitation agricole a considérablement réduit la productivité. Les grandes coopératives ont été dépecées et 970 000 exploitations agricoles ont une superficie inférieure à un hectare au début des années 2000, elles ne sont financièrement pas viables.

Le 12 mars 1999 la Hongrie intègre l'OTAN. L'adhésion à cette structure représente un coût non négligeable pour la Hongrie. Il faut d'abord que les militaires hongrois se mettent à l'étude de l'anglais[67], langue officielle de la structure. Il faut ensuite moderniser le matériel qui est à 80 % d'origine soviétique et même acquérir des équipements modernes occidentaux. Il faut enfin verser une contribution au fonctionnement de l'OTAN. La Hongrie ne participera cependant pas à la guerre du Kosovo[68], c'est à dire aux bombardements de la Serbie. Il faut dire qu'il y a près de 500 000 hongrois qui vivent en Voïvodine, au nord de la Serbie. Et les bombardements de l'OTAN n'épargneront même pas cette région.

En 2001 est créée, au n°60 de la rue Andrássy, la Maison de la Terreur, exposition historique hongroise dans laquelle on veut monter le caractère comparable des deux régimes totalitaires, le nazi et le communiste. C'est en ce lieu que les *Croix fléchées*, les nazis hongrois, puis plus tard la police politique communiste s'étaient installés. Le gouvernement ne recule pas devant la dépense, déboursant plus de 160 millions d'euros. Dans cette Maison de la Terreur on décide de consacrer peu de place à l'holocauste malgré la déportation de 437 000 hongrois d'origine juive. On insiste sur la légitimité du gouvernement pro-nazi de l'amiral Horthy, présenté comme démocratique. On laisse entendre que des bourreaux sont passés directement des *Croix fléchées* à la police politique communiste alors que les premiers membres de cette police étaient des communistes convaincus dont de nombreux juifs rentrés des camps de concentration. Certains bourreaux des *Croix fléchées*, condamnés à mort à la libération sont présentés comme des victimes du communisme. Bien entendu les partis MSZP et SZDSZ critiquent cette maison qui selon eux falsifie l'histoire.

Dès 1998 Orbán et le FIDESZ ont voulu traiter les affaires culturelles des minorités hongroises des pays voisins comme si elles relevaient de leur compétence. Ils ont toujours soutenu les éléments les plus radicaux de ces minorités mettant parfois en difficulté les relations officielles inter-étatiques. Ils ont créé la conférence

---

67  Jusqu'en 1990 on étudiait le russe comme première langue étrangère. En seconde langue l'allemand était prédominant.
68  Du 24 mars au 9 juin 1999 l'OTAN bombarde la Serbie en soutien à l'armée de libération du Kosovo.

permanente hungaro-magyare (MÁÉRT[69]) regroupant les leaders des minorités hongroises de l'extérieur et des officiels hongrois.

En 2001, Orbán Viktor prône la réunification culturelle et fait voter une loi pour les Hongrois vivant dans les États voisins, qui accorde des droits aux membres de la diaspora. Un texte fédérateur pour les Hongrois qui accusent toujours l'odieux traité du Trianon de 1920 d'avoir amputé la Hongrie des deux tiers de son territoire, mais qui rend furieux les pays voisins et indispose Bruxelles. Les accents nationalistes d'Orbán, qui est allé jusqu'à afficher la carte de la Grande Hongrie d'avant le Trianon sur sa voiture, lui coûteront les élections de 2002, qu'il perd de quelques milliers de voix seulement.

---

69  Magyar Állandó Értekezlet

# 13 - l'alternance (2002-2006)

Au soir du premier tour des élections législatives la gauche, c'est-à dire le MSZP, et la droite, autrement dit le FIDESZ allié au MDF, sont au coude-à-coude avec 42 % des voix pour le premier camp et 41 % pour la coalition menée par Orbán Viktor alors que les sondages prévoyaient la victoire de ce dernier. Le FKGP et le MIÉP ne parviennent pas à passer le seuil des 5 % qui permet d'obtenir des élus au titre de la proportionnelle et sont éliminés. Le SZDSZ dépasse ce seuil de justesse avec 5,6 % des voix. C'est la stupéfaction dans le camp Orbán. A droite c'est la mobilisation générale pour le second tour. Même l'Église s'y met et dans les campagnes on peut entendre prêtres catholiques et pasteurs calvinistes appeler à voter pour ceux qui se réclament des valeurs chrétiennes. A l'issue du second tour, malgré une piètre campagne socialiste, le MSZP allié aux libéraux du SZDSZ obtient la majorité absolue au parlement, avec 10 sièges d'avance.

La coalition de centre gauche menée par le MSZP bénéficie donc d'une faible majorité au Parlement, ce qui réduit sa marge de manœuvre. Cependant, fait suffisamment rare pour être signalé, la premier ministre Medgyessy Péter tient ses promesses de campagne dans ses premiers cent-jours, en particulier en augmentant de 50 % les salaires dans la fonction publique et en revalorisant aussi le montant des retraites et des bourses universitaires. Il faut noter que ces mesures sont votées au Parlement avec le soutien de l'opposition. Bien que Medgyessy Péter manque quelque peu de charisme le taux de confiance des électeurs envers le gouvernement est alors à un niveau très élevé.

En juin 2002 *Magyar Nemzet*, un quotidien proche du FIDESZ révèle que le premier ministre Medgyessy a été un agent secret sous l'ancien régime, laissant entendre qu'il travaillait alors pour les soviétiques. Medgyessy admet alors avoir travaillé pour les services secrets mais affirme avoir toujours été au service de l'État hongrois et non d'une puissance étrangère. Bien entendu des doutes subsisteront dans l'esprit de nombreux hongrois et cette affaire refroidira les relations entre le MSZP et son allié SZDSZ.

Le 12 avril 2003 est organisé un référendum sur l'adhésion à l'Union européenne. Tous les partis politiques, les syndicats, les Églises et la quasi-totalité des médias appellent à voter en faveur de l'adhésion. Le FIDESZ fait cependant remarquer que 10 000 emplois pourraient disparaître suite à l'application des règles européennes et que certains secteurs économiques non compétitifs pourraient s'effondrer. Ce parti, assez peu européiste, ne peut pas s'opposer franchement à l'adhésion car les sondages d'opinion montrent un fort soutien à l'entrée dans l'Union mais il tient à marquer sa différence. Le oui à l'adhésion l'emporte largement avec 84 % des voix mais moins de la moitié des électeurs se sont déplacés pour voter.

En octobre 2003 apparaît le parti d'extrême-droite ultranationaliste Jobbik[70]. Ce parti rend le cosmopolitisme responsable de tous les maux de la Hongrie. Il veut restaurer les valeurs chrétiennes et celle de la famille pour préserver l'identité nationale. Il est opposé à l'Union européenne ainsi qu'à l'immigration. Cependant son chef Vona Gábor éprouve beaucoup de sympathie pour l'islam. Nombre des adhérents de ce parti sont antisémites et anti-tziganes.

La Hongrie adhère à l'Union européenne le 1er mai 2004. Un mois et demi plus tard ont lieu les élections des représentants hongrois au Parlement européen. Le FIDESZ l'emporte largement avec 47 % des voix et 12 des 24 sièges en jeu tandis que le MSZP n'obtient que 34 % des voix et 9 sièges. A partir de cette date le premier ministre Medgyessy perd progressivement le soutien du Parlement d'autant plus qu'il est attaqué par l'intelligentsia de gauche qui qualifie sa politique de populiste et qu'un jeune loup du nom de Gyurcsány Ferenc, par ailleurs ministre des sports, intrigue en coulisses avec l'espoir d'obtenir le poste de premier ministre.

En août Medgyessy démissionne. Le MSZP propose Gyurcsány Ferenc pour lui succéder. Mais qui est donc Gyurcsány ? Secrétaire adjoint des jeunesses communistes en 1989, il devient en 1990 consultant pour une société de conseil financier et fera fortune à la tête d'une société d'investissements de 1992 à 2002, durant la période opaque des privatisations. Passé directement du communisme au libéralisme, il entretient une image de

---

70  Son nom provient du mouvement de jeunesse dont il est issu : Jobboldali Ifjúsági Közösség, Communauté de la jeunesse de droite.

businessman. Entré au Parti socialiste MSZP en 2000, il devient conseiller stratégique du premier ministre Medgyessy en 2002, ce qui explique pourquoi ce dernier qualifiera plus tard son ministre des sports de traître. Gyurcsány se trouve, de justesse il est vrai, dans le club des 50 plus grandes fortunes de Hongrie. L'avis des hongrois sur sa personne est très partagé, certain le voyant comme le symbole de la réussite, pour d'autres il incarne plutôt l'affairisme sans scrupules.

Le remplacement de Medgyessy par Gyurcsány donne un nouveau souffle à la gauche qui se trouve à la traîne dans les sondages. Le nouveau premier ministre se présente comme l'homme capable de faire de la Hongrie un pays moderne tourné vers l'Occident. Son objectif est de gagner les élections législatives de 2006. Il évitera les mesures impopulaires et poursuivra la politique dépensière de son prédécesseur, sans trop se préoccuper de la détérioration des finances publiques, jusqu'à la fin de la législature.

Le 5 décembre 2004 est organisé un référendum sur la double nationalité, voulu par le FIDESZ. Il s'agit d'accorder la citoyenneté hongroise à toute personne se déclarant hongroise, sans aucune condition de résidence ou d'attaches familiales en Hongrie. Sont essentiellement concernées les minorités magyares vivant en Roumanie, Slovaquie et Serbie ayant perdu leur nationalité hongroise à l'occasion du dépeçage de la Grande Hongrie par le traité du Trianon. Si le oui l'emporte avec plus de 51 % des suffrages exprimés, le résultat du référendum n'est pas valide car la participation au vote n'a atteint que 37,5 % des inscrits alors qu'il aurait fallu au moins 50 %.[71]

En février 2005, en plein débat sur la levée des restrictions à la divulgation des noms des anciens agents de la police politique, un site internet publie une liste de 219 noms, dont 50 de membres du clergé catholique ou protestant, et en particulier 6 des 21 évêques. Dans la liste on trouve le nom de Mgr Paszkai László, archevêque d'Esztergom et primat de Hongrie entre 1987 et 2002, cardinal de l'Église catholique. Ce dernier, alors en retraite, ne dément pas mais demande qu'on laisse tout cela, qu'on y mette un point final. Les socialistes et libéraux ne sont pas mécontents de voir ce scandale

---

[71] Une règle qui, par chance, n'était pas encore en vigueur lors du référendum sur l'adhésion à l'Union européenne.

étalé sur la place publique alors que les Églises apportent maintenant un soutien non dissimulé au FIDESZ.

Le 5 août 2005 Sólyom László, un indépendant ayant présidé la Cour constitutionnelle de 1990 à 1998, soutenu par le FIDESZ, est élu président de la République par le Parlement. Il bat la candidate du parti socialiste Szili Katalin, présidente du Parlement, alors que les socialistes et leurs alliés libéraux détiennent la majorité absolue parmi les députés. En fait, les libéraux du SZDSZ, qui n'avaient pas été consultés sur le choix du candidat gouvernemental, ont préféré s'abstenir. Mais ils avaient fait savoir qu'ils ne voulaient pas voter pour un candidat partisan, trop marqué politiquement, ce qu'était justement Szili Katalin.

Fin 2005 le déficit des finances publiques atteint 6,1 % du PIB ce qui fâche l'Union européenne. La Commission a adressé plusieurs avertissements à la Hongrie. Considérée jusque-là comme bon élève, elle a été sommée de réduire ses dépenses pour limiter son déficit à 3 % en 2008 et pouvoir rejoindre en 2010 la zone euro, comme les nouveaux adhérents s'y sont engagés. Mais, à quelques mois des élections législatives, Gyurcsány Ferenc n'entend pas renoncer aux dépenses publiques qu'il a engagées pour améliorer les infrastructures économiques et préserver la protection sociale.

La campagne pour le renouvellement du Parlement est marquée par une surenchère de promesses intenables. Le parti conservateur FIDESZ tient un discours anticapitaliste et antimondialiste destiné à séduire les couches défavorisées, promet de baisser le prix des médicaments, du gaz, de l'électricité, d'augmenter fortement le salaire minimum et les retraites, ce qui fait rêver les nostalgiques de l'époque Kádár mais effraie la classe moyenne qui sait que la Hongrie est bien trop endettée pour se permettre de telles libéralités. Dans ses meetings Orbán Viktor fait un tabac lorsqu'il attaque les socialistes qui roulent en limousine ou l'accaparement des entreprises hongroises par les capitaux étrangers. Il promet d'enrayer le chômage, de réduire les charges des PME et d'établir un salaire minimum à 100 000 forints (près de 380 euros). Pour ses partisans, Orbán sera le sauveur de la Hongrie, de sa stabilité économique, de la paix sociale, et le dernier rempart contre Bruxelles. Le MDF, autre parti de droite, a pris progressivement ses distances avec le FIDESZ qu'il juge populiste et se considère comme le seul parti conservateur au sens occidental du terme. Il refuse une alliance avec le FIDESZ qu'il voit comme un parti démagogique.

Les Églises se sont invitées dans le processus électoral. Si la gauche s'est toujours montrée anticléricale, cela tient essentiellement au fait qu'entre les deux guerres les églises qu'elles soient catholique ou protestante ont fait preuve d'un conservatisme borné et ont trop souvent appuyé les idées antisémites. Lors de la législature socialiste de 1994 à 1998 le gouvernement socialiste-libéral a cependant institué un financement généreux des écoles religieuses des confessions historiques (catholique, luthérienne, calviniste et israélite). Le clergé hongrois est cependant resté très conservateur. Le FIDESZ a au contraire cherché à s'appuyer sur les Églises. Des lettres épiscopales ont été lues dans les églises et des prêtres ont recommandé, dans leur sermon, de voter pour le FIDESZ. Certains ont été jusqu'à comparer la gauche au diable. Des consignes de vote pour la droite chrétienne ont aussi été données dans les temples protestants. "Si vous êtes catholique, votez FIDESZ", a-t-on entendu lors du dernier meeting de ce parti le 2 avril.

En avril 2006 les hongrois ont donc à choisir entre une droite nationaliste, qui se présente comme défenseur de l'identité nationale et des acquis sociaux, hostile aux privatisations et une gauche ultra libérale qui veut relancer le programme de privatisations pour financer ses réformes. Le FIDESZ a beau jeu de qualifier les socialistes et leurs alliés libéraux de représentants du capitalisme mondial car l'on sait très bien que jusqu'à maintenant ce sont essentiellement des sociétés étrangères qui ont bénéficié des privatisations. Il caresse par ailleurs dans le sens du poil le sentiment xénophobe assez répandu en Hongrie. Les derniers sondages d'opinion laissent entrevoir une possible victoire de la coalition socialiste-libérale qui ne dispose cependant que d'une faible avance.

# 14 - Une amère défaite pour le FIDESZ (2006-2010)

Les élections législatives, les premières depuis l'adhésion à l'Union européenne en 2004, se déroulent, pour la première fois, en l'absence d'observateurs de l'OSCE[72]. Mais la démocratie est suffisamment ancrée en Hongrie, le risque de fraude électorale a disparu. Les 386 sièges de députés sont pourvus pour une petite moitié, 158 très précisément, à la proportionnelle et pour le reste par un scrutin de circonscription à deux tours comme en France. Au premier tour, le 9 avril 2006 les résultats sont les suivants, en ce qui concerne les partis dépassant le seuil de 5 % des voix nécessaires pour participer à la répartition proportionnelle :

| | |
|---|---|
| MSZP (socialistes) | 43,21 % |
| SZDSZ (libéraux alliés aux socialistes) | 6,5 % |
| FIDESZ-KDNP(centre droit) | 42,03 % |
| MDF (droite conservatrice) | 5,04 % |

212 sièges sont pourvus au premier tour, d'une part par les élus à la proportionnelle et, d'autre part, par quelques candidats ayant franchi la barre des 50 % dans leur circonscription. L'alliance constituée autour des partis d'extrême-droite MIÉP et Jobbik n'obtient que 2,2 % des suffrages et n'a donc pas de représentants élus au Parlement.

La coalition sortante socialiste-libérale possède déjà un avantage mais Orbán ne désespère pas de retourner la situation au second tour. Il lui faut pour cela l'appui du MDF et les désistements de ses candidats dans les circonscriptions. Orbán promet le poste de premier ministre à Dávid Ibolya, la présidente du MDF. Cette dernière refuse, rejetant le populisme d'Orbán. Les candidats du MDF subissent une forte pression du FIDESZ qui leur promet des postes importants en cas de retrait. Des candidats du MDF auraient

---

72 L'Organisation pour la Sécurité et la Coopération en Europe envoie, si nécessaire, des observateurs pour contrôler le bon déroulement des élections.

même fait l'objet de menaces suite à leur refus d'obtempérer. Suite au refus du MDF de se désister au profit du FIDESZ lors du second tour, ce parti a fait circuler les rumeurs les plus folles au sujet de Mme Dávid. Le chef du gouvernement socialiste aurait sauvé son fils d'une condamnation pour trafic de drogue en Australie. Son mari, notaire, aurait reçu un milliard de forints de pot-de-vin lors de la vente de l'aéroport de Budapest. N'hésitant pas à jouer sur la carte de l'antisémitisme le FIDESZ laisse entendre que le MDF aurait été financé par le milliardaire américain Soros[73] dont les origines juives sont connues. Mais c'est peine perdue.

Au soir du deuxième tour, le 23 avril, le parti socialiste peut compter sur 191 sièges, ses alliés libéraux 20, ce qui fait un total de 211 mandats sur les 386 que compte le parlement. Le FIDESZ qui a fait liste commune avec le KDNP ne remporte que 164 sièges, une amère défaite pour Viktor Orbán. Enfin le MDF de Dávid Ibolya dispose de 11 sièges obtenus grâce à la proportionnelle, une piètre consolation car il faut se souvenir que le MDF a dirigé le premier gouvernement après le changement de régime.

Abandonnant toutes ses promesses démagogiques de la campagne électorale, le premier ministre reconduit Gyurcsány annonce un plan de rigueur dès son investiture. Il précise que le plan que son gouvernement mettra en œuvre exigera des sacrifices de tous. Il faut remédier au déficit budgétaire, officiellement de l'ordre de 6,5 % du PIB, pour satisfaire Bruxelles. Le nombre des ministères est réduit de 16 à 12. 12 500 postes de fonctionnaires seront supprimés en deux ans. Le taux intermédiaire de TVA passe de 15 à 20 %, le taux d'imposition des petites entreprises est relevé de 15 à 25 % et il est créé une taxe de solidarité sur les bénéfices des sociétés. Le taux de prélèvement des cotisations sociales est augmenté de deux points. Les secteurs de la santé et de l'éducation seront restructurés afin de réaliser des économies sur leur fonctionnement. Enfin l'État diminue ses subventions sur l'énergie ce qui entraîne une hausse de 10 % des prix de l'électricité et de 30 % de ceux du gaz. Il est cependant annoncé une aide en faveur des consommateurs les plus démunis. Les milieux financiers sont déçus car il auraient préféré

---

73  Georges Soros, Soros György en hongrois, est un milliardaire américain d'origine hongroise. Il a fait fortune en spéculant sur les devises et les actions. Il finance maintenant de nombreuses associations favorables à la « société ouverte », mondialiste et multiculturelle.

une baisse plus importante des dépenses et non une augmentation de la fiscalité.

Quelques semaines après les élections, en mai 2006, lors du congrès du parti socialiste qui se tient dans la petite ville de Balatonőszöd[74], Gyurcsány Ferenc déclare, dans un langage très cru, avoir menti pour gagner et il dénonce l'incompétence de son parti. Son discours tenu à huis-clos devant les congressistes dont certains n'apprécient pas le plan d'austérité drastique en totale opposition avec le programme électoral du MSZP est enregistré à l'insu du premier ministre. Il est porté à la connaissance du public le 17 septembre. Il s'ensuit plusieurs nuits de manifestations et d'émeutes soutenues, voire suscitées, par le FIDESZ qui réclame la démission du premier ministre. La police hongroise, inapte à faire face à des manifestations violentes, se laisse déborder et les dégâts sont importants. Critiqué par le président de la République, Sólyom László, qui lui reproche d'avoir décrédibilisé la parole politique, Gyurcsány Ferenc déclare qu'il ne démissionnera pas car il a le sentiment d'avoir le soutien de la population. Aux manifestants il dit clairement qu'il garde son programme, sans changement, car c'est dans l'intérêt du pays. Les affrontements entre forces de l'ordre et émeutiers culmineront lors de la fête nationale du 23 octobre. On assistera à des violences policières qui n'avaient pas été vues en Hongrie depuis le soulèvement de 1956, choquant profondément l'opinion publique. Les hauts responsables de la police seront d'ailleurs traduits en justice en 2012 après le retour au pouvoir du FIDESZ.

L'année 2007 débute dans une ambiance pas vraiment optimiste. Les journaux soulignent que la nouvelle année sera fort probablement l'une des plus difficiles depuis la changement de régime en 1990. Le budget de l'État devra retrouver un certain équilibre ou au moins atténuer le déficit qui a battu un record dans l'Union européenne, atteignant 9,2 % du PIB. Au quotidien, les mesures du gouvernement seront surtout perceptibles pour les particuliers. Les prix des énergies, des médicaments et des aliments de base vont augmenter mais tout le monde n'est pas inquiet pour autant. Paradoxalement, face au mécontentement de la société hongroise, le grand capital, les investisseurs étrangers et les marchés monétaires sont plutôt optimistes. Le monde des

---

74  Lieu de villégiature sur le rive sud du lac Balaton.

économistes et Bruxelles approuvent la politique de rigueur du gouvernement hongrois.

Le 15 février 2007 il est mis fin à la gratuité totale de la santé. Dorénavant les patients devront débourser 300 forints, environ 1,20 €, par visite médicale ou par journée d'hôpital. Les enfants, les femmes enceintes et les sans-domicile-fixe sont cependant exemptés du paiement de ce forfait. Le FIDESZ s'oppose à cette mesure, un parti de droite favorable à la médecine gratuite c'est quand même assez surprenant. Face au mécontentement de la population Gyurcsány explique qu'en décidant de changer de système en 1990, les hongrois avaient implicitement accepté d'abandonner des acquis hérités de l'époque communiste que le nouveau système ne peut plus supporter. Pour être complet il faut préciser que la gratuité est un peu fictive puisqu'il est de tradition, pour les patients, de verser une gratification aux médecins appelée hálapénz[75], les médecins étant des fonctionnaires d'État mal rémunérés.

L'après-midi du 15 mars, jour de fête commémorant la révolution de 1848, environ 100 000 personnes participent à une manifestation anti-gouvernementale organisée par le FIDESZ. Le soir, au moment de la dispersion des échauffourées éclatent. Des extrémistes affrontent la police, semant le désordre dans la capitale hongroise. Quelques centaines de jeunes manifestants violents, parfois masqués et scandant des slogans nazis, provoquent de nombreux dégâts. L'idée du FIDESZ est de créer une situation de chaos qui obligerait Gyurcsány à démissionner. Mais ce dernier tient bon.

La 17 mai le premier ministre limoge le chef de la police nationale, Bene László, et son homologue de la police de Budapest, Gergény Péter. Il faut dire que le viol d'une jeune femme par cinq policiers, la nuit du 4 mai, en plein centre ville de Budapest, a provoqué un choc dans l'opinion publique. Cela a été en quelque sorte la goutte d'eau qui a fait déborder le vase puisqu'une quarantaine de policiers ont déjà été condamnés cette année, principalement pour faits de corruption ou de violence. Le ministre hongrois de la Justice et de la Police, Petrétei József, donnera sa démission 3 jours plus tard, le

---

75 Argent de la reconnaissance, à verser en guise de remerciement pour les soins reçus. Cette pratique est théoriquement interdite.

dimanche 20 mai. Le gouvernement pense pouvoir ainsi restaurer la confiance des hongrois envers la Police et la Justice.

Le 22 juin la journaliste d'investigation Kármán Irén est violemment battue par deux inconnus avant d'être abandonnée sur les bords du Danube, inconsciente et blessée. C'est un pêcheur qui la découvrira le lendemain matin, encore vivante. Menacée à plusieurs reprises au cours de l'hiver dernier, notamment par mél et téléphone, elle enquête sur les affaires de la « mafia du pétrole »[76] et plus généralement sur la corruption en Hongrie au début des années 1990. L'ensemble de la classe politique condamne cette agression. De son lit d'hôpital la journaliste dénonce la corruption de certains partis et hommes politiques qui ont largement profité de ces bénéfices mafieux et qui sont les premiers à dénoncer la corruption. Elle affirme que le MDF et le FIDESZ ont eu un rôle significatif pour empêcher le travail de la « commission pétrole » chargée de mener des investigations. Ils n'ont pas donné l'aide nécessaire pour que la commission puisse établir quels systèmes de connections se cachaient derrière la plus grande série de délits commis après le changement de régime.

Le 25 août Vona Gábor, président du parti Jobbik, et Für Lajos, ancien ministre de la défense du MDF ente 1990 et 1994, créent la Garde hongroise. Les 56 premiers membres, revêtus d'uniformes noirs rappelant ceux du mouvement nazi les *Croix Fléchées*, prêtent serment devant un millier de personnes réunies au pied du palais présidentiel. Le but de ce groupe paramilitaire est de sauver le peuple hongrois. De qui ? D'abord des voisins slovaques, serbes et roumains, à qui il est demandé de restituer les territoires hongrois perdus lors de la Seconde Guerre mondiale. Mais également des tziganes, des juifs et des homosexuels. Les partis représentés au Parlement dénoncent l'avènement de la milice à l'exception du FIDESZ qui préfère considérer la Garde hongroise comme un simple et inoffensif mouvement civique, de peur de s'aliéner une partie de sa base électorale, sensible aux arguments ultranationalistes.

---

76 Des gangs ukrainiens et hongrois ont fait passer en Hongrie d'énormes quantités de carburant provenant des stocks que l'armée soviétique avaient abandonnés en Ukraine. Avec la complicité des douanes le gas-oil était maquillé en fuel beaucoup moins taxé puis revendu au prix fort.

Le 21 octobre 600 nouvelles recrues de la Garde hongroise prêtent serment devant 3 000 sympathisants qui défilent sous les fenêtres du palais présidentiel puis dans les grandes artères de la capitale. Le porte-parole du Jobbik déclare à la presse que la Garde dispose d'un volant de 5 000 candidats à l'adhésion. Le lendemain, la veille de la fête nationale commémorant l'insurrection de 1956, des affrontements violents entre la police et plusieurs milliers de partisans de l'opposition, essentiellement des sympathisants du Jobbik, font cinq blessés. Des cocktails Molotov sont lancés sur un camion équipé d'un canon à eau, non loin de l'Opéra où le premier ministre socialiste, Gyurcsány Ferenc, assiste à une cérémonie commémorative. Parmi les cinq blessés figurent trois photographes.

Le 21 décembre la Hongrie, tout comme huit autres des nouveaux états membres de l'Union européenne, rejoint l'espace Schengen, une zone de libre circulation des personnes à l'intérieur de l'Union européenne. La Hongrie se rapproche ainsi de certaines de ses minorités d'outre-frontières, en particulier celle de Slovaquie. Il reste cependant encore 1,9 million de personnes appartenant aux minorités hongroises en dehors de Schengen, essentiellement en Roumanie, en Serbie et en Ukraine.

Le 27 janvier 2008 la présidence hongroise annonce qu'un référendum sera organisé le 9 mars prochain sur certaines réformes économiques peu populaires engagées par le gouvernement. Ne réussissant à faire tomber le gouvernement par des manifestations de rues, Orbán espère le faire tomber par référendum. Après une campagne de collecte de signatures d'électeurs pour imposer un référendum sur les questions des frais de santé et des droits d'inscription à l'université, le FIDESZ a fait admettre par la Cour constitutionnelle et le président Sólyom László la validité de sa demande. Les électeurs auront à se prononcer d'une part pour le maintien du forfait demandé par les médecins aux patients lors de consultations autrefois gratuites. D'autre part, la population se prononcera aussi sur le maintien des frais d'inscription dans les universités hongroises que le gouvernement veut introduire. Le FIDESZ a immédiatement appelé à la démission du Premier ministre si ce dernier était désavoué par le scrutin. Mais Gyurcsány Ferenc a écarté toute idée de démission s'il ne remportait pas ce référendum estimant qu'il ne portait que sur des points de détail de sa politique.

Le 9 mars a donc lieu ce référendum que le gouvernement a été contraint d'accepter. La participation atteint 50,6 %, ce qui rend le référendum valide. 84 % des votants se prononcent contre le maintien du forfait hospitalier, 82 % contre le forfait de 300 forints demandé par les médecins lors des consultations. Enfin 82 % des votants refusent l'instauration de droits d'inscription à l'université. Le FIDESZ crie victoire, une victoire facile puisque l'on a demandé aux citoyens s'ils préféraient payer ou pas. La réponse ne faisait aucun doute. Le Premier ministre Gyurcsány Ferenc déclare immédiatement que le gouvernement se conformera au vote et rétablira dès le 1er avril la situation qui existait auparavant. Dans le même temps il fait savoir que les sommes ainsi perdues par les hôpitaux ou les universités ne pourront pas être compensées par le gouvernement qui tente de réduire le déficit public excessif.

Les libéraux du SZDSZ détenaient trois ministères dont celui de la santé et ce parti était donc à l'origine de la réforme hospitalière condamnée par le référendum. Si bien que des tensions sont rapidement apparues entre les socialistes et les libéraux. Le SZDSZ décide alors de quitter le gouvernement et Gyurcsány procède à un remaniement le 30 avril pour remplacer les partants. Les socialistes, qui ne sont qu'à cinq sièges de la majorité absolue au parlement, pensent pouvoir continuer à gouverner si les élus libéraux s'abstiennent pendant les votes et ne joignent pas leurs voix à celles du FIDESZ. Bien que Gyurcsány affirme que le programme du gouvernement ne change pas mais seulement ses priorités, le résultat du référendum porte un rude coup à sa politique d'austérité.

Le 5 juillet les homosexuels organisent leur première parade à Budapest qui regroupe un millier de personnes. La gay pride[77] a failli faire l'objet d'une interdiction sous prétexte qu'elle allait perturber la circulation. Elle a finalement été acceptée, le long de la fameuse avenue Andrassy, l'équivalent de nos Champs-Elysées, encadrée par des clôtures métalliques d'un bout à l'autre. Des groupes homophobes d'extrême droite s'attaquent aux participants à cette gay pride en leur jetant les œufs, des pierres et même des cocktails Molotov, blessant 19 personnes. Les forces de l'ordre doivent disperser les agresseurs à l'aide de gaz lacrymogènes et de canons à eau. Elles procèdent à 57 interpellations. A côté des

---

77  Marche des homosexuels, lesbiennes et autres minorités sexuelles.

slogans « anti-pédés » on pouvait entendre aussi des invectives contre les juifs et contre le premier ministre Gyurcsány Ferenc.

Début octobre la Hongrie se trouve au bord de la faillite. La spéculation fait perdre à la monnaie hongroise 10 % de sa valeur sur la seule journée du 10 octobre. L'indice boursier hongrois BUX[78] chute de 24 % en une semaine. Pour faire cesser ce vent de panique, le 16 octobre la BCE ouvre une ligne de crédit de 5 milliards d'euros pour la Hongrie afin d'assurer l'approvisionnement en liquidités des banques du pays. Il s'agit de trouver une issue à la crise financière en définissant un plan d'action à court et à moyen terme. Parmi les pistes envisagées Gyurcsány cite en exemple les mesures d'austérités envisagées par d'autres pays, tels que le gel des salaires des fonctionnaires ou la baisse des dépenses publiques. Simor András, le président de la Banque centrale déclare de son côté que les défis de la crise financière peuvent être relevés seulement si la vulnérabilité de l'économie hongroise est réduite par l'adoption de l'euro, une hausse de la compétitivité pour relancer la croissance et une baisse considérable des dépenses sociales.

Le 28 octobre le Fonds monétaire international, l'Union européenne et la Banque mondiale annoncent leur intention d'accorder, en plusieurs tranches, des prêts d'un montant de 20 milliards d'euros à la Hongrie. Sur cette enveloppe, 12,5 milliards proviennent du FMI, 6,5 milliards de l'UE, et un milliard de la Banque mondiale. Cette mise sous perfusion a bien évidemment des contreparties. La Hongrie s'est notamment engagée à réduire son déficit public et à recapitaliser les banques opérant sur son territoire. Le directeur général du FMI, Dominique Strauss-Kahn, précise que la Hongrie a développé un ensemble complet de mesures susceptibles de restaurer la confiance des investisseurs et d'alléger les tensions connues ces dernières semaines sur les marchés financiers hongrois.

Le 15 novembre le Premier ministre hongrois Gyurcsány Ferenc et son homologue slovaque Robert Fico[79] se rencontrent dans la ville slovaque de Komárno et signent une déclaration commune

---

78  Principal indice de la bourse de Budapest, équivalent au CAC 40 français.
79  Chef du parti social-démocrate slovaque, le SMER, parvenu au pouvoir grâce à une alliance avec un parti populiste et un parti d'extrême-droite. Pour cette raison le SMER sera suspendu, quelque temps seulement, du parti socialiste européen.

exprimant de manière ferme et sans équivoque leur opposition aux idéologies et mouvements radicaux. Il faut dire que les tensions latentes entre extrémistes des deux pays se sont aggravées ces derniers temps. En début de mois un match de football entre deux équipes de Slovaquie dont une avait le soutien de la minorité hongroise vivant en Slovaquie a dégénéré. Des pierres ont été jetées des tribunes, la police intervenant aussitôt pour disperser la foule, tandis que le match était interrompu. Au cours des échauffourées, 31 personnes, principalement de la minorité hongroise, ont été arrêtées, puis rapidement relâchées. On a dénombré une cinquantaine de blessés. Quelques jours plus tard le drapeau slovaque sera brûlé devant l'ambassade slovaque à Budapest. Des panneaux de signalisation en slovaque ont été recouverts de peinture à l'entrée de villages slovaques à la population majoritairement hongroise. Les premiers ministres espèrent ainsi apaiser les relations hungaro-slovaques.

Mardi 25 novembre le Parlement adopte le budget 2009, un budget d'austérité pour satisfaire les prêteurs. La loi d'orientation budgétaire prévoit notamment le gel des traitements et la suppression des primes telles que le treizième mois dans la fonction publique, ainsi que l'ajournement de réductions d'impôts qui avaient été annoncées pour relancer l'économie. Les retraités sont aussi touchés. Bénéficiaires d'un treizième mois, ils voient cet avantage plafonné à 80 mille forints soit environ 320 €. Le gouvernement prévoit que les revenus baisseront de 2 % en 2009 et la consommation des ménages de 3 %. Futó Péter, président de la confédération des employeurs estime que l'année 2009 sera l'une des plus difficiles des vingt dernières années.

Fin décembre la police arrête Gál György, un conseiller municipal du 7e arrondissement de Budapest et membre du parti libéral SZDSZ, suspecté de fraude à grande échelle. Selon les accusations cet élu, président du comité économique de la mairie du 7e arrondissement, a organisé la vente de 8 bâtiments, propriétés de la municipalité, à des sociétés offshore. La mairie a perdu 700 millions de forints sur les ventes des immeubles en dessous de leur valeur réelle. Le parquet estime que l'élu du SZDSZ a perçu en contrepartie quelques 195 millions de forints de pots-de-vin. Le maire de l'arrondissement, le socialiste Hunvald György, est aussi soupçonné d'avoir participé à l'affaire car sa signature apparaît sur certains contrats. Il sera d'ailleurs interpellé et placé en détention préventive deux mois plus tard, accusé d'abus de biens sociaux.

Le 15 janvier 2009 Dominique Strauss-Kahn, président du FMI, est à Budapest pour rencontrer les dirigeants hongrois. Vu l'aide financière apportée à la Hongrie par le FMI, M. Strauss-Kahn peut se permettre de demander des comptes sur l'utilisation de l'argent prêté et sur la façon dont il sera remboursé, de faire le tour du propriétaire en quelque sorte. Si les discussions sont recouvertes d'un épais mystère, l'un des participants à la rencontre, Szapáry György, laisse filtrer quelques détails. Il explique notamment que les gouvernants auraient dû depuis longtemps réaliser ce qu'il appelle des réformes structurelles, terminologie qui recouvre la diminution du montant des retraites, l'obligation d'un départ à la retraite plus tardif, la chasse aux faux chômeurs, la diminution du nombre des fonctionnaires, etc. Il ajoute qu'il faut aussi se dresser de manière résolue contre la corruption car les coûts des investissements d'état sont supérieurs de 15 à 25% de ce qu'ils devraient être à cause de cette corruption. Des économies substantielles peuvent donc être réalisées dans les dépenses de l'État.

Le 30 janvier le préfet de police de Miskolc[80], Pásztor Albert, déclare que les agressions en pleine rue sont toutes déclenchées par des tziganes. Selon ses statistiques, au cours des deux derniers mois, les huit agressions commises à Miskolc l'ont été par cette minorité. Pásztor sera immédiatement suspendu par Bencze József, le préfet de police général, avec l'accord du ministre de la justice qui affirmera que Pásztor avait franchi une frontière délicate et interdite. Cependant, suite à une manifestation de soutien à l'égard de Pásztor organisée à Miskolc le 1er février avec 3 à 4 mille participants, Pásztor sera réintégré dans ses fonctions. Pásztor bénéficiera même du soutien du maire socialiste de la ville ainsi que du responsable régional de la communauté tzigane !

Le 8 février un handballeur roumain, Marian Cozma, est tué et deux de ses compagnons, un joueur serbe et un joueur croate, sont sérieusement blessés devant un bar à Veszprém. Les joueurs ont été attaqués car ils cherchaient à défendre une serveuse agressée par un

---

80 Ville du nord-est de la Hongrie, région dans laquelle les tziganes sont nombreux.

88

groupe qui voulait partir sans payer. Une rixe devant une boîte de nuit qui aurait pu être considérée comme un triste fait divers, si les victimes n'avaient pas été trois sportifs connus. La tension montera d'un cran lorsqu'il apparaîtra que les auteurs du crime étaient des tziganes, notamment les membres de la dénommée «mafia tzigane d'Enying», une ville proche du lac Balaton. Un éditorialiste du journal de droite *Magyar Hirlap* demande à la police d'agir plus efficacement pour contrer l'accroissement de la criminalité tzigane et de ne pas avoir peur d'ouvrir le feu s'il le faut.

Le 25 février le président de la Commission européenne, José Manuel Barroso, déclare que la Hongrie tenait ses engagements et avait adopté les bonnes mesures face aux niveaux élevés de dettes extérieure et publique. Bruxelles devrait donc verser sans problème, fin mars, la seconde tranche de son aide de 6,5 milliards de dollars. Il faut préciser que le Premier ministre hongrois, Gyurcsány Frenec, a annoncé la semaine précédente un remaniement en profondeur des systèmes fiscaux et sociaux, assorti d'économies de 730 millions d'euros.

Mardi 3 mars quelque 5 000 personnes participent à Tatárszentgyörgy[81] aux funérailles de deux tziganes, un père et son fils de 5 ans, assassinés la semaine précédente alors qu'ils fuyaient leur maison incendiée par des cocktails Molotov, un crime qui a suscité une grande émotion en Hongrie. Avant que l'autopsie révèle la mort par balles de ces deux victimes, la police avançait l'idée d'un incendie consécutif à un court-circuit. Les tziganes ont été la cible officiellement de 16 attaques violentes, avec des cocktails Molotov, des grenades ou d'autres armes, au cours de l'année précédente.

Le 21 mars, à l'issue du congrès du MSZP qui vient de le réélire président avec 85 % des suffrages des délégués, Gyurcsány Ferenc propose sa démission du poste de premier ministre. Il reconnaît s'être trompé sur ses forces et les opportunités s'offrant à lui. Il admet que sa crédibilité s'est effritée de manière significative. Il propose donc la formation d'un nouveau gouvernement avec un nouveau chef de gouvernement sans mentionner de successeur potentiel, ce qu'il pourrait faire en tant que chef du MSZP. Mais il semble bien qu'en cette période de douloureuse austérité les

---

81  Petite ville du centre de la Hongrie peuplée d'environ 2000 habitants dont une forte minorité tzigane.

candidats au poste ne se bousculent pas. Le FIDESZ qui caracole en tête des sondages demande des élections législatives anticipées.

Fin mars les partis au pouvoir réussissent à se mettre d'accord sur le nom du successeur de Ferenc Gyurcsany. C'est le ministre de l'Économie, Bajnai Gordon, qui va prendre la relève. Le futur premier ministre promet aux Hongrois du sang et des larmes. Il veut redresser son pays en accentuant la politique de rigueur dont souffrent les hongrois et déclare se moquer de sa côte de popularité. Il avoue franchement que la mise en œuvre de son programme va faire mal, qu'il va demander des sacrifices à beaucoup de monde, qu'il va toucher chaque famille hongroise, chaque hongrois. Bajnai devrait entrer en fonction le 14 avril. A ceux qui réclament des législatives anticipées, Bajnai répond que leur organisation ne ferait que perdre du temps dans la mise en œuvre des réformes nécessaires au redressement économique de la Hongrie.

Le 6 avril Bajnai présente son programme au Parlement comprenant le report de l'âge de départ à la retraite de 62 à 65 ans, le gel des salaires des fonctionnaires pendant deux ans, la fin du 13$^e$ mois pour les retraités, la réduction du congé de maternité de 3 à 2 ans, la suspension des aides au logement, la suppression progressive des subventions sur le gaz, la réduction des aides à la compagnie des chemins de fer, aux médias publics et à l'agriculture. Les députés de la coalition socialiste-libérale lui accordent leur confiance dans le cadre d'une motion de censure constructive qui consiste à renverser le gouvernement en place, tout en proposant en même temps le nom du nouveau Premier ministre.

Le 14 avril le gouvernement Bajnai, composé pour moitié de socialistes et pour l'autre moitié d'indépendants est investi par le Parlement. Bajnai, qui n'est pas adhérent au MSZP, est issu du monde de la finance qu'il a abandonné le 1$^{er}$ juillet 2006 pour devenir commissaire du gouvernement puis ministre. Il dispose d'un mandat d'un an seulement, jusqu'aux élections législatives du printemps 2010, pour conduire le pays avec un gouvernement de crise, composé principalement d'experts. Souhaitant sans doute donner l'impression de partager la crise avec la population, il s'est attribué un salaire symbolique d'un forint, un tiers de centime d'euro. Plusieurs milliers de personnes proches de l'opposition de droite manifestent à Budapest pour protester contre le nouveau premier ministre. Des incidents surviennent à l'issue de la manifestation avec des affrontements entre policiers et manifestants d'extrême-droite

Le 18 mai un accord de coopération professionnelle est signé entre le parti d'extrême-droite Jobbik et le TMRSZ[82], l'un des deux syndicats policiers existants. Le TMRSZ compte 5 310 membres. Sa secrétaire générale, le lieutenant-colonel Szima Judit, n'a jamais fait de mystère quant à ses opinions politiques. Elle sera d'ailleurs quatrième sur la liste Jobbik aux élections européennes. Dans le monde politique et syndical on se demande quel type de coopération professionnelle peut exister entre un syndicat de police et un parti politique. Le secrétaire général du second syndicat policier se demande, à juste titre, si l'accord en question ne va pas compromettre certaines opérations de police. Un policier membre du TMRSZ pourra-t-il dorénavant faire face, de manière efficace, à la garde hongroise, la milice paramilitaire du Jobbik ?

Le dimanche 7 juin seuls 35 % des 8 millions d'électeurs hongrois se rendent aux urnes pour élire leurs 22 représentants au Parlement européen. Le FIDESZ arrive largement en tête avec 56 % des voix et obtient 14 sièges. Il est suivi par les socialistes du MSZP qui n'obtiennent que 4 sièges avec 17 % des suffrages. Le Jobbik, qui participait à un scrutin européen pour la première fois, récolte 15 % des votes et arrive en troisième position. Il prend 3 sièges. Le dernier siège est attribué au MDF qui n'a obtenu qu'un peu plus de 5 % des voix.

Le 1er juillet le taux de TVA à 20 % est abandonné au profit d'un taux réduit de 18 % pour les produits alimentaires de première nécessité et de 25 % pour les autres produits. Ce taux élevé ne se retrouve, au sein de l'Union européenne, qu'en Suède et au Danemark.

Le 2 juillet la décision de dissolution de la Garde hongroise prise le 17 décembre 2008 par le Tribunal de Budapest est confirmée par la Cour d'appel de Budapest. Depuis sa création en 2007, la Garde avait pour habitude d'organiser des défilés dans les agglomérations à forte population tzigane, pour intimider les criminels et faire régner l'ordre. La Cour a considéré qu'au lieu de résoudre les conflits, les défilés ont fait naître de nouvelles tensions. La Garde

---

82  Tettrekész Magyar Rendorség Szakszervezete, en français syndicat résolu de la police hongroise

envisage cependant une poursuite informelle de ses activités. Elle tente même d'organiser une manifestation 2 jours plus tard qui conduira à 200 arrestations et 17 blessés légers.

Le 23 juillet le quotidien de droite *Magyar Nemzet* révèle que Szilágyi Eleonóra, responsable des ressources humaines au BKV[83], a touché une prime de départ en retraite d'un montant de 96 millions de forints alors qu'elle a continué à travailler pour l'entreprise. Selon ce quotidien des enquêtes internes ont également révélé que plus de 3 milliards de forints ont été versés à une cinquantaine de cadres sur le départ depuis 2007 alors que la société de transport de Budapest a bénéficié de plusieurs crédits gouvernementaux pour éviter la faillite sur la même période. Les hongrois sont consternés par ces gaspillages de deniers publics dont ont profité des cadres pour le plupart membres des partis de la coalition socialiste-libérale au pouvoir.

Le 21 août la Slovaquie refuse l'entrée sur son territoire au président hongrois, Sólyom László, qui a dû annuler in extremis une visite sur place. M. Sólyom devait assister à Komárno, ville frontalière du sud de la Slovaquie dont la population est majoritairement magyarophone, à l'inauguration d'une statue de saint Étienne, premier roi de Hongrie. Il faut dire que les tensions inter-communautaires ont monté d'un cran avec le vote en juillet dernier par le Parlement slovaque, sous la pression des nationalistes d'extrême droite qui gouvernent avec les sociaux-démocrates, d'une nouvelle loi linguistique. Cette loi prévoit des sanctions, allant jusqu'à 5 000 euros d'amende, pour l'utilisation d'une langue d'une minorité dans les services publics, alors que la minorité hongroise en Slovaquie constitue 10% de la population. Le 26 août deux cocktails Molotov seront lancés sur l'ambassade slovaque en Hongrie.

Le 12 décembre, lors de son congrès, le MSZP choisit Mesterházy Attila, un économiste de 35 ans, pour le poste de premier ministre en cas de victoire très hypothétique aux élections législatives du printemps prochain. Aucune figure politique du MSZP n'était réellement motivée à porter, comme un lourd fardeau, la défaite annoncée des socialistes aux futures élections. Les délégués n'ont eu

---

83  BKV, Budapesti Közlekedési Vállalat, entreprise de transport de Budapest, l'équivalent de la RATP française.

le choix qu'entre 2 candidats. L'expérimenté Kovács László[84], membre de la commission européenne depuis 5 ans, et le jeune loup Mesterházy Attila, vice-président du MSZP depuis avril dernier. Les socialistes déclarent officiellement faire le pari du long terme, en misant sur la jeunesse de Mesterházy pour incarner un renouveau de façade dont ils ont réellement besoin.

Le 28 décembre le journal francophone de Budapest publie un article sur les scandales et malversations qui entourent les travaux réalisés par la ville de Budapest annonçant par la même occasion que l'équipe socialiste-libérale gérant la ville a toutes les chances d'être battue aux élections municipales prévues en 2010. Le plus grand scandale financier est certainement celui relatif au coût de la construction de la quatrième ligne de métro qui atteint 500 milliards de forints pour un coût prévisionnel de 195 milliards. Le journal cite aussi la rénovation du pont Marguerite[85] qui reviendra à 30 milliards de forints au lieu de 13 prévus à l'origine. Sur ces deux affaires le parquet a ouvert une enquête car il y a des soupçons de malversations.

Début janvier 2010 l'office européen des statistiques Eurostat publie les résultats d'une grande enquête basée sur des données de l'année 2008 et mesurant la pauvreté et l'exclusion sociale au sein des différents pays de l'Union européenne. Dans le classement des pays où la pauvreté matérielle est la plus grande, la Hongrie apparaît en troisième position, juste après la Bulgarie et la Roumanie. Selon Eurostat, plus d'un tiers des Hongrois (37%) est en situation de pauvreté matérielle. Le taux moyen de l'Union est estimé à 17% et le taux français n'est que de 13%. Les deux-tiers des Hongrois ne peuvent pas s'offrir une semaine par an de vacances hors de leur domicile. Un dixième de la population hongroise n'arrive pas à se chauffer correctement, une proportion deux fois plus importante que pour la population française. Pour ce qui est de l'alimentation, un quart des Hongrois ne peut consommer de la viande tous les deux jours, contre moins d'un dixième en France. Quant à acquérir un véhicule, 20 % des hongrois en sont incapables alors que les français ne sont que 4% dans cette situation.

---

84　Il a adhéré au MSZMP, le parti communiste de l'époque, en 1976. Il a été nommé adjoint au ministre des affaires étrangères en 1986, du temps de Kadár.

85　Pont d'une longueur de 600 m enjambant le Danube et s'appuyant en son milieu sur l'île Marguerite.

Le 22 janvier le président hongrois Sólyom László annonce les dates des élections législatives : les deux tours se dérouleront le 11 puis le 25 avril. La campagne électorale sera courte et elle ne pourra guère faire évoluer les intentions de vote laissant entrevoir une écrasante victoire du FIDESZ qui pourrait même obtenir la majorité de deux-tiers.

*« La voie est libre. Tout le monde peut entrer, peu importe qu'il soit noir ou jaune »*, telles sont les paroles de la nouvelle chanson des immigrants, Bevándorló szong[86], que l'on peut entendre en ce début d'année 2010. Cette vidéo promotionnelle, qui fait partie de la campagne, financée par l'Union Européenne, pour l'intégration des étrangers en Hongrie, n'a visiblement pas convaincu. Seuls quelques 180 000 étrangers[87] vivent en Hongrie, essentiellement des chinois, des vietnamiens, des ukrainiens et des arabes. Ce qui ne représente même pas 2 % de la population mais un sondage récent, effectué par l'université Corvinus de Budapest, prouve que la grande majorité des hongrois souhaitent voir diminuer le nombre des étrangers dans leur pays. Les 780 millions de forints investis par l'UE dans des campagnes de promotion de la tolérance et de l'accueil l'ont été en pure perte.

Fin janvier la Cour constitutionnelle rejette une loi instaurant un impôt foncier sur les logements d'une valeur de plus de 30 millions de forints soit 100 mille euros. Il ne s'agit pas d'une opposition à ce nouvel impôt que l'Union européenne et le FMI aimeraient voir instauré en Hongrie mais d'une censure de la loi en ce qu'elle reste très floue pour ce qui concerne l'évaluation des biens ou ne prend pas en compte les propriétaires de plusieurs biens dont chaque unité ne serait pas imposable mais dont la valeur globale est supérieure au plafond. Compte tenu du faible laps de temps restant avant les élections on imagine mal le gouvernement revoir sa loi. D'autant plus que le FIDESZ a promis d'abroger cette loi lors de son

---

86  https://www.youtube.com/watch?v=4rrMPWG9UCI
87  Jusqu'en 1990 la Hongrie accueillait beaucoup d'étudiants étrangers provenant de pays frères, le Yemen du Sud ou le Vietnam par exemple. Une fois leurs études terminées ces étudiants devaient quitter le Hongrie, même s'ils s'étaient mariés avec une hongroise. Mais en 1990 cette règle est tombée et de nombreux étudiants sont restés puis ont attiré famille et amis.

retour au pouvoir. Précisons que les hongrois ne connaissent ni la taxe foncière ni la taxe d'habitation.

En février l'enquête relative aux affaires de corruption dans la société de transports collectifs de Budapest BKV prend de l'ampleur. La police mène des investigations sur pas moins de 800 indemnités de licenciement suspectes, certaines d'entre elles ressemblant beaucoup à des parachutes dorés, et 70 contrats de services de communication et de consultation jugés inutiles. Cette vaste affaire de fraude et de corruption touche non seulement des dirigeants et anciens dirigeants de la société mais aussi des hommes politiques en poste à la municipalité de Budapest. Essentiellement des libéraux et des socialistes mais aussi quelques conseillers municipaux de droite. De sorte que l'on se demande si cette affaire ne sera pas étouffée après les prochaines élections.

Le 15 mars le Bureau Central des Statistiques publie des chiffres relatifs aux taux d'emploi[88] dans les différents pays de l'Union européenne en 2009 pour la classe d'âge 15-64 ans. Avec un taux de 55,4 % la Hongrie est classée avant-dernière, loin de la moyenne qui se situe à 64,8 %. Il faut cependant noter que le travail au noir n'est pas pris en compte. Est-il plus important en Hongrie qu'ailleurs ?

Fin mars nous apprenons que 6 partis politiques ont vu leur liste nationale pour les législatives enregistrée. Le système d'élection est assez complexe avec 176 élus par circonscription dans un suffrage à 2 tours, et 210 élus à la proportionnelle sur des listes régionales et nationales. L'électeur émet deux vote, l'un pour un candidat de sa circonscription, l'autre pour une liste de sa région. Les voix des candidats de circonscription non élus sont reportés sur les listes nationales qui permettent la désignation de 58 députés. Mais pour déposer sa liste nationale un parti doit avoir auparavant déposé des listes dans 7 au moins des 20 régions. Le MSZP, la coalition FIDESZ-KDNP, le Jobbik, le LMP[89], le MDF, et de façon très surprenante, le tout petit parti du Mouvement Civil (Civil Mozgalom) seront présents au niveau national. Par contre le

---

88 Proportion de personnes disposant d'un emploi parmi celles en âge de travailler. Remarquons que dans la tranche d'âge retenue il y a des étudiants et des retraités qui bien évidemment ne travaillent pas.

89 Initiales de Lehet Más a Politika, la politique peut être différente. Ce parti écologiste et libéral a été créé en février 2009.

SZDSZ, moribond, n'est pas parvenu à remplir les conditions de dépôt de liste.

Les sondages d'opinion annoncent une défaite cinglante des socialistes. Il faut reconnaître que les huit années de gestion libérale-socialiste, avec des réformes économiques bien souvent incohérentes et chaotiques et une absence de politique sociale ont eu pour résultat une inflation élevée, un chômage massif et un endettement très important aussi bien du pays que des familles. Pour beaucoup de hongrois qui, sous le régime de Kádár, vivaient dans une sécurité économique relative, la précarisation qui en a résulté a été très mal ressentie. En outre les nombreuses affaires de corruption qui ont touché un nombre non négligeable de dirigeants politiques du MSZP et du SZDSZ ont sérieusement discrédité ces partis. D'ailleurs les libéraux du SZDSZ n'ont même pas été en mesure de présenter une liste pour les législatives alors qu'ils représentaient la deuxième force politique en 1989. Le FIDESZ surfe avec délices sur cette vague de mécontentement et il ne lésine pas sur les promesses électorales. Il sait que cette fois la victoire ne pourra lui échapper comme ce fut le cas en 2006.

# 15 - Le retour aux affaires (2010-2014)

Dimanche 11 avril 2010, lors du premier tour des élections législatives, avec plus de 52 % des voix, le FIDESZ allié au petit parti KDNP retrouve le pouvoir qu'il avait dû céder huit ans auparavant aux socialistes. Ces derniers s'effondrent et n'obtiennent que 19 % des suffrages, talonnés par le parti xénophobe Jobbik qui engrange près de 17 % des voix. Le parti écologiste libéral LMP de création récente entre aussi au parlement avec 7,5 % des suffrages.

Les hongrois ont vaincu le désespoir, affirme Orbán Viktor devant ses partisans réunis à Budapest en ce soir de premier tour. Il a promis aux électeurs de créer un million d'emplois en dix ans sans préciser comment il allait s'y prendre. Le chef du Jobbik, Vona Gábor, affirme que les deux tiers des hongrois partagent ses idées, même s'ils ne le savent pas encore. Par contre Orbán sait déjà qu'il va devoir appliquer une partie du programme du Jobbik pour conserver les franges les plus extrêmes de son électorat.

Le deuxième tour a lieu le dimanche 23 avril. Il confirme la victoire écrasante du FIDESZ qui, avec 263 sièges sur 386, obtient la majorité des deux tiers lui donnant un contrôle total du pouvoir législatif. Sur les 176 circonscriptions individuelles seules 3 lui échappent, 2 au profit des socialistes à Budapest tandis que la troisième est emportée par un candidat antisémite et anti-tzigane, exclu du FIDESZ, dans une zone déshéritée du nord de la Hongrie. Les autres sièges sont attribués à la proportionnelle.

Pour Orbán Viktor, ce qu'il considère comme une révolution par les urnes doit marquer une rupture historique. Il estime que le système, combinaison de l'héritage du communisme et de la mise sous coupe par les multinationales à cause de privatisations excessives, ne peut pas être transformé mais qu'il faut l'abattre. Sa majorité des deux tiers au parlement lui permet toutes les audaces. Le 28 avril Orbán est naturellement chargé de former le nouveau gouvernement. Il promet de restaurer l'État de droit et de sortir le pays de la récession. Au même moment sont publiés les chiffres du chômage pour le premier trimestre 2010. On atteint 11,8 % de la population active soit une hausse de 2 points sur un an.

Le 25 mai le Parlement, à la quasi-unanimité, accorde la nationalité hongroise, assortie d'un passeport, aux hongrois vivant dans les régions qui appartenaient à la Hongrie avant le traité du Trianon. Pour déposer une demande de nationalité il suffit d'avoir un ascendant hongrois et de parler le hongrois. Cette disposition qui vise les 2,5 millions de hongrois de souche vivant dans les pays limitrophes est très critiquée par l'Union européenne. En effet elle permettra à des citoyens slovaques, roumains, serbes, croates ou ukrainiens titulaires du passeport hongrois de circuler librement dans l'espace de Schengen. La Slovaquie est le seul pays concerné à réagir : son parlement décide de déchoir de sa nationalité tout slovaque qui obtiendrait un passeport hongrois. Le Jobbik estime que la loi ne va pas assez loin en n'accordant pas le droit de vote à ces hongrois d'au-delà des frontières.

Le 1er juin la majorité FIDESZ-KDNP autorise le licenciement sans motif des fonctionnaires. Derrière l'intention louable de réduire une administration pléthorique se cache la volonté du gouvernement de se séparer de serviteurs de l'État qui n'ont pas compris que l'État c'est maintenant le FIDESZ. Le président, un conservateur pourtant, refuse de signer cette loi. Elle repart devant le parlement et sera ensuite promulguée, à peine modifiée. En deux mois des centaines de cadres de la fonction publique sont remplacés par du personnel plus fiable. En février 2011 la Cour constitutionnelle hongroise annulera la loi mais le gouvernement ne reviendra pas sur les licenciements déjà effectués.

Le 3 juin le vice-président du FIDESZ et maire de Debrecen, Kósa Lajos déclare que le situation économique du pays est bien pire que ce que le gouvernement avait pensé avant de prendre la direction du pays. Il ajoute que dans certains secteurs de la fonction publique on ne sait pas comment on pourra payer les salaires de juin. Ces propos font suite à ceux du plus proche conseiller d'Orbán qui estime que le déficit public pourrait atteindre 7,5 % du produit intérieur brut en 2010 au lieu des 3,8 % prévus par le Fonds monétaire international. Ces propos alarmistes entraînent une dégringolade du forint.

Le 8 juin le gouvernement présente son programme économique qui a pour objectif de remplacer le capitalisme spéculatif par le capitalisme productif. Orbán avait prévu de diminuer les impôts, il instaure un taux unique d'imposition des revenus à 16 %, ce qui satisfait les ménages aisés mais certainement pas les plus modestes qui voient leur impôt sur le revenu augmenter. En contrepartie les banques, sociétés d'assurance-vie et autres institutions financières vont être soumises à une taxe exceptionnelle, basée sur leurs résultats de 2009, et ce pour une période de 3 ans. On fait d'une pierre deux coups, non seulement cela fait des recettes supplémentaires pour l'État mais comme la plupart de ces institutions sont détenues par des étrangers on flatte le sentiment nationaliste prédominant en Hongrie. Il faut par ailleurs noter que certains instituts financiers appartenant à des proches du FIDESZ sont exemptés de cette taxe. Le monde des affaires est très critique mais l'Union européenne ne bouge guère car Orbán a le soutien de ses alliés du PPE[90] au parlement européen. Autre mesure phare, les indemnités de licenciement des fonctionnaires – elles peuvent être importantes pour les hauts dirigeants d'entreprises publiques - seront taxées à 98 % au-delà du plafond de 2 millions de forints (environ 7 300 €).

Le 29 juin Schmitt Pál[91], un fidèle d'Orbán, est élu par les députés président de la République. Le nouveau président déclare qu'il sera un appui pour le premier ministre. Ce n'était pas le cas de son prédécesseur, le conservateur Sólyom László, qui avait mis son veto à plusieurs lois qu'il considérait inconstitutionnelles. Le même jour Orbán Viktor réduit de 75 %, le salaire du président de la Banque nationale de Hongrie, Simor András, le faisant passer de 8 millions de forints à 2 millions de forints. Ce dernier, fort de l'indépendance de cette structure, refusait d'accéder aux exigences de réduction du taux directeur formulées par le premier ministre. La Banque Centrale Européenne émet une simple protestation.

Le 5 juillet une commission parlementaire ne comportant aucun spécialiste de droit constitutionnel est créée dans le but de rédiger une nouvelle constitution. L'opposition refuse d'y participer.

Le 17 juillet le Fonds monétaire international et l'Union européenne rompent les négociations sur le versement de la troisième tranche du crédit accordé à la Hongrie en 2008. Une mission du FMI arrivée quelques jours auparavant pour examiner la situation

---

90  Groupe parlementaire auquel adhèrent les députés du FIDESZ mais aussi ceux de la CDU allemande d'Angela Merkel ainsi que ceux de l'UMP française.

91  Médaillé olympique en escrime en 1968 et 1972. Député européen du FIDESZ, il était l'un des vice-présidents du Parlement.

économique hongroise juge irréaliste le plan économique de Budapest pour réduire le déficit public. Le premier ministre Orbán, un passionné de football, avait fait le choix de se rendre en Afrique du Sud pour assister à la finale de la coupe du monde afin d'éviter d'avoir à s'expliquer sur le non respect des conditions imposées lors de l'obtention du crédit.

Le 3 octobre ont lieu les élections municipales. C'est un véritable raz-de-marée en faveur du FIDESZ-KDNP. Les socialistes ne conservent qu'une seule grande ville, Szeged, au sud du pays. Dans le capitale, qu'ils géraient en commun avec le SZDSZ, ils ne conservent que 3 arrondissements sur 23. La mairie de Budapest passe aux mains du chrétien conservateur Tarlós István. Le Jobbik, qui a mené une violente campagne anti-tziganes, ne conquiert qu'une seule petite municipalité dans le nord-est de la Hongrie mais il apparaît comme la deuxième force dans de nombreuses localités déshéritées à l'est du pays.

Le 18 octobre le parlement met en place, pour une durée de trois ans, un impôt exceptionnel touchant les grandes entreprises du secteur des télécommunications, de l'énergie et de la grande distribution. Cet impôt, rétroactif, prend effet à partir du 1$^{er}$ janvier 2010. Il touche essentiellement des sociétés étrangères qui dominent ces secteurs. Quinze grands groupes touchés par cet impôt de crise, qu'ils jugent confiscatoire, adressent un courrier commun de protestation à la Commission européenne.

Le parlement déborde d'énergie puisque le même jour il décide l'étatisation des fonds de pension privés. Depuis 1997 les salariés ont la possibilité de faire verser 30 % de leur cotisation de retraite à des caisses privées. Les hongrois qui ont fait confiance à ces caisses ont jusqu'au 31 janvier 2011 pour réintégrer le système public avec leur pécule faute de quoi ils perdront tout droit à la retraite garantie par l'État au titre des 70 % des cotisations de retraite que l'État a encaissé. L'épargne accumulée dans les fonds de pension par trois millions de cotisants atteint la coquette somme de 11 milliards d'euros. La Commission européenne exprime ses inquiétudes, elle craint que cette somme soit utilisée pour financer les dépenses courantes de l'État.

Suite à une requête de 90 fonctionnaires licenciés, le 26 octobre 2010 la Cour constitutionnelle invalide la loi instaurant un impôt de

98 % sur les indemnités de départ des fonctionnaires au-delà d'un plafond de 2 millions de forints. Cette loi visait aussi bien les indemnités versées à certains hauts fonctionnaires licenciés dans le cadre de la réduction des effectifs dans l'administration que les parachutes dorés que les dirigeants du secteur public nommés par le gouvernement socialiste-libéral, contraints de céder leur place aux proches du FIDESZ, se faisaient octroyer.

Le 16 novembre les députés décident, à la majorité des deux tiers de restreindre les pouvoirs de la Cour constitutionnelle à qui l'on interdit désormais d'examiner les lois relatives au budget et à la fiscalité. Le chef du groupe FIDESZ à l'assemblée déclare que, suite à la consolidation de l'État de droit, la Cour constitutionnelle n'a plus besoin de pouvoirs aussi étendus qu'auparavant. L'assemblée reprend alors la loi invalidée relative à la taxe de 98 %, ne change pas le taux de taxation mais élève le plafond à 3,5 millions de forints et fixe la date d'effet au 1$^{er}$ janvier 2005 (un effet rétroactif de près de 6 ans) afin de faire rendre gorge aux profiteurs du régime précédant.

Le 21 décembre le Parlement adopte une nouvelle législation sur les médias et sites internet qui donne au gouvernement un contrôle étendu sur l'information. Une autorité nationale des médias et des communications dont 4 des 5 membres sont nommés par le FIDESZ est chargée de vérifier si les productions sont équilibrées politiquement et ne heurtent pas la morale. En cas de non respect de ces règles la présidente de l'autorité, une fidèle d'Orbán nommée pour une durée de neuf ans, peut infliger de lourdes amendes, jusqu'à 200 millions de forints pour les télévisions et 25 millions pour la presse écrite ou en ligne. Les télévisions peuvent même être suspendues d'antenne pour une semaine. Sur les questions de sécurité nationale les journalistes ne pourront plus invoquer le secret des sources. Cela plonge les institutions européennes dans l'embarras d'autant plus que la Hongrie va accéder à la présidence semestrielle tournante de l'Union européenne au 1$^{er}$ janvier prochain. Par chance pour Orbán les diplomates et autres hauts responsables de l'Union sont en vacances d'hiver depuis quelques jours.

## L'année 2011

Le 1ᵉʳ janvier la Hongrie prend donc la présidence de l'Union européenne. Nombreux sont les responsables politiques européens qui appréhendent cette présidence au vu de l'action d'Orbán dans son propre pays. On se demande si celui qui dirige son pays d'une main de fer saura faire preuve de souplesse lorsqu'il s'agira de concilier les intérêts de 27 pays. Pour tenter de rassurer l'UE le ministre des affaires étrangères hongrois, Martonyi János, déclare à Bruxelles que la Hongrie avait pour ambition d'entrer dans l'arène européenne dans le rôle du torero et non du taureau.

Le 19 janvier Orbán Viktor présente devant le Parlement européen réuni à Strasbourg les priorités de sa présidence semestrielle de l'Union européenne. Il essuie de vives critiques de la part des députés verts, libéraux et sociaux-démocrates. Pendant son discours des eurodéputés ont brandi des "unes"[92] blanches de journaux et certains se sont bâillonnés en signe de protestation, allusion à la loi sur les médias. Orbán leur demande de ne pas mélanger les critiques de la politique intérieure hongroise avec les six mois de la présidence hongroise. Le groupe conservateur PPE auquel est affilié le FIDESZ réaffirme son soutien à Orbán.

Le 4 avril le Parlement fait passer de 70 à 62 l'âge de départ à la retraite des juges et des procureurs. 274 magistrats seront concernés en 2012. L'opposition considère que cette décision permet à Orbán Viktor de faire remplacer des gens expérimentés et bien souvent indépendants par ses partisans puisque les nominations dépendent maintenant d'un organisme contrôlé par le FIDESZ.

Le 25 avril l'Assemblée nationale adopte, avec les seules voix du FIDESZ et du KDNP qui détiennent les deux tiers des sièges, une nouvelle Constitution appelée Loi fondamentale de la Hongrie, très conservatrice, rejetée aussi bien par le Parti socialiste hongrois que par le Jobbik, d'extrême-droite, et qui crée la controverse dans d'autres pays d'Europe. Le texte débute par la phrase suivante : « Que Dieu bénisse les hongrois ». Dans son préambule la constitution fait état de la perte de l'auto-détermination de la Hongrie du 19 mars 1944, date de l'occupation allemande, au 2 mai 1990, date de l'élection libre du Parlement. Par contre la période pendant laquelle Horthy, un allié d'Hitler, dirigeait le pays ne fait

---

92 Première page d'un journal.

l'objet d'aucune remarque. En outre, comme il n'y a qu'une seule nation hongroise unie, la Hongrie assume la responsabilité du sort des hongrois vivant en dehors de ses frontières. C'est assez mal perçu par les pays voisins dans lesquels vivent d'importantes communautés de hongrois. La vie de l'embryon et du fœtus est protégée dès sa conception. Certains se demandent si l'on ne risque pas de s'attaquer au droit à l'avortement. Le droit au travail est abandonné au profit d'une obligation pour chacun de contribuer par son travail à la prospérité générale. Chacun a droit à la santé physique et mentale et pour ce faire la Hongrie favorise une agriculture libre de toute présence d'OGM. Un certains nombre de domaines doivent être précisés par des lois organiques votées à la majorité des deux tiers du Parlement. C'est par une telle loi que le taux d'imposition sur les revenus est fixé à 16 %[93]. Il sera très difficile d'y revenir en cas d'alternance. Il faut noter que, dans une première version, la constitution de ce pays dont la natalité est l'une des plus faibles de l'Union européenne accordait des voix supplémentaires aux mères de famille lors des élections. Orbán a dû abandonner cette idée face à l'indignation de certains de ses proches qui estimaient que cela donnerait trop d'importance aux tziganes dont le taux de fécondité est trois plus élevé que celui des autres hongroises.

Le 6 mai la Cour constitutionnelle déclare à nouveau illégale la taxation à 98 % des indemnités de départ des fonctionnaires. Le gouvernement réplique en faisant passer l'effectif de cette Cour de 11 à 15 membres et le Parlement désigne des nouveaux juges le 27 juin ce qui fait pencher la majorité de la Cour constitutionnelle aux mains du FIDESZ. A l'avenir personne n'empêchera Orbán Viktor de légiférer comme il le désire.

Début juillet le Parlement s'intéresse au chômage et vote une loi qui entrera en vigueur le 1er septembre. La durée d'indemnisation passe de 270 jours à 90 jours. Le montant mensuel de l'indemnisation est limité à 80 mille forints, environ 280 euros. Les députés du FIDESZ-KDNP reprennent par ailleurs l'idée de travail obligatoire lancée par le Jobbik. Les bénéficiaires d'aides publiques seront contraints de participer à des taches d'intérêt général : nettoyage des rues, entretien des parcs et des forêts et même travaux sur les

---

93 C'est ce que l'on appelle la « flat tax », un même taux d'imposition pour tous. Il existait auparavant, comme en France, un impôt progressif avec différent taux.

chantiers de construction de stades de football. Si les chantiers sont situés à plus de 3 heures de route de leur domicile ces chômeurs seront logés dans des conteneurs. Ce projet de travail obligatoire vise surtout les tziganes, communauté dans laquelle le taux de chômage avoisine les 50 % (11% pour l'ensemble de la population).

Le 6 juillet 570 rédacteurs et techniciens de la radio et de la télévision publiques sont licenciés. Un demi-millier d'autres devraient subir le même sort après l'été. Depuis le 1er janvier 2011 tous les médias publics ont été regroupés en une seule entité, l'organisme MTVA[94], avec une seule rédaction centralisée produisant toutes les informations. La porte-parole de cette structure a justifié les licenciements par la nécessité d'assainir un secteur public hypertrophié. Il est néanmoins préférable d'avoir des sympathies pour de FIDESZ pour échapper à ces vagues de licenciements.

Le 17 juillet le Jobbik gagne, avec 34 % des voix, une élection municipale partielle organisée à Gyöngyöspata[95]. Deux autres listes d'extrême droite ont obtenu respectivement 21 et 10 %. Dans cette commune de 2520 habitants, dont 450 tziganes, le Jobbik et son dirigeant local Juhász Oszká faisaient monter la tension depuis plusieurs mois, harcelant les tziganes soupçonnés d'avoir volé des piquets en métal soutenant les ceps de vigne ainsi que les gouttières en cuivre de l'église. Le 6 mars le Jobbik, qui dénonce la terreur tzigane, avait fait défiler 1 500 de ses partisans dans le village. Le 26 avril une autre milice d'extrême droite avait affronté une centaine de tziganes sans que la police n'intervienne. On avait relevé plusieurs blessés. Le maire avait démissionné. Le Jobbik et le nouveau maire veulent faire de ce village la vitrine de leur politique d'un développement séparé de la minorité tzigane. « Nous ne sommes pas racistes mais la politique d'intégration des roms signifie, trop souvent, baisser le niveau de vie des non-roms » déclare le nouveau maire.

Le 19 juillet le Parlement adopte une loi fondamentale sur les religions, qui ne pourra donc être modifiée à l'avenir que par une majorité des deux tiers. Cette loi fait passer de 358 à 14 le nombre de communautés religieuses officiellement reconnues et bénéficiant

94  Médiaszolgáltatás-Támogató és Vagyonkezelő Alap, fondation pour le soutien aux médias et la gestion de leurs biens.
95  Petite ville du Nord de la Hongrie.

d'avantages fiscaux. Cette reconnaissance permet entre autre aux particuliers de demander que 1% de leur impôt sur le revenu soit reversé à la communauté de leur choix. Les communautés évangéliques, implantées dans la minorité tzigane ne sont pas reconnues. Elles dénoncent la plus grande discrimination depuis la chute du communisme qui les avait persécutées.

Le 9 septembre le gouvernement adopte un plan de défense nationale contre l'endettement qui impose aux banques un taux fixé arbitrairement pour le remboursement des crédits en devises qui étranglent les ménages hongrois. Quelques années auparavant les hongrois qui voulaient acquérir un bien immobilier ou une voiture ou simplement se payer des vacances avaient été incités à emprunter en devises, francs suisses, euros, voire même yen. Les taux d'intérêts dans ces devises était nettement inférieurs aux taux hongrois. Malheureusement ces monnaies ont vu leur taux de change progresser de façon importante si bien que 750 000 hongrois, sur une population de 10 millions d'habitants, éprouvent des difficultés à rembourser leur prêt en devises. Le FIDESZ qui n'apprécie guère les banques, surtout parce que la plupart d'entre elles sont aux mains de groupes étrangers, décide de fixer les taux de change pour les remboursements à un taux nettement inférieur au taux du marché, par exemple 180 forints pour le franc suisse qui côte en réalité 240 forints. Ce sont les banques qui devront prendre en charge la différence. Toutefois les emprunteurs devront rembourser leur dette en une seule fois, ce qui fait que seuls les plus aisés pourront bénéficier de l'aubaine. L'Autriche, dont les banques sont très impliquées dans ces prêts en devises, saisit la Commission européenne.

Le 16 septembre le gouvernement présente un budget d'austérité. Orbán veut à tout prix faire passer le déficit budgétaire sous la barre des 3 % du PIB. Le taux de TVA à 25 %, qui était l'un des plus élevé d'Europe, passe à 27 %, le plafond autorisé par l'Union européenne. On reste à 18 % pour les produits alimentaires de base et à 5 % pour les livres et les journaux. Pour augmenter les recettes de l'État certains députés du FIDESZ proposent de revenir à l'impôt sur le revenu progressif (au lieu de la taxe unique à 16%) mais Orbán refuse. On trouve donc des expédients en augmentant de façon très importante les contraventions routières, la recette prévisionnelle étant de 11 € par hongrois, du bébé au vieillard incapable de conduire une voiture, on instaure ou augmente les taxes sur les produits alimentaires nuisibles à la santé tels que les chips, le café, la bière, les boissons énergisantes, les gâteaux industriels, etc.

Le 10 octobre le gouvernement présente les nouvelles règles relatives aux élections législatives. Le nombre de députés passe de 386 à 199, ce qui n'est pas choquant compte tenu de la population hongroise. Les circonscriptions, réduites au nombre de 106, sont revues avec un découpage très favorable au FIDESZ. Le scrutin uninominal majoritaire à deux tours est abandonné au profit du scrutin à un seul tour, le candidat arrivé en tête étant déclaré vainqueur. Pour être candidat il faut obtenir le parrainage d'au moins mille électeurs, ce qui élimine les petits partis. Les 93 autres députés sont élus sur listes nationales des partis selon un système assez complexe : aux voix obtenues nationalement par les partis on ajoute les votes « fragmentaires » des circonscriptions c'est-à-dire les voix des candidats non élus mais aussi l'excédent de voix du candidat élu (la différence entre son résultat et celui du second). Ce système est destiné à amplifier considérablement le succès du parti arrivé en tête. Par ailleurs les hongrois de la diaspora, dont la très grande majorité soutient le FIDESZ, peuvent voter pour les listes nationales.

Le 22 octobre 2011 l'ancien premier ministre socialiste Gyurcsány Ferenc et ses partisans quittent le MSZP pour fonder un nouveau parti de centre-gauche, très libéral et europhile, la Coalition Démocratique (DK[96]). Il estime qu'après le cuisant échec du MSZP aux élections législatives de 2010 ce parti n'a pas su se renouveler. Il emmène avec lui 9 autres parlementaires socialistes, juste de quoi former un groupe au Parlement.

Le 14 novembre le Parlement légifère sur la question des sans-domicile-fixe, au nombre de 20 à 30 mille. Les personnes résidant dans l'espace public deviennent passibles d'une amende voire d'une peine de 60 jours de prison. Celles qui seront surprises en infraction à deux reprises en six mois devront payer une amende de 150 000 forints soit près de 500 euros. La ville de Budapest avait déjà adopté, dès l'élection de son maire membre du FIDESZ, une disposition du même type afin d'expulser les indésirables des zones touristiques de la capitale. Cette mesure ne s'appliquera cependant que dans les communes pouvant offrir aux SDF des places en centre

---

96 Demokratikus Koalíció.

d'accueil. Le Jobbik s'est joint au FIDESZ pour voter cette nouvelle loi.

Le 13 décembre la juriste Handó Tünde, épouse d'un eurodéputé du FIDESZ (il laisse entendre qu'il a rédigé la nouvelle constitution durant ses trajets entre Budapest et Bruxelles) et amie de Mme Orbán, est nommée par le Parlement à la tête de l'Office National de la Justice (OBH[97]) pour neuf ans. C'est elle qui nommera les magistrats.

le 20 décembre le Conseil des médias[98] décide de retirer sa licence à la seule radio d'opposition active sur le plan national, *Klubrádió*. Suite à un appel d'offres public dont les modalités sont fortement contestées, la fréquence de cette station suivie depuis dix ans par un demi million d'auditeurs a été attribuée à une entreprise obscure, au capital de l'ordre de 3 000 €, nommée *Autórádió*. *Klubrádió* continuera à émettre jusqu'en mars 2012, date à laquelle elle devra céder sa fréquence. Cette station de radio devient le symbole de la liberté d'expression en Hongrie. Reporters sans frontières dénonce avec la plus grande fermeté la décision prise. Le sort de cette radio sera même évoquée dans une lettre qu'Hillary Clinton adressera à Orbán. L'ancien ambassadeur américain Mark Palmer, un proche de Reagan pourtant, se demande s'il ne faudrait pas rétablir les programmes en hongrois de Radio Free Europe[99], diffusant autrefois les informations du « monde libre » dans les démocraties populaires. *Klubrádió* retrouvera cependant une fréquence en mars 2013 après avoir intenté une action en justice.

## Année 2012

Le 2 janvier, alors qu'une cérémonie officielle est organisée à l'Opéra pour célébrer l'entrée en vigueur de la nouvelle constitution, 70 000 personnes manifestent à l'appel des socialistes du MSZP et de la coalition démocratique, des libéraux du SZDSZ, du parti vert LMP et de nombreuses ONG. Le lendemain Alain Juppé, ministre français des affaires étrangères, déclare sur la chaîne française I-télé qu'il y a un problème aujourd'hui en Hongrie. Cependant au Parlement européen les députés de l'UMP, le parti auquel adhère

---

97  Országos Bírósági Hivatal.
98  Equivalent du CSA français, le Conseil supérieur de l'Audiovisuel.
99  Radio créé en 1950, financée par le Congrès des États-Unis, et aussi par la CIA jusqu'en 1971, émettant dans les langues des pays du bloc soviétique.

Juppé, et ceux du FIDESZ se côtoient dans le même groupe parlementaire.

Le 21 janvier, un samedi après-midi, des journalistes proches du FIDESZ, dont Bayer Zsolt, l'un des fondateurs de ce parti, souvent épinglé pour son antisémitisme et son racisme envers les tziganes, organisent une marche pour la paix en soutien au premier ministre Orbán. La préparation de cette marche a bénéficié d'un soutien médiatique officiel considérable. Une foule énorme, plus de 100 000 personnes, défile durant deux heures de la place des Héros à la place Kossuth, près du Parlement. La police, présente en masse, dénombre 400 000 participants tandis que les organisateurs en voient un million. Quoi qu'il en soit cela prouve que le soutien à Orbán Viktor reste très fort.

Le 5 février Ángyán József, secrétaire d'État au développement rural démissionne de son poste. Élu député du FIDESZ en 2006 puis nommé secrétaire d'État en 2010, Ángyán se rendait compte que de nombreuses exploitations agricoles n'étaient pas viables au vu de leur superficie. Il avait proposé à Orbán de louer aux petits exploitants agricoles des terres appartenant à l'État pour créer des fermes rentables d'une cinquantaine d'hectares. Plusieurs dizaines de milliers d'hectares dont les contrats de métayage arrivaient à échéance sont alors proposés via des appels d'offre. Cependant Ángyán constate que les petits fermiers qui ont répondu aux appels n'obtiennent en général qu'un petit lot de 2 à 5 hectares, voire même rien du tout. Par contre des proches du pouvoir sont largement servis. C'est ainsi que Mészáros Lörinc, le maire du village natal du Premier ministre, obtient 1 300 hectares à lui seul. Il s'est même installé sur les terres avant le lancement de l'appel d'offres. Le député socialiste Gögös Zoltán affirme que 85 % des terres ont été attribuées à des amis ou à des proches des dirigeants du FIDSEZ. Le secrétaire d'État Ángyán dénonce alors « les oligarques et les familles mafieuses » qui ont réussi à s'accaparer la plus grande partie des terres mais son message est peu entendu car les médias dominants qu'ils soient publics ou de droite font le choix de l'ignorer. A-t-il été poussé à la démission ou est-ce un choix personnel pour montrer son désaccord avec les pratiques du FIDESZ ?

Le 13 mars les ministres des finances de l'Union européenne décident de geler temporairement 495 millions d'euros de fonds européens destinés à la Hongrie. Cette décision n'entrera cependant en vigueur que le 1er janvier 2013 si la Hongrie s'avérait incapable de ramener son déficit budgétaire sous la barre des 3 % du PIB. Le gouvernement prévoit cependant un déficit de l'ordre de 2,5 % du PIB grâce à des mesures artificielles et non reconductibles telles que la nationalisation des derniers fonds de pension privés, ceux de 100 000 cotisants qui ont refusé de rejoindre le système public, préférant perdre leur pension d'État[100]. Le commissaire européen Olli Rehn estime que sans la manne de ces fonds de pension on serait plutôt à 5 % de déficit. Quelque jours auparavant le premier ministre Orbán avait vivement critiqué la Commission européenne dont il soulignait le manque de légitimité démocratique et dénonçait sa politique extraordinairement stupide.

Le 2 avril le président de la République Schmitt Pál démissionne. Surnommé par l'opposition le « stylo à bille de la nation » tant il met de zèle à promulguer les nombreuses lois votées par le parlement dont certaines scandalisent les démocraties occidentales, Schmitt Pál a été accusé en début d'année de plagiat pour sa thèse de doctorat intitulée *les jeux olympiques des temps modernes*. Cette thèse, présentée en 1992, était la traduction presque mot pour mot, erreurs comprises, d'un ouvrage publié en 1987 par un chercheur bulgare du nom de Nikolaï Georgiev. Le jury lui avait accordé le titre avec ses félicitations. Il faut dire que deux des membres du jury, qui appartenaient à l'Académie olympique hongroise sous tutelle du Comité olympique national, étaient en quelque sorte les obligés de Schmitt Pál alors président dudit Comité. Schmitt Pál a commencé par nier l'accusation mais a jugé bon d'annuler toutes les visites prévues dans des universités en présence d'étudiants pour « ne pas perturber leurs examens ». Après qu'une commission d'experts eut reconnu le plagiat Orbán s'est décidé à lâcher son ami Schmitt Pál, non pour des raisons intérieures - seuls 6 % des sympathisants du FIDESZ estimaient que la démission s'imposait -, mais parce que l'affaire nuisait à l'image de la Hongrie à l'étranger. Orbán lui désigne comme successeur l'eurodéputé du FIDESZ Áder János. Le Parlement ratifiera ce choix en l'élisant président le 2 mai suivant.

---

100 Une partie des cotisations de retraite va nécessairement à l'État mais les cotisants ayant décidé de rester dans le système privé savaient qu'ils perdraient la part de retraite que l'État aurait dû leur verser.

Le 16 avril par 258 voix contre 70 le Parlement fait passer de 10 à 12 le nombre de députés nécessaires pour constituer un groupe parlementaire. Ce changement de règle a pour but d'entraver les ambitions de l'ancien premier ministre Gyurcsány Ferenc qui vient de quitter le parti socialiste pour créer la coalition démocratique (DK) après s'être assuré du soutien de 9 parlementaires socialistes afin d'atteindre le seuil nécessaire pour constituer son groupe au Parlement. Avec ce changement Gyurcsány est privé de groupe donc de subventions et son temps de parole est réduit. Orbán sait que Gyurcsány est certainement l'homme le plus compétant dans la mouvance de gauche et donc le plus dangereux pour lui.

Le 9 mai le gouvernement présente un nouveau plan de rigueur. L'impôt sur les sociétés dans le secteur de l'énergie est relevé provisoirement de 19 à 30 %. Une taxe sur les communications est créée. Les compagnies de téléphone devront verser 2 forints par minute ou par texto. La Commission européenne juge cette taxe illégale, une telle contribution ne pouvant que financer les coûts du secteur de la téléphonie et non entrer dans le budget de l'État pour réduire le déficit mais il n'est pas dans les habitudes d'Orbán de se laisser impressionner par les injonctions de la Commission. Est aussi créée une taxe sur les transactions financières. Ce nouvel impôt d'un montant de 0,1% touchera toutes les transactions financières : retraits d'argent dans les distributeurs, virements bancaires, règlement de factures par chèque postal[101] (très fréquent), etc. Les sociétés devront s'acquitter aussi de cet impôt lors du paiement des différentes taxes et cotisations. Son montant est toutefois plafonné à 6 000 forints (environ 20 €). La Banque centrale hongroise bénéficie d'un impôt allégé à 0,01 % pour les dépôts d'un jour. Le gouvernement a soumis son projet à la Banque centrale européenne dont l'avis devrait être négatif car il affecte la Banque centrale de Hongrie. Ces nouvelles mesures fiscales devraient faire rentrer 650 millions d'euros par an dans les caisses de l'état.

Le 27 mai a lieu en Transylvanie, dans son village natal de Székelyszombor (Odorheiul Secuiesc en roumain), une cérémonie en l'hommage de l'écrivain fasciste et notoirement antisémite Nyírő

---

101 Sárga csekk, autrement dit chèque jaune qui est plutôt un mandat postal, le chèque n'existant pas en Hongrie. Les factures des services publics, du syndic, d'eau, de gaz, d'électricité, etc, sont accompagnés de ce chèque jaune pré-rempli. Il faut se déplacer dans un bureau de poste pour le payer.

József. Cet admirateur de l'Allemagne nazie avait siégé au Parlement mis en place par le parti des *Croix fléchées* lors de l'occupation de la Hongrie par les nazis. Accusé de crimes de guerre, il s'était enfui dans l'Espagne franquiste où il était décédé. Ses cendres qui avaient été rapatriées à Budapest devaient être solennellement ré-inhumées dans son village natal de Roumanie. Mais le gouvernement roumain s'y est catégoriquement opposé. Le 27 mai les véhicules arrivant sur le lieu de la cérémonie ont même été contrôlés par les autorités roumaines pour vérifier l'absence d'urne. Le secrétaire d'État hongrois à la culture, le président du parlement hongrois ainsi que la direction du Jobbik participent à la cérémonie.

Le 7 juin Elie Wiesel, prix Nobel de la paix et survivant de l'Holocauste, né en Transylvanie, renvoie au président du parlement hongrois Kövér László la Grande Croix de l'Ordre du Mérite de la République de Hongrie reçue en 2004. Il lui déclare être scandalisé par le fait qu'il ait participé, aux côtés du secrétaire d'État pour la culture, Szőcs Géza, et du président du parti d'extrême droite Jobbik, Vona Gábor, à la cérémonie organisée pour l'écrivain Nyírő József qui était membre de la direction du parti fasciste des *Croix fléchées*. Quelques jours plus tard le président du parlement israélien annule l'invitation qu'il avait adressée à son homologue Kövér László pour participer à la cérémonie prévue en juillet en l'honneur de Raoul Wallenberg, un diplomate suédois qui a sauvé de nombreux juifs alors qu'il était en poste en Hongrie pendant la Deuxième Guerre mondiale.

Samedi 16 juin dans la petite localité de Csókakő[102] on inaugure une statue de l'amiral Horthy qui a dirigé le pays dans l'entre-deux guerres, d'une poigne de fer. On a vu qu'il est connu entre autres pour les mesures anti-juives qu'il a mises en place dès les années 20 ainsi que pour sa collaboration avec l'Allemagne nazie. Dans son allocution, le maire Fűrész György, membre du FIDESZ, déclare que « Horthy nous a montré la voie ».

Au cours de ce même mois l'association des communautés religieuses juives de Hongrie (MAZSIHISZ[103]) demande le retrait des quatre auteurs hongrois antisémites, Nyírő József (1889-1953),

---

102 Village de 1350 habitants situé au nord-ouest de la Hongrie.
103 Magyarországi Zsidó Hitközségek Szövetsége, Fédération des communautés juives de Hongrie.

Wass Albert (1908-1998), Sinka István (1897-1969) et Szabó Dezső (1879-1945) qui viennent d'être intégrés dans les programmes scolaires. Elle trouve inacceptable que ces auteurs fassent partie intégrante de l'éducation de la jeunesse hongroise. Les autorités répondent par la négative, le vice-premier ministre Navracsics Tibor expliquant que le gouvernement n'est pas un club d'historiens et qu'il n'a pas reçu un mandat du peuple pour décrypter les mystères du passé.

Le 22 juin l'Union européenne lève les sanctions financières contre la Hongrie, c'est-à-dire le gel du versement de fonds européens, décidées le 13 mars précédent. Orbán Viktor a su convaincre ses partenaires européens qu'il ramènera le déficit budgétaire à 2,7 % grâce aux nouvelles taxes sur les télécommunications et les transactions financières.

Le 24 juin la société européenne de génétique condamne le fait, qu'elle considère stupide du point de vue scientifique et inacceptable sur le plan éthique, qu'un laboratoire de la prestigieuse université Eötvös Loránd de Budapest ait accepté de séquencer le génome d'un candidat du Jobbik aux élections municipales. Ce dernier voulait prouver à ses électeurs qu'il n'avait dans les veines ni sang juif ni sang tzigane.

Le 18 juillet, sous la pression internationale, le criminel de guerre Csatáry László est arrêté à Budapest. Cet ancien policier du régime de Horthy fut durant la seconde guerre mondiale le chef de la police dans le ghetto juif de la ville slovaque de Kassa[104], qui était à cette époque en territoire hongrois. Il prenait plaisir à cingler les femmes avec un fouet qu'il portait à sa ceinture. Sur les 15 700 juifs partis de ce ghetto vers le camp d'extermination d'Auschwitz seuls 450 ont survécu. Csatáry, aujourd'hui âgé de 97 ans, a été condamné à mort par contumace en 1948 en raison de ses actes de torture et de sa responsabilité dans la déportation des juifs de Kassa. Il s'était enfui au Canada avant de revenir en Hongrie où il vivait depuis des années sans être inquiété. C'était un retraité à l'apparence distinguée d'après ses voisins, encore assez vaillant pour conduire lui-même sa voiture. Cette affaire embarrasse le gouvernement qui n'a mis en branle le système judiciaire qu'avec beaucoup de réticences. Le centre Simon-Wiesenthal, qui pourchasse les anciens

---

104 Košice en slovaque.

nazis, lui avait pourtant communiqué l'adresse de Csatáry dès septembre 2011.

Le 31 août la Hongrie remet à l'Azerbaïdjan Ramil Safarov qui avait été condamné à la prison à perpétuité par un tribunal Hongrois en 2006. Ce militaire azéri, qui suivait une formation à Budapest sous l'égide de l'OTAN, avait sauvagement abattu à coup de hache un homologue arménien[105]. Safarov est accueilli en héros à Bakou, gracié par le Président de la République et obtient une promotion alors qu'il aurait dû purger le reste de sa peine. L'Arménie suspend ses relations diplomatiques avec la Hongrie. Plusieurs milliers de hongrois manifestent devant le parlement pour protester contre ce transfèrement qui a permis de transformer un criminel en héros. Mais le Trésor hongrois est vide et l'État a un besoin urgent d'argent. Or, les Azéris, riches de leur pétrole, ont laissé entendre qu'ils pourraient acheter des obligations hongroises à hauteur de deux à trois milliards d'euros. Orbán Viktor répondra à ses détracteurs que la libération du militaire azéri était légale et bénéfique pour le Hongrie !

Début octobre le gouvernement annonce une nouvelle série de mesures d'austérité afin de contenir le déficit dans la limite des 3 % du PIB. Cela va de l'annulation de la hausse prévue des faibles salaires des enseignants au non remplacement des départs à la retraite dans la fonction publique, à l'exception du secteur de la santé, en passant par la baisse du cofinancement hongrois dans les projets recevant des subsides de l'Union européenne. On apprend par la même occasion, et c'est vraisemblablement l'une des raisons du plan d'austérité, que le gouvernement abandonne son idée d'imposer les transactions financières de la Banque centrale. Cette disposition, adoptée quelques mois plus tôt, n'était pas admise par l'Union européenne qui la jugeait en contradiction avec l'indépendance de la Banque centrale. Taxer le citoyen, pourquoi pas, mais surtout pas toucher à la finance !

Le 23 octobre, jour de fête commémorant le début de l'insurrection de 1956, partisans et adversaires d'Orbán manifestent chacun de

---

105 Un conflit armé entre l'Arménie et l'Azebaïdjan causant plus de 25 000 morts a duré plus de 6 ans de 1988 à 1994. Il a abouti a la prise de contrôle par l'Arménie de l'enclave du Haut-Karabakh, peuplée majoritairement d'arméniens mais située en territoire azéri. On comprend aisément l'animosité qui peut exister entre arméniens et azéris.

leur côté à Budapest. Le FIDESZ réussit à rassembler 150 000 personnes, le double de la foule qui a répondu à l'appel des diverses organisations de gauche. Les participants au défilé des opposants ont acclamé l'ancien premier ministre Bajnai Gordon qui a annoncé la formation d'un rassemblement de membres des partis de gauche et des organisations civiles, le mouvement *Együtt 2014*[106], visant à chasser le gouvernement Orbán. On estime que Bajnai pourrait être un concurrent sérieux pour Orbán lors des prochaines élections législatives, qui n'auront lieu que dans un an et demi.

Le 6 novembre on apprend que la Cour de justice de l'Union européenne a jugé que l'abaissement brutal de l'âge de la retraite des juges hongrois de 70 ans à 62 ans constituait une discrimination fondée sur l'âge non justifiée. Une victoire pour les autorités européennes qui craignent un glissement vers l'autoritarisme en Hongrie, l'idée d'Orbán étant de remplacer les juges poussés vers la sortie par de jeunes juges plus favorables au FIDESZ. La Cour avait été saisie par la Commission européenne

Le 19 novembre est adoptée au Parlement hongrois une loi restreignant le temps de parole des partis pour les futures élections de 2014. Une partie de la presse hongroise parle d'une mesure visant à éliminer la concurrence. La loi interdit en effet aux partis de faire campagne sur les chaînes de télévision et radios commerciales ainsi que sur les sites internet. Proposé sous couvert d'égalité de traitement entre les partis, le projet de loi prévoit de réduire la durée de la campagne à cinquante jours contre soixante actuellement. Seuls les médias publics pourront diffuser gratuitement des spots de campagne, selon des modalités définies par une commission électorale dont les membres sont désignés pour neuf ans par l'Assemblée nationale. Les partis bénéficieront d'un temps de parole de dix heures à répartir sur quatre chaînes de télévision et trois stations de radio, soit 12 minutes et demi de temps de parole par jour et par parti. L'affichage public est quant à lui permis mais payant. Il faut néanmoins savoir que le secteur est dominé par l'entreprise Közgép dont l'actionnaire majoritaire est Simicska Lajos, ami de longue date d'Orbán.

Le 26 novembre, à l'occasion d'un débat au parlement sur la situation au Proche-Orient et le conflit israélo-palestinien,

---

106 Ensemble pour 2014.

Gyöngyösi Márton, député du Jobbik, déclare qu'il faudrait établir un fichier des membres du Parlement et du gouvernement d'origine juive, car ils constituent un danger potentiel pour la sécurité d'état. Aucun rappel à l'ordre du président, aucune réaction sur les bancs de l'assemblée. Cependant, devant les réactions d'indignation soulevées par ces propos dans l'opinion publique, le porte-parole du gouvernement fera savoir que le gouvernement hongrois condamne le plus résolument la déclaration de Gyöngyösi Márton. Quelques jours plus tard Gyöngyösi présentera ses excuses à ses compatriotes juifs, affirmant que ses propos avaient été mal interprétés. Il ajoutera qu'il voulait seulement dresser une liste des citoyens ayant la double nationalité hongroise et israélienne. Il exclut de rendre son mandat de député, comme cela était réclamé par certains membres de l'opposition.

Le 5 décembre, dans le cadre de la diminution du déficit budgétaire, le gouvernement décide une réduction radicale du nombre de places subventionnées à l'université. Jusqu'en 2011, la Hongrie dispensait 53 000 de ses meilleurs lycéens de la totalité des frais de scolarité à l'université sur la base de leur résultat au baccalauréat. Leur nombre était tombé à 27 150 en 2012. A partir de 2013 les études universitaires gratuites ne concerneront plus que 10 480 lycéens sur un total de 98 000. Les autres étudiants pourront payer leurs frais de scolarité, 1000 € en moyenne par semestre alors que le salaire mensuel moyen tourne autour de 500 €, grâce à un prêt de l'État à faible taux d'intérêt. Mais d'imposantes manifestations estudiantines et lycéennes au cours du mois de décembre contraindront Orbán à jeter du lest et à revenir à 55 000 étudiants dispensés de frais de scolarité. Par contre il refusera de revenir sur l'obligation faite aux bousiers de travailler plusieurs années en Hongrie après l'obtention de leur diplôme. Une position qui semble logique lorsqu'on sait qu'une proportion non négligeable des jeunes diplômés, c'est flagrant dans le domaine de la santé, s'expatrie pour obtenir de meilleures rémunérations.

Le 6 décembre, bien qu'il soit réputé proche du Premier ministre Viktor Orbán, le président de la République refuse de promulguer une loi, approuvée par la majorité parlementaire, obligeant les électeurs à s'enregistrer sur les listes électorales[107] avant chaque

---

107 La carte d'électeur n'existe pas en Hongrie. Chaque citoyen hongrois ou résident possède une carte d'adresse qui l'affecte automatiquement à un bureau de vote.

scrutin. Le texte, en conséquence, est renvoyé devant la Cour constitutionnelle. Cette loi, lors de son examen par les députés, était présentée par l'opposition de centre-gauche comme étant une mesure prise par le chef du gouvernement dans le dessein de faciliter les chances de son parti de conserver la majorité lors des élections parlementaires de 2014. Début janvier la Cour constitutionnelle déclarera cette loi contraire à la constitution car « elle empiète sur les droits des électeurs à un degré injustifiable », ce qui contraindra Orbán à abandonner cette idée de préenregistrement avant chaque élection.

Le 17 décembre le Parlement modifie la constitution afin d'interdire aux étrangers d'acheter des terres en Hongrie. L'acte d'adhésion de la Hongrie à l'Union européenne en 2003 prévoyait bien le maintien des interdictions concernant l'acquisition des terres agricoles par des personnes n'ayant pas la nationalité hongroise, mais seulement pendant une période transitoire limitée dans un premier temps jusqu'en 2011, puis prolongée jusqu'au 30 avril 2014. Orbán justifie cette entorse aux règles européennes en déclarant que les terres agricoles hongroises ont besoin d'être protégées des grands spéculateurs et des banquiers, en faveur des petits et moyens propriétaires fonciers et agriculteurs.

Fin décembre la Cour constitutionnelle hongroise annule la loi relative aux sans-abris qui criminalisait le fait d'être sans domicile fixe. Chassés de plusieurs arrondissements du centre-ville de Budapest depuis l'hiver dernier, les sans-abris n'ont pas tardé, après cette décision, à reprendre place dans les passages souterrains de la ville.

## Année 2013

Le 1ᵉʳ janvier l'État reprend le contrôle des 2 670 écoles et lycées (il n'y a pas de collège comme en France)[108] qui étaient jusqu'à maintenant gérés par les municipalités. C'est la fin de la large autonomie de ces établissements dans lesquels le directeur, nommé par la municipalité bien souvent sur proposition des enseignants, recrutait lui-même ses personnels. Cette opération ne se passe pas

---

108 Les élèves sont scolarisés à l'école élémentaire (általános iskola) de 6 à 14 ans puis au lycée général (gimnázium) jusqu'à 18 ans. Il existe aussi des lycées techniques et des lycées professionnels.

très bien car il n'existe pas d'administration centrale capable de gérer tous ces établissements scolaires et leur personnel.

En ce début d'année entre en vigueur ce que le gouvernement appelle la diminution des charges. Le 1ᵉʳ janvier, le gouvernement hongrois a imposé aux fournisseurs d'énergie une diminution de 10% des prix du gaz, de l'électricité et du chauffage pour les particuliers. Une mesure qui, selon les représentants du gouvernement, permettrait à certaines familles d'économiser jusqu'à plus de 100 000 forints chaque année (environ 320 euros). Si cette baisse des prix est une nécessité pour soulager les foyers frappés par la détérioration de l'économie, c'est aussi une bonne mesure électorale pour le FIDESZ en vue des législatives de 2014.

Le 6 janvier les habitants de la ville de Gyömrő[109] sont consultés par référendum à propos du changement de nom de la Place de la Liberté. En effet, à la demande de l'unique élu du Jobbik, le conseil municipal a décidé par 10 voix pour et une abstention de rebaptiser cette place du nom de l'amiral Horthy. Mais cette idée divise la population locale. Alors on la consulte. 78,5 % des votants s'opposent à la décision du conseil municipal. Mais comme le taux de participation ne s'est élevé qu'à 17 % le référendum n'est pas valide. La place prendra donc bien le nom d'Horthy.

Après Csókakő et Gyömrő la réhabilitation de Horthy poursuit son bonhomme de chemin. Début mai l'Ordre des Braves[110], sorti de l'oubli par Horthy pour décorer les héros de la première guerre mondiale, organise un bal dans la capitale pour récolter des fonds afin d'ériger une statue équestre de l'amiral. La manifestation sera patronnée par des personnalités du FIDESZ dont Szatmáry Kristóf, secrétaire d'État au commerce. Le 13 mai c'est dans le village de Kereki[111] qu'une statue de Horthy sera inaugurée en présence d'ecclésiastiques et d'un dirigeant de l'Ordre des Braves qui tentera lors de son allocution de minimiser la portée des lois antisémites adoptées dès 1920 par le régime de Horthy. Le 19 mai ce sera au tour du collège réformé (Université calviniste) de Debrecen de dévoiler une plaque en l'honneur de Horthy, en présence de

---

109 Petite ville de 17 mille habitants située à une trentaine de km à l'est de Budapest.
110 En hongrois vitézi rend, que l'on traduit parfois par l'ordre de Vitéz. Peut être comparé à l'ordre du mérite en France.
111 Village de 535 habitants situé au sud du lac Balaton.

l'évêque Bölcskei Gusztáv, chef de l'Église réformée de Hongrie. On peut y lire que l'amiral aurait combattu le communisme et le nazisme avec la même énergie. On semble oublier que s'il est bien entré en guerre contre l'URSS, les soldats hongrois ont combattu aux côtés de la Wehrmacht, l'armée allemande. Le 16 juin la députée du FIDESZ Wittner Mária honorera de sa présence l'inauguration d'un autre buste de Horthy. Il n'y a pas que le Jobbik qui veut entretenir le souvenir de la période de régence.

Le 6 janvier le journaliste Bayer Zsolt, un des fondateurs du FIDESZ, provoque un nouveau scandale avec des propos anti-roms publié dans le journal *Magyar Hirlap*, proche de ce parti. Il a cette fois écrit que les « animaux tziganes » n'étaient pas dignes de vivre comme des êtres humains, car ils faisaient leurs besoins où ils voulaient et qu'une bonne partie des Roms était des assassins qu'il fallait éliminer. L'opposition crie son indignation. Le ministre de la Justice Navracsics Tibor déclare à la télévision commerciale ATV que Bayer n'a pas sa place au sein du FIDESZ. Cependant la porte-parole officielle du FIDESZ se montre moins catégorique, soulignant que Navracsics Tibor exprimait une opinion personnelle et non celle du parti. Selon elle « Les acteurs de la vie publique ne devraient pas écrire sous l'emprise d'une telle colère ». Mais ajoute-t-elle « Nous comprenons la colère de la société face à certains crimes commis ».

Le 1er mars Orbán nomme le ministre de l'Économie Matolcsy György, un de ses fidèles, à la tête de la Banque nationale de Hongrie (MNB[112]), un choix considéré comme une façon de resserrer son emprise sur l'institution. Au cours des derniers jours de son mandat de ministre de l'Économie, Matolcsy György – en tant que représentant de l'État hongrois – avait modifié les statuts de la Banque nationale. Il avait en quelque sorte profilé son futur poste. Ces nouveaux statuts donnent plus de pouvoirs au président, au détriment des deux vice-présidents, qui ont été nommés par le prédécesseur de Matolcsy György à la tête de cette institution, Simor András. Désormais, le président seul décide de l'embauche ou du licenciement des employés. Matolcsy a également nommé un troisième vice-président, son ancien secrétaire d'État responsable des Finances, Pleschinger Gyula. Le conseil de la MNB, qui décide de l'évolution du taux d'intérêt directeur de la banque d'émission,

112 Magyar Nemzeti Bank, Banque Nationale de Hongrie.

est désormais dans la ligne du gouvernement, ce qui est, somme toute, logique.

Le 11 mars le Parlement vote un nouvel amendement à la constitution, dite Loi fondamentale. Comme la Cour constitutionnelle, malgré la nomination de la majorité de ses membres par le gouvernement actuel, persiste dans sa volonté de contrôler consciencieusement la constitutionnalité des lois, Orbán a décidé de réduire ses pouvoirs. La Cour, créée en 1990, n'aura la possibilité de s'appuyer sur sa jurisprudence que pour les jugements émis à partir de 2012, date de l'entrée en vigueur de la Loi fondamentale. Quant au président de la République, il voit son droit de veto limité : il ne pourra s'exercer que sur les procédures et non sur le contenu des lois. Plusieurs dispositions annulées par la Cour, comme une définition jugée restrictive de la famille ou la possibilité d'expulser les SDF des lieux publics sont réintroduits. On note aussi la pénalisation des atteintes à la dignité de la nation hongroise. Quelques jours plus tard, à Bruxelles, Orbán se déclarera ouvert aux consultations pour désamorcer les critiques venues tant de Washington que de l'Union européenne suite à ces amendements à la Constitution. Il affirmera cependant que la constitution modifiée est conforme aux valeurs européennes.

Le 12 avril le Parlement adopte une nouvelle loi sur l'enseignement supérieur. Elle confirme l'obligation pour les étudiants boursiers, c'est-à-dire des étudiants dispensés des frais de scolarité, de travailler 5 ans au minimum en Hongrie après l'obtention de leur diplôme. Si le texte reste flou sur la méthode qu'utilisera l'État pour recouvrer les frais de scolarité des diplômés partis à l'étranger sans remplir leurs obligations, la loi prévoit que leurs données personnelles pourront être remises aux services de la Sécurité nationale.

Le 15 avril Orbán Viktor est en visite officielle en Espagne. Le soir il est au Palacio Euskalduna de Bilbao, pour y donner une conférence sur le thème : « une politique basée sur des valeurs chrétiennes, fondement pour la régénération de l'Europe ». Il intervient dans le cadre des VIIIe Journées catholiques et de la vie publique. Le quotidien français *Sud-Ouest,* qui nous donne l'information, précise pour ses lecteurs qu'Orbán échappe aux clivages politiques traditionnels et le classe économiquement à gauche mais culturellement à droite.

Le 16 avril, est la date anniversaire du jour où, en 1944, les Juifs ont commencé à être déplacés dans des ghettos en Hongrie. C'est, en Hongrie, le jour du Souvenir de l'holocauste. La campagne de déportation des Juifs hongrois, que l'amiral Horthy avait essayé de protéger contrairement à ceux d'autres nationalités, a débuté à la mi-mai 1944, et en deux mois et demi près de 500 000 juifs ont été déportés vers les camps d'extermination. Ce 16 avril 2013 dix mille personnes se rassemblent devant le mémorial commémoratif et on note avec intérêt l'intervention d'un député du FIDESZ, Pokorni Zoltán, qui déclare que ceux qui ont été tués étaient des Hongrois et ceux qui ont tué étaient aussi des Hongrois. Le FIDESZ accepterait-il la responsabilité de la Hongrie dans la déportation des juifs alors qu'il avait toujours affirmé que ce n'était que l'œuvre des nazis ?

Ce même jour parait dans le quotidien autrichien *Kurier* un entretien avec Orbán Viktor. Le modèle économique et social actuel n'est pas tenable. Chez nous, en Hongrie, ce modèle n'a jamais réellement fonctionné. La crise nous a touché alors que nous étions en train de mettre en place le modèle occidental de l'État-Providence. C'est pourquoi nous devons trouver nos propres réponses, déclare-t-il dans cet interview. Il s'agit d'une réponse aux institutions internationales, FMI, BCE et Commission européenne qui critiquent sa politique économique non orthodoxe car trop axée sur des mesures ponctuelles telle que la multitude de taxes créée depuis le retour du FIDESZ au pouvoir ou encore la nationalisation des fonds de retraite privés. Pour Orbán, la Hongrie est en voie de construire un modèle à succès. Il prend pour exemple le taux d'inflation qui a atteint en mars son plus bas niveau depuis 1974 (avec 2,2%). Ce repli est néanmoins lié à la baisse de 10% des prix de détail du gaz et de l'électricité, imposée par le gouvernement. Il reconnaît cependant que ce modèle n'est pas encore parfaitement au point. En effet la croissance économique n'est pas au rendez-vous. Le pays a accusé une récession de 1,7 % en 2012. Une stagnation, au mieux, est attendue en 2013.

Le 27 avril deux formations politiques de gauche annoncent une alliance dans la perspective des élections législatives de 2014 afin de renforcer leurs chances contre le FIDESZ. Le parti socialiste dirigé par Maszterházy Attila et le mouvement *Ensemble 2014* dont le leader est l'ancien premier ministre Bajnai Gordon ont décidé de présenter des candidats communs aux élections législatives mais aucune discussion n'a encore eu lieu sur le choix du candidat au poste de premier ministre. Il y a cependant encore beaucoup de chemin à faire pour déboulonner Orbán. En effet un sondage publié par l'institut Tárki quelques jours auparavant crédite le FIDESZ de 48% des intentions de vote, les socialistes de 21%, le parti d'extrême-droite Jobbik de 19% et la formation de Bajnai Gordon de 7%.

Du 3 au 5 mai le Congrès juif mondial se réunit à Budapest avec l'objectif de jeter une lumière crue sur l'antisémitisme qui a fortement augmenté depuis le milieu des années 2000 en Hongrie et sur la popularité du parti d'extrême-droite Jobbik. Orbán Viktor intervient le premier soir mais ne semble pas convaincant en ce qui concerne les liens entre le Jobbik et une frange du FIDESZ. Quelques heures plus tard les dirigeants du Congrès Juif mondial, dans un communiqué, critiquent le chef du gouvernement pour ne pas avoir condamné assez fermement l'extrême droite. Cependant le président de la Fédération des communautés juives de Hongrie (MASZIHISZ), Feldmájer Péter, interviewé le 9 mai par le journal de centre gauche *Népszabadság,* considère qu'Orbán est sincère lorsqu'il exclut toute forme d'alliance avec le Jobbik. Le MAZSIHISZ le destituera quelques jours plus tard.

La veille de l'ouverture de ce congrès le Jobbik a organisé une marche anti-sioniste qui n'a regroupé qu'un millier de personnes. Le chef du Jobbik, Vona Gábor a déclaré à la tribune : « Nous, les Hongrois, sommes spéciaux en Europe. Pas parce que nous sommes la nation la plus antisémite, mais parce que si toute l'Europe est à leurs pieds, si toute l'Europe leur lèche les pieds, nous, nous ne le faisons pas ». Dans un premier temps la manifestation avait été interdite par le Premier ministre hongrois, mais la justice avait finalement donné son feu vert.

Le 10 mai, lors de son intervention bimensuelle sur une radio publique, Orbán s'en prend une nouvelle fois à l'Union européenne et à la politique d'austérité qu'elle veut imposer à la Hongrie. Le gouvernement n'est pas disposé à adopter les mesures d'austérité réclamées par l'Union européenne assure-t-il : « Bruxelles nous dit ce que nous devons faire, mais je ne m'y soumets pas car ils veulent prendre aux gens, ils veulent toujours que nous prenions aux gens : la baisse des retraites, des allocations familiales, etc. Ils veulent l'austérité ». Le différend actuel entre Bruxelles et la Hongrie est le résultat du lobbying des sociétés multinationales à Bruxelles pour que le gouvernement hongrois retire plusieurs de ses mesures, analyse-t-il : « Les dirigeants de grandes entreprises multinationales vont régulièrement à Bruxelles pour tenter de faire annuler la taxe bancaire et la réduction des tarifs de l'énergie. Tout le reste, les politiques, les droits de l'homme et d'autres questions, ne sont que des prétextes ». Il ajoute à l'intention des auditeurs : « Nous avons renouvelé le système de retraite, pris l'argent de la bourse, nous réduisons les tarifs de l'énergie pour les particuliers et nous taxons les banques ».

Le jour même où Orbán pourfend l'austérité que Bruxelles voudrait imposer, son ministre de l'économie Varga Mihály annonce le gel de 92,9 milliards de forints dans le budget 2013 (320 millions d'euro) afin de sortir de la procédure de déficit excessif lancée par la Commission européenne. Plusieurs ministères seront touchés, dont ceux de l'éducation et de la santé.

Le 29 mai la Commission européenne propose d'abandonner la procédure d'infraction pour déficit excessif répété, engagée contre la Hongrie en 2012. Bruxelles a reconnu que Budapest avait pris récemment un certain nombre de mesures fiscales dont le gel des dépenses équivalant à 0,3% du PIB pour 2013 et 2014. Dans ses prévisions publiées début mai, la Commission tablait sur un déficit hongrois de 3% du PIB cette année et 3,3% en 2014. Ce n'est pas de gaieté de cœur que la Commission, qui ne cesse de protester contre la politique non orthodoxe d'Orbán et plus particulièrement contre les atteintes à l'indépendance de la Banque centrale hongroise et la taxation des banques, fait cette proposition. Mais la réalité des chiffres s'impose.

Le 7 juin, sous la pression de l'Union européenne, Le ministre des Affaires étrangères Martonyi János déclare au cours d'une conférence de presse que la mise en place d'un impôt spécifique sur la population au cas où Budapest devrait payer une amende à la suite d'une procédure en infraction de l'UE[113], allait être retirée de la Constitution hongroise. Cette disposition visait à attiser la colère de la population contre l'Union européenne en cas d'infraction commise par le gouvernement. Une autre modification contestée,

---

113 La Cour de justice de l'Union européenne peut imposer des sanctions financières aux états membres en infraction avec le droit européen.

celle de la possibilité donnée à la présidente de l'office national de la Justice de transférer un procès à un juge plus conciliant après le début d'une procédure, ce qui est considéré comme une violation du principe de l'indépendance des juges, va aussi être ôtée de la Constitution. Une concession rare de la part du gouvernement hongrois.

Le 21 juin le Parlement adopte une loi sur les terres agricoles qui semble se conformer aux règles européennes en ouvrant le droit d'acquisition aux étrangers membres de l'Union européenne. Cependant si la superficie dépasse un hectare, les acheteurs devront être des agriculteurs. Ces derniers devront présenter un diplôme dans les domaines agraire ou forestier ou justifier d'une activité agricole en Hongrie de trois ans minimum. L'ancien secrétaire d'État à l'agriculture redevenu député, Ángyán József décide de quitter le FIDESZ après avoir voté contre cette loi.

En juin le gouvernement annonce que le Parlement votera prochainement une nouvelle taxe portant sur les recettes publicitaires des médias. Cette taxe qui ne s'appliquerait qu'au-delà d'un milliard de forints de recettes publicitaires n'affecterait quasiment pas les médias proches du FIDESZ (une chaîne d'info, des journaux et des radios). Par contre elle frapperait durement les deux grandes chaînes de télévision commerciales, RTL Klub et TV2 (toutes deux entre les mains de groupes étrangers) qui font à elles deux entre 70 et 80% d'audience. La taxe s'élèverait en effet à 20% des recettes des deux antennes. En conséquence, RTL Klub perdrait plus de la moitié de son bénéfice annuel évalué à 6,6 milliards de forints (22,6 millions d'euros). Quant à TV2, elle perdrait la bagatelle de 1,4 milliard de forints. Non seulement ce sont des sociétés étrangères qui sont visées mais TV2, qui serait à vendre, voit sa valeur baisser et pourrait ainsi plus facilement être rachetée par des proches du FIDESZ.

Le 1er juillet entre en vigueur une nouvelle réglementation concernant la vente du tabac. Jusqu'à présent les cigarettes étaient une marchandise vendue dans plus de 42 mille commerces. Désormais le tabac ne peut être vendu que dans des débits nationaux dont l'entrée est interdite aux mineurs. Leur nombre est limité à un débit pour chaque îlot de 2 000 habitants soit 5 400 débits sur le pays. Les concessions sont attribuées sur appel d'offre pour une durée de 20 ans. La marge bénéficiaire autorisée est portée de 4 % à 10 %. Des familles modestes, des chômeurs et des petits propriétaires étaient censés être les bénéficiaires de ces concessions. Il semblerait cependant que nombre d'entre elles ait été attribuées à des proches du FIDESZ, ce qui suscite l'indignation des partis de l'opposition. Le frère du maire du village natal d'Orbán, Mészáros János, obtient 5 concessions, le maximum autorisé, dans les lieux de fort passage. Plusieurs membres de la direction du groupe hongrois de distribution CBA[114], dont les dirigeants sont très proches du parti au pouvoir, sont très bien servis. Il en de même de plusieurs maires membres du FIDESZ. De nombreux petits commerces dont la vente du tabac constituait une part importante de leur revenu sont condamnés à la fermeture.

Le 1er juillet entrent aussi en vigueur quelques modifications du code pénal. Avec l'objectif de « débarrasser le pays du crime » que s'était fixé le FIDESZ à son retour au pouvoir en 2010. Dès cette date avait été introduit le principe du doublement de la peine prévue à l'origine en cas de deuxième récidive, cette mesure n'étant applicable que dans le cas d'actes accompagnés de violence. Cela n'a manifestement pas été suffisant. Dorénavant l'âge légal d'internement pour des faits de violence, pour vol ou pour effraction passe de 14 ans à 12 ans. A partir de cet âge, si leur capacité de discernement est prouvée, les mineurs peuvent se retrouver en centre de redressement pour une durée de quatre ans. D'autre part l'usage des drogues est également plus sévèrement puni. La distinction entre drogues douces et drogues dures est supprimée. De plus la possibilité qui était donnée d'échapper aux poursuites pour usage de drogues dès lors qu'on ne dépassait pas une certaine dose, en s'engageant à suivre un traitement de sevrage, ne peut plus être invoquée qu'une fois tous les deux ans. Enfin la riposte face à une agression n'a désormais plus besoin d'être proportionnée. Il sera beaucoup plus facile de plaider la légitime défense, surtout dans les cas où l'on est attaqué à son domicile, s'il fait sombre, et si les agresseurs sont plusieurs.

Le 3 juillet le Parlement européen se prononce sur le rapport Tavares[115] relatif à la situation des droits fondamentaux en Hongrie. Le rapport est adopté lors du vote final, malgré la droite

---

114 Chaîne de supermarchés comportant plus de 3000 magasins dont 2000 en franchise.
115 Ruis Tavares, écologiste portugais, député européen.

européenne, qui s'y est majoritairement opposée. Une gifle politique pour le FIDESZ, qui dénonce quant à lui un rapport partial, injuste, et incohérent. Après trois années d'intense médiatisation et de critiques en tous genres, ce qui s'est passé à Strasbourg ne surprend pas vraiment. Le gouvernement hongrois, régulièrement mis en accusation par les institutions de l'UE depuis 2010 – on lui reproche d'avoir multiplié les atteintes à la démocratie et à l'État de droit, en particulier lors de l'adoption de la nouvelle Loi Fondamentale hongroise en 2011 – a fini par se retrouver sous le coup de la procédure prévue par l'article 7 du traité de Lisbonne. Cette procédure peut aller jusqu'à priver de leurs droits les représentants de la Hongrie au sein des instances européennes. Nous n'en sommes pas encore là, mais la situation est tout de même inédite. En effet, c'est la première fois que de tels dysfonctionnements sont pointés chez un pays membre. Lors d'une conférence de presse qui a suivi ce vote Orbán Viktor a affirmé que la Hongrie est sous le feu des critiques pour deux raisons : l'une est idéologique et tient au fait que le gouvernement souhaite placer la famille et la religion au centre de la société ; la seconde est de nature économique et tient au refus de la Hongrie d'accepter la tutelle du FMI.

Le 15 juillet le président de la Banque centrale hongroise (MNB), Matolcsy György, annonce qu'il a demandé au Fonds monétaire international (FMI) de fermer son bureau de représentation à Budapest. Dans une lettre envoyée à la directrice générale du FMI, la française Christine Lagarde[116], il a remercié le Fonds d'être venu en aide à la Hongrie alors que le pays se trouvait au bord de la faillite. La Hongrie avait alors reçu un prêt de 20 milliards d'euros de l'Union européenne, du FMI et de la Banque mondiale. M. Matolcsy a également expliqué que la Hongrie remboursera au FMI le solde de l'emprunt (environ 2,2 milliards d'euros) avant la fin de l'année en cours et donc avant l'échéance, initialement prévue au 31 mars 2014. Ce remboursement anticipé sera effectué le 6 août. La Hongrie se soustrait ainsi à la tutelle financière d'institutions qu'Orbán n'apprécie guère.

Le 17 juillet, après de longues tractations les leaders des deux principaux partis de gauche de Hongrie, le MSZP (Parti Socialiste

---

116 Aussi connue pour son rôle trouble dans l'arbitrage Tapie/Crédit lyonnais qui a coûté plus de 400 millions d'euros aux contribuables français. La Justice l'a déclarée coupable de négligence tout en la dispensant de peine.

Hongrois) et Együtt-PM qui est le regroupement des mouvements Együtt-2014 (Ensemble pour 2014) et Parbeszéd Magyarországért (Dialogue pour la Hongrie)[117] sont arrivés à un accord. Ainsi, ils auront bien des candidats communs aux prochaines élections législatives, en 2014. La Coalition démocratique de Gyurcsány Ferenc reste, pour le moment, à l'écart.

Le 18 juillet, alors que l'Allemagne conduit à marche forcée son programme de sortie du nucléaire, les quatre pays du groupe de Visegrád[118] (la République tchèque, la Hongrie, la Pologne et la Slovaquie) signent un accord afin de coordonner les projets de leurs instituts de recherche nucléaire. Cet accord, nommé « V4G4 Centre d'excellence », permettra aux participants de combiner les ressources de chaque pays, déclare le Secrétaire d'État hongrois en charge de l'énergie Kovács Pál qui considère que le développement de l'énergie nucléaire se trouve actuellement à un tournant à l'échelle mondiale, avec l'introduction des prototypes de réacteurs de quatrième génération. Pour ces quatre pays, il s'agit de conquérir leur indépendance énergétique par rapport au gaz russe. Cependant Moscou vendrait volontiers des centrales nucléaires à ses anciens satellites.

Le 6 août la justice hongroise condamne pour crimes racistes 3 hommes à la prison à perpétuité et un quatrième, leur chauffeur, à 13 ans de prison. Au cours de 9 attaques perpétrées dans l'est de la Hongrie entre janvier 2008 et août 2009 ce groupe a tué 6 tziganes. La technique consistait à mettre le feu à une habitation puis à tirer sur les occupants qui s'enfuyaient. Les quatre condamnés affichant des penchants néo-nazis étaient membres d'un groupe de supporters du club de football de la ville de Debrecen, à l'est de la Hongrie. Les services secrets hongrois qui suivaient l'un des condamnés à perpétuité ont abandonné la surveillance au moment où ce dernier se procurait des armes. Quant au chauffeur, un ancien militaire, il était resté informateur des renseignements militaires hongrois alors même qu'il participait aux opérations.

Le 10 août le plus vieux criminel de guerre nazi, Csatáry László, décède à l'âge de 99 ans, sans avoir pu être jugé. Quelques jours

---

117 Issu d'une scission avec le parti écologiste-libéral LMP, ce dernier refusant tout accord avec la gauche.
118 Du nom de la ville hongroise dans laquelle a eu lieu en 1991 la première rencontre de ces pays qui souhaitaient travailler en commun.

plus tard, lors d'un match de football entre deux clubs de la capitale, des supporters de l'un d'entre eux déploient une banderole en l'hommage de Csatáry. Le club sera condamné à 2 700 euros d'amende par la fédération hongroise de football.

Le 20 septembre Orbán annonce que La Hongrie discute de la nationalisation de six à sept sociétés de services collectifs, action entrant dans le cadre d'un programme de baisse des prix de l'énergie et de remise à niveau d'une économie en difficulté. La baisse des prix imposée par le gouvernement sur le gaz, l'électricité et le chauffage collectif a fragilisé certaines compagnies et réduit leur valeur ce qui fait qu'elle deviennent des proies faciles pour l'État.

Le 23 octobre, à l'occasion de la fête nationale célébrant le soulèvement de 1956, 200 000 partisans d'Orbán défilent à Budapest. On a pu entendre des slogans hostiles à la politique de l'Union européenne et au capital étranger. Par contre la gauche hongroise, pourtant unie à 6 mois des prochaines élections législatives, ne parvient pas à mobiliser ses troupes.

Le 1er novembre entre en vigueur une nouvelle baisse de 10% des prix du gaz, de l'électricité et du chauffage collectif imposée par le gouvernement aux compagnies d'énergie qui avaient déjà été contraintes de réduire leurs tarifs du même pourcentage en début d'année. Chaque facture doit indiquer le montant économisé sur la période de facturation ainsi que le montant total des économies depuis l'entrée en vigueur du dispositif. Dans les immeubles le syndic doit aussi afficher l'économie réalisée sur les charges de la copropriété.

Le 3 novembre, à l'initiative du Jobbik, une cérémonie est organisée pour l'inauguration d'un grand buste de l'amiral Horthy sur le parvis d'un temple réformé, à l'issue d'un office religieux. Entouré d'hommes au garde-à-vous en tenue militaire de la seconde guerre mondiale, c'est le pasteur protestant du temple, Hegedűs Lóránd, qui dévoile la statue. Un millier de personnes dont certaines portant l'étoile jaune manifestent leur opposition à cette action visant à réhabiliter Horthy. Rogán Antal, chef du groupe parlementaire du FIDESZ, qualifiera l'action du Jobbik de provocation ayant un impact négatif sur la Hongrie. Il déclarera toutefois que son parti n'avait pas participé à la contre-manifestation.

Le 11 novembre le Parlement adopte une loi instaurant la détention provisoire illimitée pour les personnes qui encourent quinze ans de réclusion ou plus. La limite de la détention provisoire était jusqu'alors fixée à 4 ans. Mais un fait divers a remué l'opinion publique qu'Orbán préfère caresser dans le sens du poil à quelques mois des élections. Deux membres d'un gang, soupçonnés de vols et de meurtres, dont la durée d'instruction de leur affaire avait dépassé les 4 ans, avaient été placés, au mois d'avril, en résidence surveillée en Hongrie. Ils en avaient profité pour s'enfuir en Suisse avant d'être repris début octobre. Cela ne se reproduira plus.

En novembre 2013 Horváth András, ancien analyste à la NAV[119] (administration des douanes et des impôts), se tourne vers les médias pour dénoncer une gigantesque fraude à la TVA, dont le montant s'élève selon lui à au moins trois milliards d'euros par an. Inventée sous les gouvernements socialistes et libéraux, puis perpétuée sous le règne du FIDESZ, la combine utilisée essentiellement par de grandes sociétés joue sur la différence entre le taux élevé de la TVA en Hongrie (27 % actuellement, 25 % sous le dernier gouvernement socialiste) et celui des pays voisins. Las d'écrire en vain à la justice des rapports détaillés sur les malversations dont il était témoin et sur lesquelles le service des impôts semble fermer les yeux, Horváth a démissionné pour pouvoir s'adresser aux médias. Lors de chacune de ses interventions il apporte un dossier vert qui, selon ses dires, contient les preuves, c'est-à-dire les entreprises concernées ainsi que les contrôleurs ripoux qui laissent faire. Les dirigeants de la NAV répliquent avoir constaté, après enquête interne, que tout était en ordre dans leurs services. Ils intentent un procès en diffamation contre leur ancien employé. La police perquisitionne son domicile et saisit son fameux dossier vert, non pour l'exploiter, mais pour mettre fin à cette affaire gênante pour le gouvernement.

Le 5 décembre, au Parlement de Budapest, est organisée une cérémonie en l'honneur du 500 000ᵉ naturalisé hongrois dans le cadre de la législation en vigueur depuis le retour du FIDESZ au pouvoir en 2010. Il s'agit d'un moine franciscain qui vit en Roumanie, ce qui cadre idéalement avec la rhétorique cléricale du

---

119 Nemzeti Adó- és Vámhivatal, office national des impôts et taxes et des douanes.

parti au pouvoir. Faciliter les conditions d'octroi de la citoyenneté hongroise, c'est la première loi qu'a fait voter Orbán Viktor après son retour triomphal au pouvoir en mai 2010. Une mesure à destination notamment des 2,5 millions de magyars de Roumanie, de Slovaquie, de Serbie et d'Ukraine, séparés de la nation hongroise après la première guerre mondiale par un redécoupage des frontières décidé par le traité du Trianon. Ces Hongrois d'outre-frontière naturalisés pourront participer aux élections législatives au printemps 2014, bien que ne vivant pas en Hongrie.

Le 17 décembre le Parlement hongrois adopte une loi portant sur la nationalisation du marché des manuels scolaires qui seront dorénavant conçus et publiés par un organisme d'État. A partir du 1er septembre 2014, les manuels scolaires de la première à la huitième classe de l'école élémentaire (entre 6 et 14 ans) seront fournis gratuitement aux établissements scolaires par l'État hongrois, avec le choix entre deux manuels différents par matière et par niveau. Les enseignants qui craignent pour leur liberté pédagogique protestent vivement. Les éditeurs, privés d'un marché lucratif, envisagent des poursuites judiciaires contre le gouvernement pour réclamer des dédommagements. Fait rarissime, deux députés du FIDESZ dont un ancien ministre de l'Éducation ont voté contre cette loi.

## Année 2014

Le 13 janvier une violente explosion souffle la façade d'une banque dans un quartier résidentiel de la capitale hongroise. C'est une première dans ce pays où le risque terroriste est proche de zéro. Quelques semaines plus tard, un groupuscule d'extrême droite revendiquera l'attentat en dénonçant le chantage des institutions bancaires dans le pays. Les banques sont devenues les cibles de manifestations récurrentes depuis plusieurs mois. Car la Hongrie fait face à un dossier social et économique qui tourne à la catastrophe : près de la moitié des foyers hongrois (1,8 sur 4 millions) se trouvent pris au piège de prêts contractés en devises étrangères entre 2004 et 2009 dont les mensualités ont augmenté de façon importante du fait de la dévaluation de la monnaie hongroise.

Le 14 janvier Orbán signe avec Poutine un accord pour l'extension de l'unique centrale nucléaire de Hongrie. Le contrat d'un montant de 12 milliards d'euros, le plus grand investissement jamais réalisé en Hongrie, prévoit l'extension de la centrale nucléaire de Paks[120] qui fournit actuellement 43% de l'électricité du pays. Deux nouveaux réacteurs devraient entrer en service entre 2025 et 2030 sur le site de la centrale et viendront s'additionner aux quatre blocs actuels, de facture soviétique, dont la mise hors service est prévue pour 2037. Le français AREVA[121] lorgnait sur le marché mais il n'y a eu aucun appel d'offre.

Le 6 février, à deux mois des élections législatives, le Parlement hongrois approuve une troisième vague de baisses des prix de l'énergie domestique voulues par Orbán Viktor, qui en a fait le thème central de sa campagne. Les prix du gaz baisseront à partir du 1er avril de 6,5%, ceux de l'électricité de 5,7% à compter du 1er septembre, alors que les prix du chauffage urbain diminueront de 3,3% à partir du 1er octobre. Cela représentera une baisse totale d'environ 25 % qui aura été imposée aux compagnies de gaz, d'électricité et de chauffage.

Le 9 février la principale organisation juive de Hongrie, MAZSIHISZ, annonce qu'elle boycottera toutes les cérémonies officielles prévues par le gouvernement dans le cadre de l'année commémorative de l'Holocauste. L'organisation accuse notamment le gouvernement, qui a prévu d'ériger un monument commémorant l'occupation nazie, de vouloir minimiser le rôle de la Hongrie dans la déportation des juifs, qui ont abouti à la mort de près de 600 000 juifs de Hongrie, dont 450 000 pendant l'occupation nazie, du 19 mars 1944 au printemps 1945. La polémique autour du monument a été envenimée par des déclarations de Szakály Sándor, un historien nommé en octobre 2013 par le gouvernement Orbán pour diriger un nouvel institut d'histoire baptisé *Veritas*[122]. Il avait qualifié de « procédure administrative pour expulser des étrangers » les déportations par le régime d'Horthy de Juifs vivant dans les territoires rendus à la Hongrie par Hitler.

Le 14 février s'ouvre la campagne électorale pour les élections législatives qui auront lieu le 6 avril. Les sondages indiquent que le FIDESZ a toutes les chances d'être reconduit au pouvoir, les

---

120 Petite ville de la Hongrie centrale bordant le Danube.
121 Multinationale française, spécialiste du nucléaire.
122 Organisme chargé de réévaluer les recherches historiques, en particulier sur les périodes suscitant le plus de débats.

intentions de vote pour ce parti dépassant les 50 %. Grâce notamment à la baisse des prix du gaz, de l'électricité et du chauffage urbain imposée par le gouvernement. Si Le FIDESZ axe toute sa campagne sur le thème de la baisse des charges, il n'oublie cependant pas de s'attaquer aux trois ennemis de la Hongrie que sont la gauche, Bruxelles et le grand capital étranger.

Le 28 mars, dans une interview au journal économique *Világgazdaság*, Orbán Viktor déclare que la Hongrie n'est pas favorable à ce que l'Union européenne impose des sanctions économiques à la Russie[123]. Il faut dire que Budapest importe 80% de son gaz naturel de Russie. La Russie est également le premier partenaire commercial de la Hongrie en dehors de l'UE, avec des exportations de 2,55 milliards d'euros en 2013. Pour Orbán il serait bon d'éviter la mise en place des sanctions parce que ce n'est pas dans l'intérêt de l'Europe et encore moins de la Hongrie.

Le 29 mars se tient le dernier meeting de campagne du FIDESZ. Les organisateurs du grand rassemblement de soutien à Orbán, largement favori du scrutin, clajronnaient qu'il y aurait un million de personnes, ce samedi, sur la place des Héros de Budapest. En réalité les sympathisants du FIDESZ sont nettement moins nombreux et le chiffre du ministère de l'intérieur (440 000 personnes) semble très largement surestimé. Ils sont venus des quatre coins du pays, et même d'au-delà des frontières, de Roumanie ou de Serbie, où les minorités hongroises ont reçu depuis 2010 un passeport de la « mère patrie » et le droit de vote. Orbán Viktor, sous l'œil enthousiaste du président du PPE (Parti populaire européen), Joseph Daul, rappelle l'œuvre accomplie depuis « la révolution constitutionnelle » de 2010, qui l'a porté au pouvoir avec une majorité de deux tiers des députés. Il demande à ses partisans quatre ans de plus pour continuer son œuvre de défense de la « patrie hongroise ».

Le lendemain c'est au tour de l'opposition de gauche de manifester dans les rues de Budapest. Quelques dizaines de milliers de personnes se sont déplacées mais le cœur n'y est pas vraiment, les sondages ne créditant cette opposition que de 15 à 23 % des intentions de vote.

---

123 Sanctions imposées à la Russie en raison de son soutien aux séparatistes de l'est de l'Ukraine et du retour de la Crimée dans le giron de la Fédération russe suite à référendum.

A la veille des élections du 6 avril, 550 000 hongrois d'au-delà les frontières ont obtenu la nationalité hongroise et par conséquent un passeport leur permettant de circuler librement dans l'Union européenne. Parmi eux 200 000 environ se sont inscrits sur les listes électorales pour voter le 6 avril prochain. On estime que 70 % d'entre eux voteront pour le FIDESZ, le parti qui leur a permis d'obtenir si facilement la nationalité hongroise. Pour voter ces citoyens sont véritablement choyés : ils s'inscrivent par internet et peuvent renvoyer leur bulletin par la poste. Par contre les hongrois de souche qui ont dû s'exiler dans différents pays de l'Union européenne pour trouver du travail et qui ne sont pas nécessairement aussi favorables au FIDESZ devront se déplacer à l'ambassade de Hongrie pour déposer leur bulletin de vote.

# 16 - Orbán indéboulonnable (2014-2018)

Le 6 avril 2014 ont lieu les élections législatives. Le FIDESZ et son allié du KDNP obtiennent 133 sièges sur les 199 que compte le parlement. Avec 44,5 % des suffrages, le FIDESZ-KDNP perd des voix par rapport à son score précédent (52,7 % en 2010) mais conserve de justesse la majorité des deux-tiers. L'alliance de gauche obtient 38 élus, le parti d'extrême droite Jobbik 23. Le petit parti libéral-écologique LMP remporte 5 sièges. Bien qu'il n'y ait eu aucune fraude électorale l'organisation pour la sécurité et la coopération en Europe, l'OSCE, porte un jugement sévère sur cette élection. Cet organisme reconnaît que les électeurs avaient un véritable choix, qu'ils ont pu exprimer librement. Mais il affirme que tout le reste – du déroulement de la campagne au mode de scrutin – était inéquitable, au service d'un seul parti, pour ne pas dire d'un seul homme, en faveur duquel l'ensemble des médias d'État ont été mobilisés. l'OSCE semble oublier qu'il existe quand même des médias d'opposition, presse, télévision et sites internet.

Orbán Viktor avait bien préparé sa victoire. La loi électorale et, plus encore, les circonscriptions ont été taillées sur mesure pour le FIDESZ. En face l'opposition de centre gauche (coalition socialiste-libérale) conduite par Mesterházy Attila, fait bien piètre figure. Avec 25,9 % des voix elle doit se contenter de 38 sièges. L'écart entre nombre d'électeurs et de sièges attribués s'explique par un système combinant scrutin uninominal à un tour et scrutin proportionnel, favorisant la part de l'uninominal. Chaque électeur a dû glisser dans l'urne deux bulletins : un premier pour choisir un parti, le second un candidat local.

Le nombre des députés a été quasiment divisé par deux lors de ce renouvellement du Parlement mais des postes ont été créés pour recaser les amis. Si le gouvernement ne comporte que 11 ministres, ils sont assistés par 54 secrétaires d'État et 98 secrétaires d'État-adjoints.[124]

Dès le lendemain des élections Orbán et le FIDESZ savent qu'ils doivent non seulement gérer le pays au mieux dans les quatre ans à

---

124 Avec rémunération mensuelle de 997 000 forints (3300 €) pour les premiers et 748 000 forints (2450 €) pour les autres.

venir mais aussi travailler à leur réélection en 2018 en éliminant le maximum d'obstacles sur leur chemin. Il leur faut tenir compte du sentiment nationaliste très fort dans la Hongrie profonde, un peu moins dans la capitale, mais aussi agir sans trop dépasser les limites fixées par l'Union européenne dont les financements sont vitaux pour l'économie hongroise.

Le 8 avril la Cour de justice de l'Union européenne affirme que la Hongrie a violé le droit de l'Union en mettant fin de façon anticipée au mandat du commissaire chargé de la protection des données. En arrivant au pouvoir en 2010, le premier ministre Orbán Viktor a modifié le fonctionnement et remplacé les responsables des « contre-pouvoirs », de la Cour suprême à la Banque centrale, en passant par les médiateurs et les instances de régulation des médias. Jóri András avait été nommé en 2008 commissaire à la protection des données pour une durée de six ans. En 2012, le Parlement a créé une nouvelle autorité chargée de la protection des données et de la liberté de l'information, faisant ainsi disparaître l'organisme qui ne s'occupait que de la protection des données. Le poste de commissaire à la protection des données a ainsi été supprimé, alors que le mandat de Jóri András n'était pas achevé. La Commission européenne a alors introduit un recours en manquement devant la Cour de Luxembourg. Cette Cour rappelle que « les autorités de contrôles doivent pouvoir exercer leur missions sans aucune influence extérieure ». Pour les juges européens « l'indépendance de l'autorité de contrôle inclut nécessairement l'obligation de respecter la durée du mandat confié à cette autorité ».

Le 17 avril, lors de sa séance annuelle de questions-réponses avec la population, le président russe Vladimir Poutine déclare : « Les valeurs conservatrices, que j'ai moi-même évoquées à plusieurs reprises, acquièrent une nouvelle dimension. La victoire d'Orbán Viktor et le triomphe des forces plus extrémistes en Hongrie, ainsi que le succès de Marine Le Pen en France le prouvent. Cette tendance gagne également du terrain dans d'autres pays ».

Fin avril on apprend qu'Orbán Viktor, un passionné de football, pourra désormais assister confortablement à des matches dans son village de Felcsút, où a été inauguré un stade ultra-moderne. Critiqué par certains comme une extravagance dispendieuse, le

Pancho[125] Aréna, un stade de 4 500 places, se dresse près de la maison d'Orbán à Felcsút, un village de 1 800 habitants situé dans le centre de la Hongrie, à 45 kilomètres à l'ouest de Budapest. Orbán Viktor a assisté dans une luxueuse loge VIP à l'inauguration du nouveau stade, en présence de figures historiques du football hongrois. C'est Orbán qui a créé en 2007 le club de foot de ce village, le *Puskás Académia FC*. Et depuis qu'il a pris la tête du gouvernement en 2010, il a accordé des millions d'euros aux clubs de football hongrois pour qu'ils puissent améliorer les stades ou en créer de nouveaux. Les critiques relèvent que le club de Felcsút ne réunit chaque semaine que quelques centaines de spectateurs et en concluent qu'un stade de cette taille est inutile. Le coût du stade et son mode de financement sont également critiqués, à un moment où l'économie hongroise lutte pour sortir de la récession qu'elle a connue en 2012. Le coût du projet, 13 millions d'euros, a été assuré en partie par l'État et en partie par des donations de compagnies liées au parti FIDESZ. « Le Pancho Aréna est un monument à la corruption et à la mégalomanie », a déclaré à des journalistes devant le nouveau stade Szarvas Koppány Bendegúz, un membre de l'opposition.

le 10 mai, dans la foulée des référendums d'autodétermination[126] de Donetsk et de Louhansk en Ukraine, Orbán Viktor s'exprime sur la nécessité pour les Hongrois d'Ukraine d'obtenir l'autonomie et la double citoyenneté. Il déclare que les 200 000 Hongrois ethniques vivant en Ukraine doivent bénéficier des droits afférents à la communauté nationale, du droit à la double citoyenneté et à l'autonomie. Dans la région des Carpates ukrainiennes, 12 % de la population est hongroise, ce qui représente 150 000 personnes. Dans certains secteurs, leur densité atteint 90 %. Il existe une université hongroise, des écoles hongroises. Plusieurs dizaines de milliers de citoyens d'Ukraine ont déjà reçu des passeports hongrois.

Le 25 mai le FIDESZ obtient une large victoire aux élections européennes avec 51,5 % des voix et 12 sièges sur 21. Il semble avoir pris des voix au Jobbik qui arrive en seconde position avec 14,7 %

---

125 En hommage au footballeur hongrois Puskás Ferenc qui a émigré en Espagne en 1956, Pancho étant le diminutif de Francisco, Ferenc en hongrois.
126 Référendums organisés par les séparatistes russophones de l'Est de l'Ukraine après le renversement à Kiev du président élu Ianoukovitch.

des voix et 3 sièges, en retrait de 6 % sur les législatives du mois précédent. Le parti socialiste, qui n'avait pas réalisé d'alliance avec les autres partis d'inspiration socialiste ou libérale, n'arrive qu'en troisième position avec 10,9 % des voix et 2 élus.

Le 27 mai la Cour européenne des droits de l'Homme (CEDH) condamne la Hongrie pour avoir limogé en 2012 le président de la Cour suprême, Baka András. La CEDH juge qu'il y a eu violation de la liberté d'expression, Baka András ayant été révoqué parce que, alors qu'il était président de la Cour suprême, il avait publiquement critiqué la politique gouvernementale en matière de réforme judiciaire. Elle estime que la Hongrie a violé le droit d'accès à un tribunal, car il avait été impossible à Baka András d'en saisir un pour contester la cessation prématurée de ses fonctions. Ancien juge à la Cour européenne des droits de l'Homme de 1991 à 2008, Baka András avait été élu en 2009 président de la Cour suprême par le Parlement hongrois. De par ses fonctions, il était également à la tête du conseil national de la justice et avait l'obligation légale d'exprimer son opinion sur tout projet de loi touchant à la magistrature. Or entre février et novembre 2011, Baka András a critiqué publiquement plusieurs réformes mises en chantier par le FIDESZ, dont celle abaissant l'âge légal de départ à la retraite des juges de 70 à 62 ans, que l'opposition a présentée comme une purge dans la magistrature. Baka András fut remercié au premier janvier 2012, trois ans et demi avant le terme normal de ses fonctions, à la faveur de la création d'une nouvelle cour remplaçant la Cour suprême, dénommée *Kuria*.

Le 29 mai le chef de file du parti socialiste hongrois (MSZP), Mesterházy Attila, démissionne de son poste. Sa position à la tête du parti n'était plus tenable après les débâcles électorales des socialistes aux élections européennes du 25 mai et de la coalition de gauche aux élections législatives du 6 avril.

Le 10 juin environ un millier de personnes se rassemblent devant le Parlement. Elles protestent notamment contre le licenciement du rédacteur en chef du site web d'information *Origo*, le plus populaire en Hongrie, qui avait enquêté sur les dépenses d'hôtel à l'étranger de Lázár János[127], figure montante du FIDESZ et bras droit d'Orbán.

---

127 Il est ministre de la Chancellerie, autrement dit chargé de la gestion des affaires du 1er ministre.

Des dépenses qui seraient très élevées. L'enquête a manifestement déplu au gouvernement.

Le 12 juin le Parlement hongrois adopte la nouvelle taxe sur la publicité annoncée l'année passée. Elle est dénoncée par les médias comme une tentative de mainmise du gouvernement sur leur secteur. La taxe, qui est progressive, peut atteindre 40% des recettes publicitaires. La semaine précédente les principales chaînes de télévision et stations de radio avaient interrompu leurs émissions pendant 15 minutes tandis que les grands journaux et sites internet avaient laissé en blanc leurs premières pages pour dénoncer ce projet, accusé d'acculer à la faillite de nombreux médias et agences de publicité. Fait rare, des médias considérés comme les porte-voix du gouvernement s'étaient joints à la contestation.

Le 25 juin, lors d'une réunion des quatre pays membres du groupe de Visegrád, en présence du président de la Commission européenne José Manuel Barroso[128], le premier ministre hongrois déclare que l'immigration d'origine extra-européenne doit être fortement ralentie. Il estime que la libre circulation de la main-d'œuvre doit être assurée au sein de l'UE, mais l'immigration de l'extérieur doit être stoppée ou considérablement réduite. L'Europe doit miser, selon lui, sur la formation des travailleurs européens et il voit dans la minorité tzigane hongroise une réserve de main-d'œuvre à exploiter.

Le 26 juin, dans un entretien au quotidien *Magyar Hirlap*, Vona Gábor, président du parti Jobbik affirme que le Front National de Marine le Pen est un parti sioniste. Cette déclaration fait suite au refus du Front National et de ses alliés traditionnel, dont le PVV néerlandais[129] (Parti pour la liberté) d'accueillir les trois euro-députés du Jobbik à leurs côtés au parlement européen. Il accuse par ailleurs le PVV, parti islamophobe, d'avoir humilié la religion. Il faut dire que le Jobbik, s'il est anti-juifs et anti-tziganes, est par contre islamophile. Vona Gábor a d'ailleurs déclaré en 2013 que l'islam est le dernier espoir de l'humanité dans les ténèbres du globalisme et du libéralisme.

---

128 Président de la Commission européenne de 2004 à 2014. Il a ensuite été embauché par la banque d'affaires Goldman Sachs.
129 Ce parti fut dirigé par Theo van Gogh, assassiné par un islamiste. Son chef actuel est Geert Wilders, très critique à l'égard du *Coran* qu'il assimile à *Mein Kampf* d'Hitler.

Le 4 juillet le Parlement hongrois adopte un plan destiné à alléger le poids de la dette des particuliers ayant emprunté en devises. Il prévoit notamment l'obligation pour les banques d'indemniser les clients pour des hausses de taux d'intérêt décidées de manière unilatérale et des possibilités de remboursement à des taux de conversion plus avantageux que ceux du marché. Une seconde étape, qui interviendra à l'automne, devrait aboutir à convertir entièrement la dette en forints. Le coût pour les banques du premier volet du plan s'élèvera à 2,6 milliards d'euros selon l'agence de notation Moody's[130], c'est-à-dire 28% de la capitalisation du secteur. Selon les analystes, l'étape suivante de la conversion pourrait coûter aux banques 2,4 milliards d'euros supplémentaires. Avant la crise financière de 2008 environ un million de Hongrois avaient contracté des prêts en devises étrangères, essentiellement en francs suisses, vis à vis desquelles le forint à décroché, faisant ainsi flamber les mensualités de remboursement. Ces crédits représentent un volume de quelque 10 milliards d'euros.

Le 19 juillet les socialistes hongrois du MSZP élisent Tóbiás József nouveau président du parti. Le quotidien de centre gauche *Népszava* espère qu'il saura insuffler une nouvelle force à un MSZP bien mal en point, afin que celui-ci mette fin à la l'écrasante suprématie du FIDESZ.

Le 20 juillet, après plusieurs mois d'intenses controverses, le monument commémorant l'occupation de la Hongrie par l'Allemagne nazie est enfin achevé sur la place de la Liberté de Budapest. Celui-ci représente un aigle du Reich allemand en train d'attaquer l'Archange Gabriel, symbole du pays. Ce projet de mémorial a suscité une vive polémique en Hongrie, les opposants y voyant une façon de dédouaner le pays de sa responsabilité dans l'Holocauste et la mort en déportation de près de 600 000 juifs hongrois, dont 450 000 après l'invasion nazie de 1944. Ils considèrent que ce monument a surtout pour but d'effacer le passé collaborationniste de la Hongrie avec les nazis. Les responsables des associations juives avaient annoncé qu'ils boycotteraient son inauguration. Quelques jours plus tard le bras droit d'Orbán, Lázár János, annoncera que le gouvernement respecte la peine et

---

130 Une des plus grandes agence de notation financière qui n'a cependant pas vu arriver la crise de 2008.

l'incompréhension de ceux qui sont indignés par ce monument et que par conséquent il n'y aura pas de cérémonie d'inauguration.

Le 25 juillet le ministère des Affaires étrangères annonce que l'écrivain Szentmihályi Szabó Péter, récemment désigné pour devenir ambassadeur de la Hongrie à Rome, a renoncé au poste, après des protestations en raison de sa proximité avec l'extrême droite hongroise. La désignation de Szentmihályi, écrivain et commentateur politique âgé de 69 ans, a fait polémique en raison de ses écrits antisémites. En 2000, dans le journal nationaliste *Magyar Forum*, il avait intitulé l'un de ses articles : « Les agents de Satan », un pamphlet rempli de stéréotypes antisémites, prenant toutefois la précaution de ne jamais nommer explicitement les juifs. Dans un poème écrit en 2007, il avait également loué la Garde hongroise, la milice créée la même année par le parti d'extrême droite Jobbik et interdite en 2009, qui organisait des marches d'intimidation dans les quartiers tziganes.

Le 26 juillet Orbán Viktor est invité comme chaque année à l'université d'été de Băile Tuşnad[131] en Roumanie (Tusnádfürdő, en Hongrois). Il expose devant une foule de magyarophones enthousiastes son rêve politique de créer un nouveau type d'État, un Etat illibéral. Pour Orbán l'État libéral a échoué à protéger les biens de la communauté, à protéger la nation et les familles de l'esclavage de la dette. Il affirme que la Hongrie va essayer de trouver un système qui puisse rendre le pays compétitif dans la grande course mondiale, citant des exemples de pays qui réussissent : Singapour, l'Inde, la Turquie, la Chine et la Russie. Il estime que 50 % au moins de l'économie de la Hongrie devrait être entre des mains hongroises et non plus dans celles des étrangers et il ambitionne de faire disparaître les cercles d'intérêt étrangers qui veulent influencer la vie étatique hongroise. Une attaque aussi bien contre l'Union européenne qui se permet de critiquer les atteintes aux libertés que contre les socialistes accusés d'être au service des entreprises étrangères.

Le 28 juillet la Commission européenne dénonce la taxe sur les médias mise en place en Hongrie comme une menace contre le pluralisme contraire aux règles et aux valeurs européennes. Cette

---

131 Commune du département roumain de Harghita dont la population est hongroise à 85 %.

nouvelle taxe affecte de manière disproportionnée un seul média, *RTL*, souligne la commissaire européenne responsable de la société numérique. La maison-mère luxembourgeoise RTL-Group, a calculé que cette taxe augmenterait sa charge fiscale d'environ 15 millions d'euros par an, ce qui correspond à l'excédent brut d'exploitation qu'elle réalise en Hongrie, pour un chiffre d'affaires de 100 millions d'euros dans ce pays.

Le 17 août, dans une interview à *Kossuth rádió*, Orban qualifie d'erreur la politique occidentale d'imposer des sanctions contre la Russie pour son rôle dans la crise ukrainienne[132]. Il affirme que ces sanctions anti-russes sont contraires aux intérêts de la Hongrie. Il ajoute que les sanctions imposées par l'Occident, c'est à dire par nous-mêmes, nous portent davantage préjudice qu'à la Russie. En politique, dit-il, cela s'appelle se tirer une balle dans le pied.

Le 1er septembre le gouvernement impose une nouvelle baisse du prix de l'électricité pour les ménages de 5,7 %. Elle fait suite à une baisse de 20 % imposée l'année précédente. Même si cette baisse des prix ne concerne que les particuliers, les entreprises de distribution d'électricité se trouvent en grande difficulté.

Le 2 septembre le fonds d'investissement français Meridiam annonce que l'ancien premier ministre hongrois Bajnai Gordon, qui a dirigé le gouvernement socialiste d'avril 2009 à mai 2010, fondateur en 2012 du mouvement socialiste-libéral Együtt-2014, est nommé à sa direction générale.

Le 8 septembre la police hongroise perquisitionne les locaux de la fondation Ökotárs (*Ökotárs alapítvány)* sur la base de soupçons de détournement de fonds et d'activités illégales. Cette organisation gère un consortium d'ONG hongroises bénéficiant de fonds attribués par la Norvège[133]. Móra Veronika, directrice de la Fondation Ökotárs déclare : « Nous trouvons inutile et disproportionné qu'ils viennent ici avec d'énormes moyens de police, sans préavis, pour saisir les documents. S'ils nous avaient demandé les documents dans une lettre, nous les aurions fournis. »

---

132 Crise entraînée par le retour de la Crimée dans le giron de la Russie et par l'action des séparatistes russophones à l'est de l'Ukraine.

133 La Norvège, qui ne fait pas partie de l'Union européenne, a décidé de financer directement un certain nombre de projets mis en place dans l'Est européen.

Depuis le début du mois le gouvernement a fait procéder à la perquisition des locaux d'ONG bénéficiant de ces fonds norvégiens, suite à des allégations de mauvaise gestion des fonds et leur agrément fiscal a été suspendu. Au total, une soixantaine d'ONG accusées de soutenir des activités politiques sont sous le coup d'une enquête. Orbán voit d'un très mauvais œil ce financement direct d'ONG par les norvégiens. Il aimerait pouvoir répartir lui-même les fonds ce qui permettrait d'exclure les ONG anti-gouvernementales.

Le 24 septembre le Parlement hongrois adopte une nouvelle loi selon laquelle les banques devront payer une compensation de quelque 3,2 milliards d'euros aux emprunteurs touchés par des hausses de taux d'intérêts sur leurs prêts en devises jugées injustes par les autorités. Cette loi a été appuyée par 167 parlementaires sur les 199 membres du Parlement.

Le 25 septembre la Hongrie interrompt, sans préciser pour combien de temps, ses livraisons de gaz à l'Ukraine[134], en invoquant des raisons techniques. A Bruxelles, cette décision a été interprétée comme un signal amical du gouvernement d'Orbán Viktor en direction de Moscou. D'autant plus que cette décision intervient quelques jours après la visite à Budapest du président de Gazprom[135] Alexei Miller. Depuis que la Russie a cessé de livrer du gaz à l'Ukraine, ce sont les pays européens qui renvoient du gaz vers ce pays. Le lendemain la commission européenne somme la Hongrie de rentrer dans le rang, lui rappelant que tous les États membres sont tenus de faciliter les flux inversés permettant à l'UE de revendre à l'Ukraine du gaz acheté à la Russie.

Le 12 octobre ont lieu les élections municipales en Hongrie. Sans surprise le FIDESZ sort largement vainqueur. Il remporte les mairies de toutes les grandes villes à l'exception de Szeged qui reste aux mains des socialistes. Le Jobbik, qui a mis en veilleuse son discours raciste pour axer sa campagne sur l'intégrité de ses candidats, arrive en seconde position mais n'emporte que 13 municipalités dont celle d'Ózd, dans le nord-est du pays, une ville de plus de 30 000 habitants. Les 19 conseils départementaux, sans véritable pouvoir, étaient renouvelés à la même date. Le FIDESZ

---

134 La Russie a décidé de cesser de fournir du gaz à l'Ukraine qui refuse d'honorer ses factures.
135 Principale entreprise russe dans les domaines de l'extraction et du transport du gaz.

s'impose partout et il obtient même plus de 50 % des voix dans 18 de ces conseils. Ces élections sont critiquées par l'OSCE, l'Organisation pour la sécurité et la coopération en Europe, qui a notamment dénoncé l'omniprésence du parti au pouvoir dans les médias et qui considère ces élections comme libres mais non démocratiques.

Le 17 octobre André Goodfriend, chargé d'affaires[136] à l'ambassade des USA à Budapest, annonce que des personnalités et des membres du gouvernement hongrois sont interdits d'entrée sur le territoire américain car ils sont soupçonnés de corruption. Cette interdiction est une véritable gifle pour Orbán Viktor, car elle vise son entourage proche. Six personnalités sont visées par Washington. Leurs noms n'ont pas été divulgués mais selon plusieurs médias hongrois, il y aurait la directrice du service des impôts, la NAV ; le directeur du think-tank[137] du FIDESZ ; des membres du gouvernement et l'un des hommes les plus proches d'Orbán Viktor, son conseiller en communication, bien que ce dernier ait nié être sur la liste. D'après André Goodfiend ces personnalités sont indésirables aux USA car elles ont participé ou profité d'activités de corruption. Des sociétés américaines ont en effet informé Washington que des représentants du gouvernement hongrois leur avaient fait miroiter de juteux appels d'offre pour des fonds européens. En échange elles devaient faire figurer des consultants bidons dans leur budget. D'autres firmes américaines ont dénoncé d'énormes fraudes à la TVA, qui seraient orchestrées par la direction des impôts. Ces fraudes pénalisent ceux qui ne trempent pas dans le trafic, parce que leurs produits sont plus chers et restent sur les étagères. C'est le cas d'un industriel américain qui produit de l'huile végétale, la société Bunge. Certains analystes estiment cependant que ce sont surtout le rapprochement avec Moscou et l'opposition de Budapest aux sanctions contre la Russie qui sont les vraies raisons du litige.

Le 21 octobre le gouvernement soumet au parlement un projet de taxation de l'utilisation d'internet d'un montant de 150 forints, soit 47 cents d'euro par gigaoctet. Cette mesure qui devrait rapporter plusieurs centaines de millions d'euros est destinée à boucler le budget 2015. Ce projet suscite une levée de boucliers non seulement de la part des Hongrois, mais aussi sur le plan international, où il

---

136 En l'absence d'ambassadeur en titre.
137 Cercle de réflexion.

est jugé absolument insensé. Le gouvernement décide alors de limiter le montant de la taxe à 700 forints, soit 2,30 euros par internaute et par mois. Cela ne satisfait nullement les internautes et le 26 octobre 10 000 personnes manifestent contre le projet en plusieurs lieux de Budapest. Des pierres sont lancées sur le siège du FIDESZ, des fenêtres sont cassées. Le 28 octobre ce sont plusieurs dizaines de milliers de personnes qui défilent à Budapest contre le projet de taxe jugé liberticide. Cette mobilisation, également observée dans plusieurs villes de province, est sans précédent depuis l'arrivée d'Orbán au pouvoir en 2010. Le gouvernement ne s'attendait absolument pas à une telle déferlante. Les médias contrôlés par l'État gardent un silence presque total sur l'événement.

Le 31 octobre Orbán Viktor recule sur la taxe internet qui aurait due être votée par le Parlement le 17 novembre. Il annonce à la radio publique que la taxe sur internet ne peut pas être introduite dans sa forme actuelle. Il promet cependant une vaste consultation au premier semestre de 2015 sur les moyens de taxer les profits générés sur internet. Orbán a rarement reculé depuis son arrivée au pouvoir en Hongrie en 2010, toujours soutenu par sa majorité des deux tiers mais les imposantes manifestations d'opposants à la taxe lui ont fait comprendre qu'il risquait de perdre beaucoup s'il persistait à vouloir introduire cette taxe.

Le 9 novembre plusieurs milliers de personnes manifestent à Budapest contre la corruption et pour réclamer notamment la démission de la directrice du fisc, Vida Ildikó. Cette dernière a en effet reconnu figurer sur la liste des six hauts responsables hongrois interdits de séjour aux USA pour cause de corruption. Elle a ajouté que d'autres collègues de la NAV, le fisc hongrois, étaient aussi touchés par la mesure d'interdiction. Il y a un an la NAV avait déjà été accusée par un ancien employé de fermer les yeux sur une gigantesque fraude à la TVA. A cette époque l'affaire avait été étouffée.

Le 12 novembre le gouvernement annonce qu'il alourdit la taxe sur la publicité que doivent payer les médias. A compter du 1$^{er}$ janvier 2015 elle passe de 40 à 50 % pour les sociétés réalisant plus de 20 milliards de forints soit 65 millions d'euros de recettes publicitaires. Seul « RTL group », qui possède plusieurs chaînes de télévision, sera touché. Il faut dire que depuis la mise en place de cette taxe une chaîne comme *RTL-Klub* a réorganisé son journal télévisé : à côté des faits divers dont il s'était fait une spécialité apparaissent maintenant des sujets sensibles, par exemple des reportages relatifs à la corruption présumée de proches d'Orbán.

Le 2 décembre Le sénateur américain John McCain, ancien candidat républicain à la Maison blanche, qualifie le premier ministre hongrois Orbán Viktor de dictateur néofasciste. Interrogé le lendemain par l'Agence France-Presse (AFP) à Washington M. McCain renouvelle, en détaillant ses griefs, ses accusations envers M. Orbán : un accord nucléaire avec les Russes, la mise en œuvre d'une législation qui élimine littéralement la possibilité pour la minorité de se faire entendre, la répression contre les médias, une mise au pas de la justice et des attaques envers des ONG bénéficiant de financements étrangers. Bien que les relations entre Washington et Budapest se soient détériorées ces derniers mois, l'administration américaine a pris ses distances avec le sénateur républicain pour éviter un incident diplomatique.

Le 5 décembre Orbán Viktor accuse l'Union européenne d'avoir fait échouer le projet de gazoduc South Stream[138] dont le groupe russe Gazprom a annoncé l'abandon quelques jours plus tôt. Le projet South Stream, d'un coût de 40 milliards de dollars, devait permettre l'acheminement de gaz russe sous la mer Noire et via la Bulgarie, la Serbie et la Hongrie pour atteindre l'Autriche en contournant l'Ukraine. Selon le premier ministre l'Union européenne n'a cessé de travailler à saper ce programme. Il est vrai que de fortes pressions ont été exercées sur la Bulgarie qui avait pourtant débuté les travaux de construction ainsi que sur la Serbie, candidate à l'entrée dans l'Union européenne.

Le 9 décembre la Russie et la Hongrie signent un accord sur la construction de nouveaux réacteurs à la centrale nucléaire de Paks. Avant cela, l'Office hongrois de l'énergie atomique avait délivré une licence pour prolonger les délais d'exploitation du deuxième réacteur actif de Paks de 20 ans, jusqu'au 31 décembre 2034. Le premier réacteur avait reçu une licence identique en décembre 2012. L'unique centrale nucléaire en activité en Hongrie se situe à

---

138 Projet de gazoduc évitant les pays peu fiables tels que l'Ukraine ou la Turquie.

100 km de Budapest et à 5 km de Paks, elle fournit 42% de l'électricité produite dans le pays.

Le 16 décembre le parlement hongrois vote une nouvelle loi aux effets drastiques pour ce qui touche à l'ouverture des magasins le dimanche. Les grandes enseignes majoritairement issues de France, de Grande Bretagne ou d'Allemagne sont depuis quelques mois dans le collimateur du pouvoir local, non parce qu'elles sont grandes mais parce qu'elles sont étrangères. Le nouveau texte interdit l'ouverture de tous les magasins possédant une surface de commerce supérieure à 200 m², à l'exception du dimanche *doré*, situé juste avant Noël. A partir du mois de mars 2015, les dimanches seront exclusivement synonyme d'ouverture des petits magasins d'alimentation générale, des pharmacies, des stations services, ainsi que des monuments touristiques ou encore des kiosques. Jusqu'à maintenant les grandes surfaces du type Auchan, Tesco, Aldi, etc, ne fermaient leurs portes que les jours fériés. Les super marchés et le hard discount contrôlent 70 % du marché hongrois. Cette mesure va-t-elle donner un bol d'air au petit commerce durement touché par le retrait de la vente du tabac ? En tout cas cela fait très plaisir au petit parti allié KDNP ainsi qu'à une partie de la base du FIDESZ chrétienne conservatrice. Par contre la fédération des employeurs a affirmé que la future législation menaçait au moins 10 000 emplois.

## Année 2015

Le 11 janvier 2015 Orbán Viktor participe aux côtés des officiels à l'imposante manifestation organisée à Paris après le massacre par des islamistes de 17 personnes dont des journalistes de Charlie Hebdo et des clients d'un magasin casher. De retour à Budapest il s'exprime à la télévision publique hongroise. Il s'attaque à l'immigration extra-européenne qu'il ressent comme facteur de dilution d'une identité européenne fondée sur la Chrétienté. Il appelle à ne pas faire comme si l'immigration économique avait une quelconque utilité parce que, selon lui, elle ne fait qu'importer des troubles et des menaces contre les peuples européens. La position de la Hongrie est donc de stopper cette immigration. Orbán ne veut pas voir une minorité significative aux caractères et au passé culturel différents. Il veut que la Hongrie reste la Hongrie. Alors que la Hongrie est confrontée à un afflux massif de migrants en provenance des Balkans et du Moyen-Orient (de Syrie et d'Irak notamment) depuis plusieurs mois, Viktor Orbán déclare accepter l'émigration politique et ne remet pas en cause l'accueil de réfugiés demandeurs d'asile.

Le 18 janvier, juifs hongrois et vétérans de l'armée soviétique sont réunis à Budapest pour commémorer le 70$^e$ anniversaire de la libération du ghetto de la ville par l'armée soviétique. Plusieurs centaines de personnes, dont des dizaines survivants du ghetto, assistent à l'office de commémoration à la Grande Synagogue, plus grand lieu de culte juif d'Europe. « Beaucoup ne seraient pas ici si l'Armée rouge n'était pas venue ce jour-là », déclare à l'assemblée le grand rabbin de la synagogue, Frölich Róbert. Jusqu'à l'arrivée des forces soviétiques, le ghetto de Budapest a abrité jusqu'à 70 000 juifs, dans des conditions déplorables, des milliers d'entre eux succombant au froid, à la faim ou à la maladie. Environ 100 000 juifs se trouvaient à Budapest quand la ville a été libérée le 13 février 1945. Quelque 50 000 soldats soviétiques sont morts en libérant la capitale hongroise, déclare l'ambassadeur russe Vladimir Sergeyev, présent à la cérémonie. Quelques jours plus tard Orbán Viktor déplore le rôle joué par de très nombreux Hongrois lors de la déportation des juifs du pays. Durant la Seconde guerre mondiale, précise-t-il, nous avons fait preuve d'indifférence alors que nous aurions dû aider, et de nombreux, de très nombreux hongrois ont choisi le Mal plutôt que le Bien et ont opté pour des actes honteux plutôt que pour une conduite honorable.

Fin janvier sont annoncés les chiffres du chômage pour le dernier trimestre 2014. Le taux de sans-emplois est tombé à 7,1 % contre 9,1 % un an plus tôt. La forte baisse du taux de chômage officiel s'explique notamment par la limitation à trois mois de la période normale d'indemnisation associée à la mise en place d'un programme de travail à bas coût pour les chômeurs qui ne sont plus indemnisés.

Le 2 février la chancelière allemande Angela Merkel rencontre Orbán à Budapest. L'opposition de gauche attendait beaucoup de cette visite mais Mme Merkel se contente d'exhorter du bout des lèvres Orbán Viktor à respecter les droits de l'opposition politique et de la société civile. Est-ce une coïncidence mais au même moment le gouvernement décide la réduction immédiate de la taxe sur la publicité, d'un montant exorbitant, qui grévait la chaîne de télévision privée *RTL-Klub*, affiliée au groupe allemand

Bertelsmann. Pas certain que les téléspectateurs en sortent gagnants. En effet, ces derniers mois, *RTL-Klub* a diffusé des émissions d'information dignes ce nom qui ne ménageaient rien ni personne. Il s'est même attaqué à des hauts responsables politiques membres du FIDESZ qui ont un train de vie luxueux. En remerciement la chaîne de télévision va-t-elle revenir à ses anciennes habitudes privilégiant le « people » et les « chiens-écrasés » ?

Le 8 février un séisme politique touche la Hongrie. Simicska Lajos, l'oligarque le plus puissant du régime, le magnat des médias et l'ami d'Orbán Viktor, vient de lui déclarer la guerre de manière fracassante. L'amitié entre Orbán et Simicska remonte à l'Université. Et pour résumer le rôle du businessman dans la carrière du politicien, il suffit de citer Bayer Zsolt, le journaliste ultra-FIDESZ : « Sans Simicska, il n'y aurait pas de Fidesz aujourd'hui ». M. Simicska a été grassement récompensé pour sa loyauté et son soutien financier indéfectible au parti, même pendant les 8 années de disette dans l'opposition (de 2002 à 2010). Son entreprise de BTP *Közgep* aurait accaparé 40% des projets financés en Hongrie par l'Union européenne depuis le retour du FIDESZ au pouvoir en 2010. Qu'est-ce qui a provoqué la rupture ? Une des hypothèses est que le tournant pro-russe de la diplomatie hongroise aurait profondément déplu à M. Simicska, dont la famille fut très anti-soviétique. Cependant depuis sa réélection en 2014, Orbán Viktor ne cachait pas sa volonté de réduire l'influence de l'oligarque qui commençait à lui faire de l'ombre. Par exemple en l'attaquant au porte-monnaie avec la taxe sur les revenus publicitaires des médias. Orbán Viktor voit ainsi échapper une partie de l'empire médiatique qui le soutenait, notamment la chaîne *HirTV*, la radio *Lánchíd*, et surtout le quotidien *Magyar Nemzet*, habituels porte-voix du gouvernement Orbán, ces trois médias étant contrôlés par Simicska. Orbán n'est cependant pas complètement démuni, il lui reste tous les médias publics qui sont logiquement sous contrôle du gouvernement.

Le 17 février Orbán Viktor reçoit Vladimir Poutine en dépit de la décision de l'Union européenne de ne pas tenir de rencontres bilatérales régulières avec le président russe. L'objet de la rencontre est la signature d'un contrat gazier, la Hongrie dépendant à 80 % de la Russie pour son gaz et l'actuel accord gazier prenant fin en cours d'année. Mais c'est aussi un pied de nez à l'Union européenne,

Orbán ne s'étant pas gêné pour clamer son opposition aux sanctions prises contre la Russie. Le chef de la diplomatie hongroise Szijjártó Péter avait déclaré quelques jours plus tôt que les sanctions avaient entraîné un recul de 13 % du volume des exportations hongroises à destination de la Russie pour bien montrer que ces sanctions étaient contre-productives. Lors de la rencontre il a aussi été question de la coopération russo-hongroise dans le projet de gazoduc « turkish-stream » qui remplacera le « south-stream » abandonné en raison du chantage de l'Union européenne à l'encontre de deux des pays de passage, la Bulgarie et la Serbie. A l'issue de la visite du président russe Orbán Viktor déclare que la Hongrie ne pourra atteindre ses objectifs de compétitivité sans coopération avec la Russie. Un appel à manifester avait été lancé par diverses organisations pour dénoncer la dépendance de leur pays vis-à-vis de la Russie. Deux mille personnes seulement y ont répondu.

Le 22 février une élection législative partielle est organisée dans la circonscription de Veszprém-ouest pour trouver un successeur à Navracsics Tibor, devenu commissaire européen. Dans ce fief conservateur le candidat soutenu par l'opposition de gauche, un ultra-libéral, est élu avec 43% des voix, contre 34% à celui du FIDESZ. Orbán Viktor perd ainsi sa super-majorité des deux-tiers qui ne tenait qu'à un siège. La chute de popularité du FIDESZ s'explique, selon certains commentateurs, par le projet avorté de taxer les téléchargements sur internet qui a suscité une très vive opposition et aussi par la corruption de plus en plus visible touchant certains membres du parti au pouvoir.

Le 27 février Orbán Viktor prononce son discours annuel sur l'état de la Nation. Il déclare notamment que les Hongrois sont par nature politiquement incorrects car ils n'ont pas encore perdu le sens commun, qu'ils veulent du travail car ils n'avalent pas la rengaine selon laquelle le chômage est inhérent aux économies modernes, qu'ils ne veulent pas voir dans leur pays des masses de gens d'une culture différente, incapables de s'adapter et représentant une menace pour l'ordre public, leurs emplois et leur survie. En réponse à la forte augmentation de la pauvreté, constatée tant par Eurostat[139] que par l'Office hongrois des statistiques (KSH), il se contente de dénigrer les milliardaires communistes – c'est ainsi

---

139 Office statistique dépendant de la Commission européenne.

qu'il qualifie les dirigeants socialistes du MSZP – qui versent des larmes de crocodiles sur la pauvreté qu'ils ont eux-même créée.

Le 8 mars 3 000 personnes manifestent à Budapest contre la corruption du gouvernement à l'appel du parti Együtt, que l'on peut qualifier de social-libéral. Selon son vice-président Juhász Péter, le plus gros obstacle actuel dans la lutte contre la corruption est que le FIDESZ a absorbé l'État. Il rappelle à titre d'exemple que les autorités ont à plusieurs reprises refusé de prendre en compte des plaintes liées aux ventes suspectes de biens immobiliers appartenant à la municipalité du cinquième arrondissement de Budapest dirigée par Rogán Antal, un jeune loup du FIDESZ.

Le 9 mars la société de courtage *Quaestor* se voit retirer sa licence d'exploitation par la Banque nationale de Hongrie. C'est le troisième retrait de licence à ce type d'institution en peu de temps, la société *Buda-Cash* ayant subi le même traitement en février suivie par *Hungária Értékpapír*. Selon les premières estimations, 150 milliards de forints, environ 500 millions d'euros, auraient été détournés au sein de *Quaestor*. Bien que les boursicoteurs hongrois ne soient pas très nombreux les victimes se comptent en dizaines de milliers. Pour Orbán Viktor, les responsables de ce scandale sont les socialistes, qui ont pourtant quitté le pouvoir il y a 5 ans. Ce sont donc les anciens directeurs de l'administration de surveillance financière, ceux qui étaient en poste il y a 5 ans, qui sont convoqués au parlement pour y être auditionnés.

Le 15 mars entre en application la loi relative à l'ouverture des magasins le dimanche. Jusqu'à présent la quasi-totalité des grandes surfaces étaient ouvertes toute l'année à l'exception des jours fériés. Chez Tesco certains magasins restaient même ouvert la nuit. Dorénavant la règle générale est la fermeture du dimanche, à l'exception de ceux du mois de décembre, avec des horaires ne pouvant déborder de la plage 6-22 heures. Les boulangers pourront ouvrir le dimanche matin de 5 à 12 heures. Les fleuristes installés sur moins de 150 m², et les marchands de journaux dont la surface de vente n'excède pas 50 m² sont autorisés à ouvrir le dimanche entre 6 et 12h. Les boutiques de moins de 200 m² pourront ouvrir la nuit de 22 h à 6h ou le dimanche à condition que le propriétaire, son conjoint marié (et non concubin), l'un de ses parents ou l'un de ses enfants soit en permanence derrière le comptoir pendant cette plage d'horaire dérogatoire. Selon un sondage publié par le journal gratuit *Metropol* 68 % des hongrois désapprouvent cette loi.

Le 23 mars l'autorité hongroise de la concurrence annonce avoir infligé à la filiale hongroise du distributeur Auchan une amende d'un milliard de forints (près de 3,5 millions d'euros) pour abus de position dominante. Elle reproche à Auchan d'avoir imposé à ses fournisseurs une contribution spéciale pour avoir accès aux rayons de ses magasins. Les responsables d'Auchan déclarent être en total désaccord avec les arguments avancés par cette autorité et l'amende imposée, dont le montant extrêmement élevé est sans précédent. Ils saisiront donc tous les moyens légaux disponibles pour faire connaître la vérité. Cela ressemble cependant fortement à ce qui est connu en France sous le nom de marge arrière.

Le 25 mars, pour faire face aux accusations de délit d'initié, Orbán Viktor reconnaît que le ministère des affaires étrangères hongrois avait placé plusieurs milliards de forints auprès de la société de courtage *Quaestor* et que ce ministère a procédé au retrait des placements juste avant la faillite de la société. Orbán estime qu'il n'y a aucune anomalie à protéger l'argent public. Mais pour les investisseurs privés qui n'ont pas bénéficié des informations connues du gouvernement sur la situation de *Quaestor*, il y a bien délit d'initié d'autant plus que des proches du pouvoir ont pu, eux aussi, retirer leur argent juste avant la faillite. On apprend aussi que Tarsoly Csaba, le dirigeant de *Quaestor* qui vient d'être interpellé, entretenait des relations privilégiées avec le ministre des affaires étrangères Szijjártó Péter. L'opposition socialiste dénonce l'attitude du premier ministre et appelle à la démission du gouvernement qui a mis l'argent de ses alliés et de ses proches à l'abri, mais a laissé les citoyens dans la difficulté. La perte pour les épargnants grugés serait de l'ordre de 500 millions d'euros.

Le 12 avril a lieu une élection législative partielle dans la circonscription de Tapolca suite au décès du député. Le candidat du Jobbik, Rig Lajos, arrive en tête avec 35,3% des suffrages exprimés devant le candidat du FIDESZ qui obtient 34,4%, suivi du candidat de la gauche qui ne récolte que 26,3% des voix. Avec cette victoire d'une courte tête le Jobbik envoie son premier élu direct au parlement qui rejoindra ses 23 collègues élus au scrutin de liste en 2014. C'est une défaite douloureuse pour le FIDESZ. Le Jobbik apparaît clairement comme le rival du FIDESZ lors de prochaines législatives. Selon les sondages le Jobbik arrive en tête des intentions de vote chez les moins de 30 ans. Le chef du Jobbik, Vona Gábor, tente depuis quelque temps de polir son image pour apparaître comme une alternative crédible sur l'échiquier politique. Remisant les slogans ouvertement racistes et antisémites il a notamment pris ses distances dernièrement avec un militant du Jobbik qui appelait au meurtre des tziganes, et a ordonné à un élu qui avait craché sur le mémorial de l'Holocauste de Budapest de déposer des fleurs sur le monument en guise d'excuses.

Dimanche 19 avril des milliers de personnes défilent dans une cinquantaine de villes du pays pour réclamer des comptes sur la gestion des fonds de développement alloués par l'Union européenne à Budapest. En effet L'Union européenne a suspendu le versement de 2,3 milliards d'euros prévu en avril sur les fonds de développement après avoir constaté des irrégularités sur la période budgétaire 2007-2013. Orbán Viktor et sa majorité sont montrés du doigt, mais ils accusent leurs prédécesseurs socialistes qui étaient au pouvoir jusqu'en 2010.

Le 28 avril, en réaction au meurtre d'un employé de commerce, Orbán Viktor déclare que la question de la peine de mort doit être remise à l'ordre du jour en Hongrie. Il fait remarquer que la législation hongroise, l'une des plus répressives d'Europe avec des peines incompressibles de prison à vie, n'est pas suffisamment dissuasive. Il tente de coller au programme du Jobbik qui a le vent en poupe. Dès le lendemain le président de la Commission européenne Jean-Claude Juncker[140] le rappelle à l'ordre en indiquant que la peine de mort était proscrite au sein de l'Union européenne. Ses propres amis conservateurs du PPE au parlement européen lui font clairement savoir que l'interdiction de la peine de mort dans l'UE n'est pas négociable. Face à la montée des critiques à l'étranger, le porte-parole du premier ministre précisera qu'il y a en Hongrie un débat au sujet de la peine de mort, mais que dans le même temps il n'est pas prévu de la réintroduire dans le pays.

---

140 Jean-Claude Juncker, ancien premier ministre du Luxembourg, est président de la Commission européenne depuis le 1er novembre 2014. Malgré son implication directe dans l'affaire *Luxembourg Leaks*, un scandale financier concernant des centaines d'accords fiscaux très avantageux conclus par des multinationales avec le fisc luxembourgeois afin d'échapper aux impôts des autres pays européens.

Le 2 mai Orbán Viktor annonce l'organisation d'une consultation nationale sur l'immigration et le terrorisme. 8 millions de hongrois vont recevoir un questionnaire comportant douze questions sur lesquelles le gouvernement demande leur avis. Voici quelques unes des questions auxquelles les hongrois sont invités à répondre :

- Pensez-vous que la Hongrie pourrait faire l'objet d'une attaque terroriste ces prochaines années ?

- Savez-vous que le nombre de réfugiés arrivant dans le pays a récemment augmenté de vingt fois ?

- Êtes-vous d'accord que la mauvaise gestion des flux migratoires par Bruxelles a un lien avec le terrorisme en Europe ?

- Êtes-vous d'accord que l'État consacre plus de moyens aux familles hongroises plutôt qu'aux réfugiés ?

- Êtes-vous d'accord pour que le gouvernement renforce la législation afin de permettre d'envoyer en prison les immigrés clandestins ?

- On peut entendre différentes opinions sur l'immigration. Selon certains les immigrants économiques mettent en danger l'emploi et les conditions de vie des hongrois. Êtes-vous d'accord avec cette façon de voir ?

Le 9 mai Orbán Viktor prononce un discours devant les participants à la deuxième rencontre mondiale de la *Fondation des Amis de la Hongrie*[141]. Il en profite pour répondre aux critiques qui lui ont été adressées aussi bien par la faible opposition socialiste hongroise que par les dirigeants de l'Union européenne suite à ses dernières déclarations sur le peine de mort ou l'immigration illégale. Pour lui, il ne doit pas y avoir de question tabou. Par ailleurs il qualifie de folle l'idée du président de l'Union européenne de répartir par quotas les migrants qui affluent en masse entre les différents pays de l'Union.

Le 19 mai le Parlement européen débat de la situation en Hongrie. Le vice-président de la Commission en charge des droits fondamentaux, Frans Timmermans, rappelle que la réintroduction de la peine de mort serait contraire aux valeurs fondamentales de l'UE et mènerait à l'application de l'article 7 du Traité sur l'Union

---

141 Organisme créé par le gouvernement en 2012, basé aux États-Unis, financé par le gouvernement hongrois. Sa mission est de renforcer l'identité nationale et la cohésion au sein de la diaspora hongroise.

européenne (TUE)[142] qui prévoit la possibilité de priver un état membre de ses droits de vote au sein du Conseil. Concernant la consultation publique sur l'immigration, il affirme que la placer dans le contexte du terrorisme est malveillant et faux et va nourrir les préjugés. Après l'intervention d'un certain nombre d'eurodéputés, c'est Orbán Viktor qui prend la parole pour dire que les Hongrois aiment parler franchement. Par conséquent, ils disent qu'ils veulent que l'Europe reste européenne et tiennent à préserver la Hongrie pour les Hongrois. Il ajoute qu'il a trouvé les propositions de la Commission (sur l'accueil des migrants) absurdes, presque folles. Sur la peine de mort, Orbán souligne que les hongrois ne doivent pas fuir devant la discussion d'un problème et que la Hongrie respecte la liberté d'expression.

Le 3 juin le journal hongrois *Napi Gazdaság* publie un entretien avec Orbán Viktor. Le premier ministre déclare rejeter tout mélange à grande échelle des croyances religieuses. Il affirme que son gouvernement fera tout son possible pour épargner à la Hongrie le multiculturalisme autrement dit la coexistence de l'islam, des religions asiatiques et du christianisme. Les investisseurs, artistes et scientifiques non chrétiens sont les bienvenus mais nous ne voulons pas de mélange à grande échelle, ajoute-t-il.

Le 10 juin le Parlement européen demande à la Commission européenne de placer la Hongrie sous surveillance après les récentes déclarations d'Orbán Viktor en faveur du rétablissement de la peine de mort et contre les immigrés. Le chef du gouvernement hongrois est, pour la première fois, lâché par son propre camp dans un vote de cette nature, sa famille politique, le Parti populaire européen, se réfugiant majoritairement dans l'abstention. La résolution présentée par la gauche et le groupe libéral et démocrate a été adoptée à Strasbourg par 362 voix contre 88 et 247 abstentions. Les eurodéputés évoquent une menace systémique pour l'État de droit en Hongrie qui pourrait justifier la mise en œuvre des sanctions prévues à l'article 7 du traité de l'Union européenne, telles qu'une suspension des droits de vote au sein du Conseil européen. Les eurodéputés condamnent les déclarations répétées d'Orbán Viktor en faveur d'un débat sur le rétablissement éventuel de la peine de mort, dont l'abolition est inscrite dans la

---

142 Aussi appelé traité de Maastricht, révisé par les traités successifs de Nice, d'Amsterdam et de Lisbonne.

Charte des droits fondamentaux de l'Union européenne. Ils dénoncent la consultation publique sur l'immigration lancée par le gouvernement hongrois dans laquelle l'arrivée d'étrangers est associée à des menaces pour l'emploi et à des problèmes de sécurité dans le pays.

Le 17 juin le ministre des affaires étrangères Szijjártó Péter annonce le prochain démarrage des travaux de construction d'une clôture de 4 mètres de haut sur les 175 km de frontière entre la Hongrie et la Serbie. C'est en effet par la Serbie que passent la quasi-totalité des immigrés clandestins arrivant en Hongrie. La Hongrie en a déjà accueilli 54 000 depuis le début de l'année 2015 alors que leur nombre ne dépassait pas 2 000 trois ans auparavant. Le gouvernement estime qu'une réponse commune de l'UE au défi de l'immigration prend trop de temps et que la Hongrie ne peut plus attendre. Elle doit agir. Dès le lendemain la commission européenne fait état de son opposition à la construction de ce mur en préconisant des mesures de remplacement, sans préciser lesquelles.

Le 23 juin le porte-parole du gouvernement Kovács Zoltán annonce que la Hongrie suspend temporairement le règlement européen qui prévoit que toute demande d'asile doit être examinée dans le premier pays européen dans laquelle la personne est arrivée[143]. Suite à cette décision, la Hongrie n'acceptera plus le retour à l'intérieur de ses frontières de réfugiés entrés dans l'UE par son territoire, puis l'ayant quitté pour un autre pays européen. Cependant dès le lendemain le gouvernement fait marche arrière et renonce à cette suspension sous pression de l'Union européenne et surtout de l'Autriche. En effet la plupart des clandestins interpellés dans ce dernier pays sont passées par la Hongrie qui doit donc les réadmettre sur son territoire.

Le 30 juin le Parlement hongrois donne son feu vert à l'établissement par le gouvernement d'une liste de pays de transit sûrs, des états dans lesquels, selon les autorités, des personnes en quête d'asile auraient pu déposer leur demande avant d'arriver en Hongrie. Selon toute probabilité, cette liste inclura la Serbie, pays limitrophe de la Hongrie par lequel la quasi-totalité des quelques 60 000 immigrés illégaux parvenus en Hongrie depuis le début cette année sont passés, arrivant de Grèce et de Macédoine. Cette

---

143 Appelé règlement de Dublin.

mesure permettra à la Hongrie de renvoyer les demandeurs d'asile à la Serbie.

Le 13 juillet l'armée hongroise débute la construction de la clôture de quatre mètres de haut destinée à courir sur les 175 km de la frontière entre la Hongrie et la Serbie pour endiguer le flux des réfugiés. Il s'agit pour l'instant d'un simple essai sur un tronçon de 150 mètres seulement. Selon un sondage effectué début juin 56 % des hongrois sont opposés à l'érection de cette clôture. Ils estiment que ce projet est destiné à détourner l'attention des électeurs des autres problèmes tels que la pauvreté ou la corruption.

Le 16 juillet, alors que plus de 80 000 immigrés ont franchi illégalement le frontière depuis le début de l'année, le chef de cabinet du premier ministre hongrois annonce que la Hongrie va fermer ses quatre camps de réfugiés permanents situés en zone urbaine. En lieu et place, Budapest prévoit de mettre en place des camps de tentes provisoires en dehors des agglomérations. L'un de ces camps provisoires sera situé près de la frontière avec la Serbie, de manière à ce que les habitants ne soient pas perturbés par les masses de réfugiés. Une quinzaine de jours plus tôt une émeute s'est produite dans un camp de réfugiés à Debrecen, à l'est du pays : feu de poubelles, jets de pierres sur les policiers et riposte de la police avec gaz lacrymogènes. A l'origine de l'incident il y aurait eu un coran piétiné ! C'est d'ailleurs aux cris d' « allahou akbar » que les émeutiers ont commis leurs dégradations.

Dimanche 26 juillet Orbán Viktor s'exprime devant les participants à la traditionnelle université d'été organisée en Roumanie à Tusnádfürdő (Baile Tusnad en roumain) par diverses associations de hongrois vivant dans ce pays. Il annonce que la clôture de 175 km qui doit être érigée entre la Hongrie et la Serbie pour bloquer les immigrants illégaux sera terminée fin août, c'est à dire plus tôt que prévu. Il affirme devant un public ravi, 60 000 personnes selon les organisateurs, que l'immigration illégale est liée au terrorisme et entraîne un accroissement de la criminalité, dont les viols, et du chômage. Il ajoute que l'Europe doit rester aux européens. Il considère que le multiculturalisme est responsable de ce qui se passe dans l'UE et que si la plupart des européens ont cru, il y a 30 ans, qu'il pouvait représenter une solution à nos problèmes sociaux, c'est évident qu'il est la cause des problèmes.

Fin août, le nombre d'immigrés illégaux entrant en Hongrie dépasse maintenant les 2 000 par jour. 2 000, c'était le nombre d'entrées sur la totalité de l'année 2012. Des zones de transit ont été installées dans la capitale auprès des gares et en divers autres points du pays. Mais les forces de l'ordre ont de plus en plus de difficultés à gérer la situation. Le 26 août il a fallu utiliser les gaz lacrymogènes dans la ville frontalière de Rözske[144], à la frontière avec la Serbie, pour contenir le flot d'immigrés.

Mardi 1er septembre la gare internationale de Budapest, Keleti palyudvar[145], est évacuée et brièvement fermée pour permettre l'évacuation de tous les immigrés clandestins qui s'y trouvent, ils sont plusieurs milliers. Il faut dire que la veille un train en direction de l'Allemagne contenant plus de 400 immigrés désirant s'y rendre a été bloqué à la frontière autrichienne en vertu du principe européen selon lequel c'est le premier pays traversé, en l'occurrence la Hongrie, qui doit statuer sur la recevabilité de la demande d'asile et éventuellement accorder un visa. L'Allemagne a pourtant annoncé que les réfugiés syriens disposeraient d'un statut particulier et seraient autorisés à enregistrer leur demande d'asile sur son territoire même s'ils viennent d'un autre pays membre de l'UE.

Jeudi 3 septembre, après avoir rencontré le président du Parlement européen Martin Schultz, Orbán Viktor tient une conférence de presse à Bruxelles. Il déclare que le problème de l'accueil des immigrés n'est pas européen mais allemand car aucun ne veut rester en Hongrie, en Slovaquie, en Estonie ou en Pologne, tous veulent aller en Allemagne. Il estime que les Hongrois ont peur, les Européens ont peur, parce qu'on voit que les dirigeants européens, et parmi eux les premiers ministres, ne sont pas capables de contrôler la situation. Il ajoute que ceux qui arrivent sont les représentants d'une culture profondément différente : dans leur majorité, ce ne sont pas des chrétiens mais des musulmans. C'est une question importante, car l'Europe et l'identité européenne ont des racines chrétiennes.

---

144 Principal point de passage entre la Hongrie et la Serbie sur l'autoroute qui mène en Grèce via la Macédoine et en Turquie via la Bulgarie.

145 Gare de l'Est d'où démarrent les trains à destination de l'Autriche et l'Allemagne.

Le 7 septembre le conseil de sécurité nationale est réuni pour examiner la situation face à l'immigration illégale. Au cours de cette réunion est présenté un compte rendu sur l'état d'avancement de la clôture que l'armée érige à la frontière serbo-hongroise. Orbán Viktor ayant fait part de son mécontentement à propos de la construction de cette clôture qui avance trop lentement à son goût, le ministre de la défense Csaba Hende est contraint de présenter sa démission.

Le 11 septembre Orbán Viktor annonce qu'à partir du 15 septembre une nouvelle législation sur l'immigration entrera en vigueur et les clandestins qui franchiront la frontière seront arrêtés. Il estime que la Hongrie doit faire face à une rébellion des immigrés illégaux. Il ajoute que ces immigrés ont occupé des gares, refusé de se laisser prendre leurs empreintes digitales, n'ont pas voulu coopérer et refusent d'aller là où ils pourraient recevoir de la nourriture, de l'eau et des soins médicaux. La veille pas moins de 3 601 immigrés illégaux ont été interpellés par la police hongroise à la frontière serbo-hongroise. Orbán Viktor demande d'agir vite pour créer les bases légales du déploiement d'une force européenne aux frontières de la Grèce afin de faire appliquer la législation de l'UE[146]. C'est en effet par le Grèce que ces immigrés, en provenance de Turquie, pénètrent dans l'Union européenne.

Le 15 septembre la clôture séparant la Hongrie de la Serbie est terminée. La veille 9 380 immigrés illégaux sont entrés en Hongrie. Désormais le franchissement illégal de la frontière est un crime. Les hongrois examineront les demandes d'asile à la frontière. En cas d'acceptation de leur demande les immigrés seront ensuite transférés par autocar dans des centres d'accueil répartis sur le territoire. Ceux qui refuseront de coopérer seront retenus à la frontière et ceux qui rentreront illégalement seront passibles de prison.

Le 16 septembre une foule d'immigrés illégaux en colère parvient à forcer la clôture frontalière et à passer en Hongrie malgré la riposte de la police qui utilise les gaz lacrymogènes. Vingt policiers hongrois sont blessés. 367 immigrés seront rapidement arrêtés. Ils encourent une peine de 5 ans de prison.

---

146 La Grèce, qui fait partie de la zone de Schengen, ne devrait laisser entrer sur son territoire que des personnes munies de visas ou des citoyens de pays exemptés de visas.

A partir de cette date, c'est en passant par la Croatie que les immigrés illégaux tentent d'entrer en Hongrie. Pas moins de 4 400 parviennent à passer la frontière croato-hongroise en une seule journée, le 18 septembre, aidés par les autorités croates. Le gouvernement hongrois décide donc d'ériger sur cette frontière aussi une clôture de barbelés d'une longueur de 41 km. Il s'agit toujours de protéger l'espace de Schengen dont la Croatie, bien que membre de l'Union européenne, ne fait pas partie.

Le 1er octobre, interviewé par *Kossuth Rádió*, Orbán Vicktor déclare qu'il est injuste que les Etats-Unis n'accueillent que 10 à 15 mille réfugiés, qu'Israël n'en accueille aucun, que l'Australie n'en accueille aucun, que les pays arabes riches tergiversent, et que tout le monde se tourne vers l'Europe. La Hongrie a vu passer 300 000 immigrés illégaux depuis le début de l'année dont 168 000 pour le seul mois de septembre. Deux jours auparavant Orbán Viktor avait déjà plaidé devant l'ONU pour un système de quotas mondiaux destiné à répartir le fardeau migratoire.

Vendredi 9 octobre, en cette fin de semaine où l'on approche la barre de 8 000 immigrés illégaux pénétrant chaque jour en Hongrie, immigrés immédiatement transportés par train jusqu'à la frontière autrichienne, le quotidien de gauche *Népszava* déclare que les partis d'opposition de gauche connaissent des difficultés car une majorité de leurs sympathisants se montrent plutôt hostiles à l'égard des migrants. Il constate que les derniers mois ont clairement montré qu'on ne pouvait recruter de nouveaux sympathisants en tenant un discours modéré et des propos xénophiles comme le font les dirigeants de gauche, aussi terrible que ce constat puisse paraître.

Le 15 octobre, en marge d'un sommet européen à Bruxelles, les quatre pays membres du groupe de Visegrad, Hongrie, Pologne, Tchéquie et Slovaquie, publient une déclaration commune dans laquelle il se disent déterminés à agir pour protéger la frontière de l'espace Schengen. La Hongrie va recevoir le renfort de 50 policiers ainsi que des véhicules spécialisés de la part de chacun de trois autres états pour l'aider à surveiller sa frontière méridionale. Pour sa part la Hongrie y a déjà déployé 4 000 de ses soldats.

Le 17 octobre, à une heure du matin, la Hongrie ferme complètement sa frontière avec la Croatie qui était devenue le point de passage de milliers d'immigrés illégaux. La clôture de 45 km y a été érigée en un temps record. Le reste de la frontière est marqué par un fleuve difficilement franchissable. En un mois, depuis la fermeture de la frontière avec la Serbie, 170 000 immigrés sont entrés en Hongrie en provenance de Croatie. Les postes-frontières officiels continueront à fonctionner mais avec de stricts contrôles empêchant le passage des étrangers à l'UE non munis de visa. La Hongrie rétablit par ailleurs les contrôles frontaliers avec le troisième pays limitrophe au sud, la Slovénie. Elle avait, là aussi, envisagé une clôture mais cela est difficilement justifiable puisque la Slovénie fait partie de l'espace de Schengen. Et puis les immigrés arrivés en Slovénie peuvent atteindre facilement l'Autriche sans passer par la Hongrie.

Le même jour paraît dans l'hebdomadaire allemand *Focus* une interview d'Orbán Viktor. Il déclare que l'islam n'a jamais appartenu à l'Europe, qu'il s'y est invité. Il justifie son opposition à l'accueil par l'UE de centaines de milliers de demandeurs d'asile venus pour la plupart de pays musulmans par son souci de défendre les valeurs culturelles européennes. Il affirme que, spirituellement, l'islam n'appartient pas à l'Europe. C'est un corpus de règles d'un autre monde. Il se plaint de n'avoir pas le droit d'émettre un doute, face aux allemands ou aux français, sur la possibilité d'une société multiculturelle. Il estime que les Hongrois ne veulent pas d'une telle société.

Le 19 octobre Rogán Antal prend ses fonctions, avec rang de ministre, à la tête du bureau chargé de la communication gouvernementale. Cet organisme est qualifié par l'opposition de ministère de la propagande. Elle ironise sur le fait que le gouvernement qui ne consacre que de simples secrétariats d'État à l'éducation, la culture et la santé publique et rien à l'environnement fasse une telle place à la communication gouvernementale.

Le 21 octobre, lors d'une visite de travail en Turquie, le ministre des affaires étrangères Szijjártó Péter se félicite du nouvel élan donné par Angela Merkel aux relations entre la Turquie et l'Union européenne. Financement de la Turquie pour l'accueil des immigrés, suppression des visas pour les citoyens turcs et relance des discussions sur l'adhésion de la Turquie à l'UE, tout cela lui semble bénéfique. Le chef de la diplomatie hongroise rappelle que son pays est favorable à l'entrée de la Turquie dans l'Union.

Le 22 octobre la Hongrie propose aux pays occidentaux de les aider à ré-acheminer en Turquie les immigrés qui n'auraient pas obtenu l'asile. Le ministre hongrois de l'Intérieur Pintér Sándor déclare devant des journalistes, à la frontière serbo-hongroise maintenant clôturée, que son pays est prêt à laisser passer sur son territoire des trains transportant les immigrés refoulés depuis l'ouest européen vers la Grèce ou la Turquie et même à mettre à disposition des trains de la MAV (la société nationale de chemin de fer hongrois) à cette fin.

Le 30 octobre, s'exprimant à Budapest au sujet la crise migratoire, Orbán Viktor affirme que l'Europe a été trahie à cet égard par une conspiration menée par de puissants financiers, la gauche et des responsables non élus. Il met notamment en cause le financier américain d'origine hongroise George Soros qu'il accuse de soutenir les organisations dont les membres veulent affaiblir les États-nations. Il accuse également la gauche européenne d'œuvrer à l'affaiblissement de ces États-nations au profit de la dimension internationale et du cosmopolitisme. Il réitère son intention de contester les quotas décidés par l'Union européenne[147] pour répartir les réfugiés dans les États membres et de refuser les demandeurs d'asile ou migrants qui seraient renvoyés sur son territoire en provenance d'Europe de l'Ouest. Il se demande qui en Europe a voté pour permettre à des gens d'arriver illégalement par millions et d'être ensuite répartis dans les pays de l'UE. Il constate que ce qui se passe aujourd'hui ne se déroule pas sur une base démocratique et estime que l'UE a abandonné la légalité au profit de l'anarchie.

Lundi 16 novembre, suite aux attentats islamistes qui ont fait 130 morts à Paris[148], Orbán Viktor intervient devant le parlement sur le sujet de l'immigration. Selon lui, de façon délibérée et organisée, les terroristes ont exploité les migrations de masse, en se mélangeant à la foule des gens quittant leurs foyers en quête d'une vie meilleure. Il souligne qu'il n'affirme pas que chaque migrant est un terroriste mais estime que personne ne peut dire combien de terroristes sont

---

147 Le 9 septembre précédent, la Commission européenne avait proposé de répartir 160 000 migrants dans les pays de l'UE selon des quotas.
148 Tuerie du Bataclan et mitraillage de terrasses de cafés dans plusieurs rues parisiennes.

déjà arrivés et combien arrivent chaque jour. A propos de la clôture protégeant la frontière sud de la Hongrie que beaucoup ont qualifiée d'inhumaine il pose la question : « Qu'est-ce qui est le plus humain ? Fermer la frontière à ceux qui rentrent illégalement ou mettre en danger la vie des Européens ? » Il considère que le droit à l'autodéfense est plus fort que tous les autres, plus fort que n'importe quelle idéologie ou argument économique. Il réaffirme son opposition catégorique aux quotas que l'Union européenne veut imposer à chaque pays membre pour répartir 160 000 immigrés. « Tant que ce gouvernement respirera, il n'y aura pas de quota et nous ne reprendrons aucun migrant » déclare-t-il.

Le 10 décembre la Commission européenne décide de hausser le ton avec la Hongrie et sa politique anti-migrants. Elle lance une procédure d'infraction contre la législation hongroise en matière d'asile qu'elle considère incompatible avec le droit de l'Union. Ce qui préoccupe la Commission ? L'impossibilité de présenter des faits et circonstances nouveaux[149] dans le cadre des recours à la suite de demandes d'asile rejetées puisque la Hongrie n'applique pas d'effet suspensif automatique à cette occasion, contraignant ainsi les demandeurs à quitter le territoire hongrois. Elle craint aussi que les migrants n'aient pas accès à des interprètes et des traducteurs. Elle pointe enfin le fait que les décisions de rejet des demandes sont prises à un niveau sous-judiciaire, par des greffiers par exemple. Bruxelles a envoyé une lettre de mise en demeure à laquelle la Hongrie doit répondre dans les deux mois. A Budapest on se moque un peu de cette procédure. On considère qu'Orbán a déjà atteint son objectif, qui était de décourager les immigrés de venir en Hongrie. Depuis septembre, les flots d'immigrés se rendant en Allemagne contourne la Hongrie par la Croatie et la Slovénie.

Le 13 décembre, à l'appel d'organisations juives, plus de 300 personnes manifestent dans la ville de Székesfehérvár à l'endroit où doit être inaugurée en fin de mois une statue grandeur nature de Hóman Bálint. Hóman, alors ministre du gouvernement Horthy, fut l'auteur de lois anti-juives dans les années 30. Il a par ailleurs appelé à la déportation des juifs de Hongrie en 1944. Les promoteurs du projet de statue, dont des membres sont liés au parti d'extrême droite Jobbik, ont reçu des financements de l'État et de la

---

149 Astuces utilisées par les défenseurs des demandeurs d'asile déboutés pour faire durer les procédures.

municipalité. Le maire de Székesfehérvár, membre du FIDESZ, a appelé la Fondation Bálint Hóman à reconsidérer son projet et à rendre l'argent public. L'organisation n'a pas encore répondu. L'opposition socialiste accuse le gouvernement Orbán de couvrir les actions de l'extrême droite et de minimiser la complicité de l'État hongrois dans la déportation des juifs. Orbán Viktor condamnera cependant ce projet de statue quelques jours plus tard au cours d'une intervention devant le Parlement. Ce qui poussera les promoteurs à abandonner leur projet.

En cette fin d'année 2015 on voit de plus en plus de frontières qui réapparaissent dans la zone de Schengen. La Slovénie, le Bulgarie et l'Autriche construisent des clôtures. Le Danemark et la Suède rétablissent les contrôles aux frontières. Et bien entendu la Grande-Bretagne force la France à empêcher la traversée de la Manche par les immigrés agglutinés à Calais. Ajoutons à cela la position du gouvernement social-démocrate de Slovaquie bien décidé à n'accueillir que des immigrés chrétiens. Orbán Viktor, qui a été le premier à agir en clôturant ses frontières méridionales sous les critiques presque unanimes des dirigeants européens, pavoise. Il a remporté une victoire idéologique puisque la question centrale n'est plus celle de l'accueil des immigrés mais celle de l'entrave à leur arrivée. L'office d'immigration hongrois, dressant le bilan de l'année 2015, déclare que près de 400 000 immigrés illégaux sont entrés en Hongrie[150]. Parmi eux 171 000 ont demandé asile à la Hongrie mais seulement 330 sont restés dans des camps de réfugiés à Bicske, Vámosszabadi et Nagyfa. Seules 143 personnes ont obtenu le statut de réfugié sur les 171 000 demandes.

### Année 2016

Quelques bonnes nouvelles pour les Hongrois en ce début d'année. Le taux d'imposition sur les revenus passe de 16 à 15 %. Le salaire minimum, relevé de 6 000 forint, atteint maintenant 111 000 forints bruts[151] soit environ 360 €. Le gouvernement décide aussi de faire passer le taux de TVA sur les logements neufs de 27 à 5 %, avec des conditions cependant assez draconiennes aussi bien sur la

---

150 La Hongrie compte à peine 10 millions d'habitants. La France 6,5 fois plus. C'est comme si nous avions vu passer 2 600 000 immigrés illégaux dont plus d'un million auraient demandé l'asile !

151 Il convient de déduire 18,5 % de charges salariales et 15 % d'impôt prélevé à la source.

superficie du logement que sur la situation de l'acheteur. Il y a par contre un hongrois qui ne peut se réjouir, c'est l'ancien ami d'enfance d'Orbán, Simicska Lajos. L'une de ses sociétés, *Mahir*, propriétaire des quelques 700 colonnes d'informations culturelles à Budapest, a vu son contrat rompu par la municipalité. Et l'enlèvement des colonnes, qui se trouvent sur les trottoirs aux principaux points de passage des piétons, vient de débuter le 2 janvier bien que l'affaire soit actuellement entre les mains de la justice. La vengeance du FIDESZ n'a donc pas tardé. L'opération de démontage sera stoppée par la justice le 12 janvier avec obligation de réinstaller les colonnes déjà déposées.

En ce début d'année, pour remédier à la baisse démographique dans le pays et soutenir l'industrie du bâtiment en difficulté, Orbán Viktor lance un programme de soutien à la famille inédit en Hongrie. Toute famille s'engageant à avoir trois enfants en dix ans obtiendra une aide non remboursable de 10 millions de forints (soit environ 31 000 euros) en vue de l'achat d'un logement neuf[152]. Et un prêt de 10 millions supplémentaires à taux préférentiel. Le logement doit devenir le foyer effectif de la famille, il ne peut s'agir d'un investissement locatif. Les futurs parents désireux d'obtenir cette aide doivent répondre à plusieurs critères de probité, en particulier ne jamais avoir fait l'objet de condamnations lourdes, et avoir travaillé durant les dernières années. Ils doivent bien évidemment être mariés. Sauf raisons médicales, la non-tenue de l'engagement d'avoir trois enfants dans les dix ans impliquera le remboursement à l'État des sommes indûment perçues.

Le 13 février plusieurs milliers de hongrois défilent dans les rues de Budapest pour protester contre la mainmise de l'État sur l'éducation. Les écoles qui dépendaient des municipalités jusqu'à ce qu'une réforme du gouvernement Orbán les fassent passer sous le contrôle d'une agence de l'État, le KLIK[153], rencontrent des problèmes quotidiens puisque la moindre demande de matériel pédagogique doit remonter au KLIK qui est complètement débordé. La grogne des enseignants a commencé le 27 novembre 2015. Une

---

152 La Hongrie et le Portugal sont les pays européens dans lesquels le prix de l'immobilier est le plus bas, environ le quart de ce qu'il est en France. L'aide est donc significative.

153 Klebelsberg Intézményfenntartó Központ, centre de maintenance des établissements Klebelsberg, du nom du comte Klebelsberg qui fut ministre de l'éducation de 1922 à 1931.

lettre ouverte d'une prestigieuse école supérieure de la ville de Miskolc dans l'est du pays dénonçait alors les réformes du gouvernement. Depuis, plus de 700 écoles et 30 000 professeurs et parents d'élèves ont soutenu cette missive. La semaine précédente, plus de 5 000 enseignants, parents et élèves avaient déjà défilé à Miskolc. Cette manifestation antigouvernementale est la plus importante depuis 2014 lorsqu'un projet de taxe sur l'utilisation d'internet avait alors amené des dizaines de milliers d'individus dans la rue. Pour l'instant le gouvernement s'est contenté de limoger la secrétaire d'État[154] chargée de l'enseignement.

Le 15 février le groupe de Visegrad regroupant Hongrie, Pologne, Slovaquie et Tchéquie se réunit à Prague. Sont invitées la Macédoine et la Bulgarie, pays frontaliers de la Grèce par lesquels transitent les immigrés illégaux se dirigeant vers l'Europe occidentale. Au grand dam de la chancelière allemande Angela Merkel, Orbán Viktor déclare que la politique migratoire européenne a échoué car elle n'a créé que du terrorisme, de la violence et de la peur. Pour lui les deux grands enjeux de cette année 2016 seront donc l'immigration et la sécurité. Après l'érection de la clôture à la frontière méridionale de la Hongrie qui bloque efficacement le passage des clandestins, il propose la création d'une deuxième ligne de défense entre d'une part la Grèce, qui laisse passer tous les clandestins, et d'autre part la Bulgarie et la Macédoine afin de stopper l'invasion migratoire. Sa position est soutenue par les trois autres chefs d'État du groupe. Parallèlement le gouvernement annonce une augmentation de la production de fil de fer barbelé afin de rendre ses frontières étanches à l'immigration clandestine. L'an dernier, la Hongrie a vendu à la Slovénie voisine 24 000 rouleaux de fil de fer barbelé, 16 000 poteaux de clôture et 48 000 attaches. Elle a également fait don de 100 kilomètres de barbelés ainsi que d'autres équipements à la Macédoine. Ces éléments sont fabriqués dans des ateliers carcéraux, comme celui de Márianosztra, au nord de la Hongrie. Près de 30 détenus produisent environ 100 rouleaux de fil barbelés par jour. Chaque rouleau peut couvrir 10 à 12 mètres.

Le 17 février Orbán Viktor, en visite officielle à Moscou, est reçu par le président Poutine. Les sanctions européennes contre la Russie

---

154 Il n'y a pas de ministère de l'Éducation mais un secrétariat d'État dépendant du ministère des ressources humaines.

qui ont été systématiquement renouvelées depuis 2014 sont bien évidemment au centre des discussions. Pour Orbán Viktor, ces sanctions doivent cesser. Il estime qu'il ne sera pas possible pour l'Union européenne de renouveler automatiquement ces sanctions. Il faut dire que les sanctions réciproques adoptées par Bruxelles et Moscou pèsent lourdement sur l'économie hongroise. En deux ans, ses exportations vers la Russie ont chuté de 50 %.

Le mardi 23 février la Kúria, c'est-à-dire la Cour constitutionnelle, se prononce sur une demande de référendum[155] déposée en novembre dernier au sujet de la fermeture des magasins le dimanche. En cas de rejet de cette demande, le MSZP, partisan de l'ouverture le dimanche tout comme la majorité des hongrois, a l'intention de déposer un nouveau texte. Un petit contingent de membres du MSZP est présent devant le siège de la Cour dès 6 heures du matin pour ne pas se laisser doubler car la Kúria ne peut pas examiner deux demandes parallèles sur le même sujet. A midi la Cour annonce le rejet de la demande du mois de novembre. La délégation socialiste est alors bloquée par une quinzaine de gros bras, crânes rasés et mines patibulaires, qui laissent entrer une vieille dame au cheveux blancs. Cette dernière dépose une initiative de référendum relative à l'ouverture du dimanche, inoffensive pour le gouvernement. Cette pitrerie provoque la stupeur y compris chez certains membres du FIDESZ. En effet les gros bras sont des supporters d'un club de football dont le directeur n'est autre que le vice-président du FIDESZ et la dame au cheveux blancs est l'épouse d'un proche du même parti.

Le 24 février Orbán Viktor annonce au cours d'une brève conférence de presse que le gouvernement a décidé la tenue d'un référendum sur la question des quotas obligatoires de répartition de migrants. Il s'agit de couper court aux accusations de l'opposition qui affirme que le premier ministre a donné son accord à un texte de l'Union européenne prévoyant justement de relocaliser les immigrés selon des quotas fixés pour chaque pays. Les électeurs se verront poser la question suivante : «Voulez-vous que l'Union européenne décrète une relocalisation obligatoire de citoyens non-hongrois en Hongrie sans l'approbation du parlement hongrois ? ». Orbán Viktor

---

155 C'est la Kúria qui accepte ou refuse les questions que les partis souhaitent soumettre à référendum. En cas d'acceptation il faut alors recueillir un nombre suffisant de signatures dans un délai imparti. Alors le référendum s'impose au gouvernement.

appellera à voter NON car il estime que l'imposition de ces quotas ne peut que bouleverser les    équilibres ethniques, culturels et religieux de L'Europe.

Le 15 mars, à l'occasion de la fête nationale hongroise commémorant la révolution de 1848, plus de 20 000 personnes manifestent contre la politique éducative du gouvernement si l'on en croit l'AFP. Les manifestants, des professeurs et des parents d'élèves réclament entre autres le retour à l'autonomie des établissements qui existait avant que le FIDESZ n'impose une centralisation extrême et inadaptée qui bloque parfois le fonctionnement des lycées. Dans le cortège nombreux sont ceux qui arborent une chemise à carreaux, vêtement devenu le symbole des enseignants contestataires depuis que Klinghammer István, membre de l'académie des Sciences et ancien secrétaire d'état, a déclaré qu'il en avait marre de voir manifester des enseignants mal rasés, sales et qui se trimballent en chemise à carreaux. La télévision d'État montre bien quelques photos du cortège mais ne donne aucun chiffre quant à la participation.

De son côté, Orbán Viktor prononce devant ses partisans un discours très dur envers l'Union européenne. Il déclare que le temps est venu d'empêcher la destruction de l'Europe. Il cite un vers d'un poème de Petőfi Sándor que tout hongrois connaît : « Serons-nous un peuple d'esclaves ou un peuple libre ? » Il poursuit : « Nous ne permettrons pas aux autres de nous dire qui nous laissons entrer dans notre maison et dans notre pays, avec qui nous voulons vivre, et avec qui nous allons partager notre pays. C'est pour cela que nous refusons les installations forcées de populations ... et nous ne permettrons, ni les chantages ni les menaces. Le temps est venu de brandir les drapeaux des nations fières, le temps est venu d'empêcher la destruction de l'Europe et de préserver l'avenir de l'Europe. Le temps est venu de demander à tous les citoyens et toutes les nations européennes, quelle que soit leur affiliation politique, d'être unies, de s'unir ; l'unité de l'Europe doit être rétablie. Les dirigeants européens et leurs citoyens ne peuvent plus vivre dans deux mondes séparés. »

Le 22 mars les autorités hongroises réagissent suite aux attentats islamiques à l'aéroport et dans le métro de Bruxelles qui ont fait plus de 30 morts : ils sont une conséquence de l'accueil des réfugiés en Europe. Le ministre des affaires étrangères Szijjártó Péter, interrogé par l'agence de presse hongroise MTI, déclare qu'il y a encore trop de personnes en Europe qui ne voient aucun lien entre le danger terroriste et la migration illégale, incontrôlée.

Le 6 avril le ministre de l'économie Varga annonce que la Hongrie a achevé de rembourser les 20 milliards d'euros de prêts accordés en urgence par l'Union européenne, le FMI et la Banque mondiale en 2008 pour aider le pays à surmonter la crise financière. D'après le ministre, qui a évoqué un jour de joie, la dernière tranche de 1,5 milliard d'euros, qui était due à la Commission européenne, a été remboursée la semaine précédente. Varga Mihály a indiqué espérer que le remboursement de la dette héritée de 2008 contribuerait à un relèvement des notes attribuées par les grandes agences à la Hongrie, toujours considérée comme relevant de la catégorie spéculative.

Le 11 avril Rogán Antal, ministre de la communication, annonce que la loi sur la fermeture des magasins le dimanche va être abrogée car le gouvernement n'a pas réussi à convaincre la population du bien-fondé de cette mesure. Cette annonce fait suite à la décision de la cour suprême qui a rejeté le 6 avril la demande de référendum sur cette question déposée par une retraitée avec l'aide de gros bras et validé la demande déposée par le MSZP. Ce parti est donc autorisé à collecter les 200 000 signatures requises pour la tenue du référendum. Comme 68 % de la population est favorable à l'ouverture du dimanche, le FIDESZ a décidé de couper l'herbe sous les pieds des socialistes en abrogeant une loi qui avait pourtant reçu l'appui unanime de ses députés.

Samedi 23 avril, alors que la chancelière allemande Angela Merkel, accompagnée de plusieurs responsables européens, se rend en Turquie pour tenter de mettre de l'huile dans les rouages de l'accord UE-Turquie[156] sur les migrants que la Turquie menace de ne plus respecter, l'hebdomadaire allemand *Wirtschaftswoche* publie une interview de Orbán Viktor. Ce dernier déclare que L'UE s'est livrée à la Turquie dans la crise des réfugiés sous l'impulsion d'Angela Merkel, avec des conséquences impossibles à prévoir. Il ajoute que

---

156 Les réfugiés de guerre syriens arrivés en Europe par la route des Balkans étaient pour le plupart installés dans des camps en Turquie. Après avoir incité ces réfugiés à entrer en masse dans l'UE, le turc Erdogan avait accepté de fermer le robinet moyennant finances et abandon de l'obligation de visas pour les citoyens turcs se rendant dans l'UE.

la sécurité de l'UE ne peut pas être entre les mains d'une puissance extérieure à l'UE. Orbán Viktor, qui a pourtant permis l'adoption de l'accord avec Ankara (adopté à l'unanimité des chefs d'état de l'UE) précise qu'il a soutenu la stratégie turque seulement à la condition qu'il y ait en plus un système de protection des frontières de l'Union.

Le 20 mai l'agence de notation Fitch annonce avoir relevé la note souveraine de la Hongrie à BBB-[157]. L'agence a pris acte d'un endettement en diminution, le déficit public ayant été ramené de 80 à 75 % du PIB et d'un déficit budgétaire inférieur à 3 % du PIB alors qu'il dépassait 6 % lors de l'arrivée d'Orbán au pouvoir. Mais il y a un autre élément qui a pu conduire à cette décision, c'est l'allégement de la lourde fiscalité qui avait été imposée aux banques en 2010.

Début juin le Jobbik renouvelle sa direction. Les vice-présidents les plus extrémistes sont remplacés par des modérés, bien souvent des maires. Il s'agit pour le président de ce parti de le rendre plus présentable, d'en faire un parti de gouvernement véritablement capable de concurrencer le FIDESZ. Par ailleurs le Jobbik supprime de son programme la sortie de l'Union européenne. Il estime, en effet, que la montée en puissance des partis nationalistes et populistes dans de nombreux pays de l'Union va permettre de la faire évoluer dans le bon sens.

Le 2 juin, à l'issue d'une visite de trois jours en Égypte et suite à sa rencontre avec le cheikh Ahmed Mohamed El-Tayeb, grand imam de la mosquée al-Azhar (qui a par ailleurs étudié la pensée islamique à la Sorbonne), Orbán Viktor déclare qu'un bon chrétien ne peut pas être anti-musulman et que ce n'est pas parce que différentes cultures existent sur Terre qu'elles doivent s'affronter. Il précise que nous pouvons vivre en paix aux côtés du monde musulman. Pas mélangé avec lui, mais à côté de lui.

Le 13 juin le Parlement hongrois adopte une nouvelle loi permettant d'expulser les immigrés illégaux arrêtés à moins de 8 km de la frontière. Malgré la mise en place de la clôture aux frontières sud du pays 14 000 clandestins ont réussi à franchir illégalement la

---

157 Moyenne inférieure, autrement dit en dessous de la moyenne. Auparavant la Hongrie était classée dans la catégorie spéculative.

frontière depuis le début de l'année 2016. Il sera désormais possible de les renvoyer vers le pays d'où ils viennent, Serbie ou Croatie bien souvent, puisque aussi près de la frontière il n'y a aucun doute sur le pays d'origine.

Le 25 juin, à l'issue de son congrès le MSZP désigne un nouveau dirigeant, Molnár Gyula. Ce dernier a battu, par 176 voix contre 133, le président sortant Tóbiás Jószef qui n'a jamais réussi au cours de son mandat de 2 ans ni à faire remonter les intentions de votes pour les socialistes ni à fédérer les diverses fractions qui se réclament de la gauche. Le nouveau président reste dans la ligne sociale-libérale pro-américaine qui prédomine au sein de ce parti.

Le 11 juillet une étude de l'organisme Pew Research Center[158] relative au sentiment des européens face à la crise des réfugiés révèle que la Hongrie est le pays le plus xénophobe. Selon le sondage 72 % des hongrois ont une opinion négative des musulmans. Et 82 % d'entre eux estiment que les réfugiés constituent un fardeau économique pour le pays qui les accueille.

Le 17 juillet une rixe impliquant 200 immigrés illégaux algériens, pakistanais, mongols et syriens éclate dans l'un des 3 camps hongrois regroupant des demandeurs d'asile, celui de Kiskunhalas, au sud de la Hongrie. Il a fallu autant de policiers pour venir à bout de la bagarre qui s'est traduite par neuf blessés.

Le 21 juillet, quelques jours après l'attentat islamiste à Nice[159] qui a causé 80 morts, le groupe de Visegrad, comprenant Tchéquie, Slovaquie, Pologne et Hongrie est réuni à Varsovie. Au cours d'une conférence de presse organisée à l'issue de la rencontre Orbán Viktor, affirme qu'il y a un lien évident entre l'immigration illégale en Europe et les attentats qui frappent le continent. C'est pour lui clair comme deux plus deux font quatre, c'est clair comme de l'eau de roche. Il ajoute que si quelqu'un nie l'existence de ce lien alors, dans les faits, cette personne nuit à la sécurité des citoyens européens.

---

158 Organisme américain spécialiste en statistiques démographiques religieuses.
159 Lors des festivités du 14 juillet un camion fou (en fait un camion conduit par un terroriste islamiste) a foncé dans la foule.

Samedi 23 juillet, lors de sa traditionnelle intervention annuelle à Tusnádfürdő en Roumanie où la minorité hongroise organise son université d'été, Orbán Viktor affiche son soutien à Donald Trump pour la présidentielle américaine, une meilleure option selon lui pour l'Europe que sa rivale Hillary Clinton. Il déclare que Trump a fait des propositions pour mettre fin au terrorisme et, en tant qu'européen, il n'aurait pas su dire mieux. Orbán est en effet séduit par les propositions sécuritaires que Donald Trump a énoncées dans son discours prononcé deux jours plus tôt lors de la convention républicaine de Cleveland. Le candidat républicain à l'élection présidentielle américaine a notamment promis d'augmenter les efforts en faveur des services de renseignement et de suspendre l'immigration en provenance de pays engagés dans le terrorisme.

Le 26 juillet, lors d'une conférence de presse commune avec le chancelier autrichien en visite à Budapest, Orbán Viktor déclare qu'on ne peut laisser entrer sur notre sol que les personnes que nous pouvons examiner étroitement, parce que la Hongrie voit chaque migrant comme une possible menace à l'ordre public, une possible menace terroriste. Pour nous, ajoute-t-il, l'immigration n'est pas une solution mais un problème, pour nous c'est un poison et nous ne voulons pas avaler ce poison !

Le 20 août, à l'occasion de la fête nationale, le ministre des ressources humaines, le pasteur calviniste Balog Zsoltán, remet au journaliste Bayer Zsolt la plus haute distinction du pays, la croix de chevalier de l'ordre du Mérite, un peu l'équivalent de notre Légion d'honneur. Bayer Zsolt est connu pour ses violents articles antisémites et anti-tziganes. 48 heures après la remise de cette distinction, plus de 70 titulaires de la décoration avaient renvoyé la leur au Président de la République, refusant de se voir associés en quoi que ce soit à cet individu. Des personnalités de tout horizon : artistes, universitaires, savants, pour la plupart non engagées politiquement si l'on en croit les partis d'opposition.

Le 13 septembre, dans un entretien publié dans le journal allemand *Die Welt*, Jean Asselborn, ministre luxembourgeois des affaires étrangères appelle à l'exclusion de la Hongrie de l'Union européenne. Il déclare que ceux qui, comme la Hongrie, bâtissent des clôtures contre des réfugiés de guerre, qui violent la liberté de la presse ou l'indépendance de la justice, devraient être temporairement, voire même définitivement, exclus de l'UE. Il dit regretter que cette possibilité d'exclusion pour violations des valeurs fondamentales de l'Union requiert l'unanimité des états membres. Il aimerait que les règles concernant l'exclusion soient modifiées avec l'abandon de l'unanimité.

Le 27 septembre, à l'occasion de la journée mondiale du tourisme, on apprend que la contribution du tourisme au PIB hongrois atteint 10 % et que le secteur du tourisme emploie 50 000 personnes soit 12 % de la population active de la Hongrie. Selon l'organisation mondiale du tourisme, la Hongrie est le pays de l'Union européenne qui a enregistré la plus forte croissance du nombre de visiteurs en 2015. Il faut dire que la Hongrie est considérée comme un pays sûr alors que le terrorisme nuit aux destinations classiques comme la Tunisie, l'Égypte, la Turquie et même la France.

Le même jour paraissent les chiffres du chômage pour la période de juin à août 2016 : le taux de chômage passe à 4,9 %. Il était à 6,7 % un an auparavant et à son sommet à 11,6 % pour la période de janvier à mars 2013. Il a depuis fortement baissé en raison d'une croissance économique régulière et de la limitation à trois mois de la période normale d'indemnisation. Il résulte aussi, en partie, du départ de quelques centaines de milliers de Hongrois pour travailler à l'étranger.

Dimanche 2 octobre a lieu le référendum sur la relocalisation des immigrés. Orbán Viktor compte sur un plébiscite pour justifier et légitimer auprès de l'Union européenne sa politique de rejet des immigrés illégaux. C'est pourquoi le gouvernement a déployé de grands moyens techniques pour inciter les électeurs à se rendre aux urnes et voter massivement pour marquer leur opposition à accueillir des réfugiés en Hongrie. Il a lancé depuis quelques mois une véritable campagne médiatique à coups de publicités et d'affiches, comportant des informations parfois exagérées sur l'immigration en Europe, sur la politique migratoire de Bruxelles et sur les attentats islamistes en Europe occidentale. Il a fortement insisté sur les liens entre immigration et terrorisme. Un message qui trouve un large écho dans le pays. Dans les rues de Budapest les affiches placardées par le gouvernement appelant à voter non au référendum sur l'accueil des migrants sont omniprésentes. La Hongrie ne veut pas des réfugiés et, dans les rues, le rejet des étrangers s'exprime souvent sans tabou. Le Jobbik soutient Orbán tandis que les partis de gauche appellent à l'abstention.

Les résultats sont les suivants :

Participation : 44,08 % - Suffrages exprimés : 41,32 %

OUI : 1,64 % - NON : 98,36 %

Malgré le score époustouflant du vote NON le référendum n'est pas valide car les suffrages exprimés n'atteignent pas la barre des 50 %. Faut-il parler de défaite cinglante d'Orbán comme le font certains commentateurs occidentaux ? Cela reviendrait à penser que tous les abstentionnistes le sont à l'appel de la gauche, ce qui est loin d'être le cas. Et puis plus de 3 millions d'électeurs ont refusé la relocalisation des migrants imposée par l'Union européenne, un nombre supérieur à celui des hongrois qui s'étaient prononcés pour l'adhésion à l'Union européenne dans un précédent référendum en 2003 ! Bien que la participation soit faible, le message des électeurs est clair. Il faut d'ailleurs relativiser cette faible participation : lors des six référendums organisés depuis le changement de régime, la participation moyenne était de 41,89 %.

Suite à l'échec du référendum, OrbánViktor annonce qu'il va demander au Parlement de voter l'interdiction des réinstallations collectives de migrants dans le pays. Il précise qu'il s'agira d'un amendement à la constitution. Ce qui nécessite donc une majorité des deux tiers dont le FIDESZ ne dispose plus actuellement.

Le 8 octobre le quotidien *Nepszabadság*, principal quotidien d'opposition, proche du parti socialiste MSZP cesse brusquement de paraître. Les journalistes n'ont plus accès à leurs bureaux ni à leur messagerie électronique. Un courrier les informe que leur travail est suspendu jusqu'à nouvel ordre. Le journal, lourdement déficitaire depuis plusieurs années, appartient depuis 2014 à un homme d'affaires autrichien. *Nepszabadság* était cependant le plus fort tirage de la presse hongroise, avec 40 000 exemplaires, mais c'était aussi un virulent critique du gouvernement et de sa politique anti-immigration. L'opposition de gauche estime qu'il s'agit d'un coup monté par Orbán, ce que dément le propriétaire du titre.

Dimanche 16 octobre, à l'appel des petits partis Együtt, PM et LMP, quelques milliers de personnes manifestent à Budapest pour la liberté de presse et en solidarité avec le quotidien d'opposition *Nepszabadság* suspendu depuis une semaine. Les manifestants s'en prennent par ailleurs à ce qu'il considèrent comme la corruption généralisée qui sévirait à la tête du pays. Les orateurs des partis organisateurs rivalisent dans la dénonciation du gouvernement Orbán qui organiserait corruption, vol et même crime.

La nouvelle était attendue depuis deux semaines. Elle est désormais publique et officielle le 26 octobre : le quotidien suspendu *Népszabadság* est désormais la propriété d'Opimus Press Zrt., une société hongroise réputée proche de Mészáros Lőrinc, maire de Felcsút, un proche d'Orbán Viktor. La reparution du quotidien ne semble cependant pas envisagée.

Le 1er novembre débute la formation d'une durée d'un semestre de trois mille garde-frontières pour protéger la clôture qui a été érigée au sud de la Hongrie. Ils constitueront une unité de chasseurs frontaliers (traduction exacte de leur appellation hongroise : határvadász) destinée à aider la police à chasser les immigrés qui tentent de franchir illégalement la frontière délimitée par la clôture.

Le 8 novembre Orbán Viktor subit un échec devant le Parlement. Son projet d'inscrire dans la constitution l'interdiction de relocalisation des immigrés n'obtient pas la majorité requise des deux-tiers. Orbán comptait sur le vote des députés du Jobbik mais ce parti avait conditionné son soutien à la suppression d'un régime de permis de résidence accordé aux riches investisseurs extra-européens[160] (essentiellement des russes et des chinois), une exigence présentée comme un chantage et refusée par Orbán Viktor.

Le 10 novembre Orbán Viktor se félicite de la victoire de Donald Trump[161] à l'élection présidentielle américaine. Il estime qu'elle marque la fin du libéralisme non démocratique dans lequel nous vivons depuis près de vingt ans, pour enfin revenir vers la vraie démocratie. Il se réjouit d'avance d'une future levée des contraintes paralysantes du politiquement correct. Il ajoute que nous pouvons maintenant appeler les problèmes par leur nom et leur trouver des solutions qui ne proviennent pas d'une idéologie, mais sur une base pragmatique et une pensée créative enracinée dans le bon sens.

---

160 Il suffit de posséder au moins 250 000 euros d'obligations d'État pour obtenir ce permis de résidence qui permet de circuler dans tout l'espace de Schengen.

161 Contre toute attente puisque le président Hollande lui-même avait annoncé dans une conférence de presse tenue quelques jours auparavant que les États-Unis auraient bientôt une présidente.

Le 17 novembre Orbán annonce que l'impôt sur les sociétés sera abaissé à 9 % en Hongrie pour toutes les entreprises à partir de 2017, ce qui constituera le plus bas taux de l'Union européenne. Les entreprises hongroises dont le chiffre d'affaires est inférieur à 500 millions de forints (1,6 million d'euros) bénéficient actuellement d'un taux d'imposition de 10 %. Celui-ci est de 19 % pour les sociétés plus importantes. L'objectif du gouvernement est d'attirer des multinationales et des investissements mais il est connu que ces géants font moins attention à l'impôt sur les sociétés qu'aux charges sociales, qui sont en Hongrie parmi les plus élevées de l'UE. Orbán a par ailleurs annoncé vouloir augmenter le salaire minimum autant que possible, sans toutefois annoncer de chiffres concrets pour l'instant. Le salaire minimum brut est de 111 000 forints (environ 360 euros) et la faiblesse des salaires pousse beaucoup de Hongrois à s'expatrier, occasionnant un manque de main-d'œuvre qui commence à se faire ressentir sur la croissance, selon les économistes.

Le 18 novembre paraît le résultat d'un sondage réalisé par l'organisation *Transparency International*. A la question posée, avez-vous déjà soudoyé un fonctionnaire cette année, la Hongrie se glisse au troisième rang des pays de l'Union européenne les plus corrompus, après la Lituanie et Roumanie. Dans ces trois pays d'Europe, glisser un pot-de-vin à des fonctionnaires semble une pratique répandue. En réponse à la question, 22 % des sondés hongrois ont concédé avoir versé des dessous-de-table en 2016. Mais il faut remarquer que 28 % seulement de ces sondés estiment que la corruption est un problème majeur en Hongrie.

Le 30 novembre, le MSZP propose aux autres partis de gauche ou libéraux, c'est-à-dire la coalition démocratique, Együtt, Párbeszéd et MoMa[162], d'organiser des primaires en vue des élections législatives de 2018. Ces primaires auraient pour but de désigner les candidats dans les circonscription législatives et non la tête de liste nationale qui serait le candidat commun au poste de premier ministre. Rappelons que dans les circonscriptions les députés sont élus au scrutin majoritaire à un seul tour, il faut donc éviter la dispersion des voix.

---

162 Le MoMa, Modern Magyarország (Hongrie moderne) est un mouvement libéral conservateur fondé en 2013 par l'ancien et éphémère ministre des finances ultra-libéral Bokros Lajos.

Vers la mi-décembre le gouvernement annonce qu'il a décidé d'attribuer à tous les retraités, avant la fin de l'année, des bons d'achat du type tickets-repas, d'un montant de 10 000 forints soit un peu plus de 30 €. Cette somme aurait pu être ajoutée au montant de la retraite de décembre mais le gouvernement a choisi une autre méthode pour toucher les retraités : une lettre recommandée comportant les bons d'achat ainsi qu'un courrier signé Orbán récapitulant tout ce que le gouvernement a fait pour les retraités. L'opposition dénonce une manœuvre grossière à seize mois des prochaines élections législatives.

Fin décembre, dans un entretien accordé à la chaîne de télévision *ATV* l'ancien premier ministre socialiste Medgyessy Péter propose de conclure un accord entre les socialistes et le parti d'extrême-droite Jobbik pour les prochaines élections législatives. Medgyessy, un parfait francophone, qui fut ministre à la fin de l'ère Kádár puis responsable de Paribas-Hongrie après le changement de régime, conduisit le gouvernement socialiste de 2002 à 2004 avant d'être écarté par le jeune loup Gyurcsány Ferenc. Il n'occupe plus de fonction politique officielle mais il sait calculer. Les derniers sondages d'opinion donnent le FIDESZ vainqueur des prochaines élections prévues en 2018 avec une probable majorité des deux tiers. Le FIDESZ est crédité de 47 % des voix tandis que les divers groupes socialistes engrangeraient 25 % des suffrages et le Jobbik 19 %. L'intelligentsia socialisante et immigrationniste s'étrangle d'indignation tandis que le chef du Jobbik répond par la négative.

### Année 2017

Le 1$^{er}$ janvier le salaire minimal augmente de 15 %, passant à 127 500 Ft (soit 84 887 Ft nets, environ 275 €) tandis que le salaire minimal garanti destiné aux travailleurs qualifiés prend 25 % à 161 250 Ft (soit 107 231 Ft nets, environ 350 €). En contrepartie le taux de charges patronales passe de 27 à 22 % et l'impôt sur les bénéfices des sociétés est réduit à 9 %. Les charges salariales sont inchangées : 10 % pour la retraite, 7 % pour la santé, 1,5 % pour le chômage. Et le taux de l'impôt sur le revenu prélevé à la source est maintenu à 15 %.

Le 6 janvier la justice, saisie par des employés du quotidien *Népszabadság*, condamne le groupe Mediaworks Zrt, propriétaire du titre. La Cour qualifie la suspension de la parution du titre en octobre dernier de licenciement déguisé et estime que la méthode employée par le groupe de presse n'a pas respecté le cadre prévu par la loi. Les journalistes sont cependant amers : il n'y a aucune sanction contre l'employeur et le journal est mort.

Le 10 janvier Németh Szilárd, vice-président du FIDESZ, déclare que la Hongrie doit être débarrassée des pseudos ONG de l'empire Soros. Il ajoute que le contexte international le permet désormais, faisant allusion à l'élection de Donald Trump au États-Unis. Devant les vives réactions des médias d'opposition, Lázár János, chef du cabinet du Premier ministre, le recadre quelque peu deux jours plus tard en affirmant qu'il ne veut pas se distancer de son collègue député, mais qu'il est difficile d'adhérer à son style. Tout en précisant que l'homme d'affaires américain George Soros a répété à maintes reprises, qu'en l'absence d'une vraie opposition, ce sont lui et ses réseaux qui représentent l'opposition en Hongrie. Lázár estime que les gens ont le droit de savoir qui sont ses agents en Hongrie. Cependant, pour éviter l'inconstitutionnalité d'une loi qui ne viserait que la soixantaine d'ONG hongroises financées par l'Open Society Foundations[163] de George Soros, le ministère de la Justice prépare un texte qui permettrait au gouvernement d'avoir accès à l'ensemble des données relatives au financement de toutes les associations ainsi qu'au patrimoine de leurs dirigeants. D'après Lázár János la législation entrevue serait inspirée de celle en vigueur en Israël.

Le 13 janvier Orbán Viktor se prononce pour la mise en détention systématique des immigrés illégaux réussissant à pénétrer dans le pays. Lors d'un entretien sur *Kossuth rádió* il indique que le gouvernement a décidé de rétablir la détention par la police des étrangers en situation irrégulière, sans fournir davantage de détails. Il reconnaît qu'une mise en détention systématique va ouvertement contre l'UE mais il affirme que la Hongrie a droit à sa souveraineté, soulignant vouloir mener des batailles importantes contre Bruxelles cette année. L'année précédente 29 432 migrants ont déposé une

---

163 C'est le nom du réseau de fondations de Soros. A titre d'exemple, parmi les organismes financés en France, on peut citer les « no border » qui prétendent supprimer les frontières, des associations pro-migrants, des associations islamiques, des associations homosexuelles, les Femen, etc.

demande d'asile en Hongrie avant, dans leur très grande majorité, de poursuivre leur route vers l'Europe de l'ouest. C'est ainsi qu'au 27 décembre, il ne se trouvait que 467 personnes dans des centres pour migrants en Hongrie.

Le 2 février Orbán Viktor accueille le président russe Vladimir Poutine en visite officielle à Budapest. La conférence de presse commune tenue à l'issue de la rencontre ne donne que peu d'informations sur le contenu des discussions. Le président et le premier ministre plaident en faveur de la levée des sanctions de l'Union européenne envers la Russie. Vladimir Poutine qualifie la Hongrie de partenaire important et fiable. Il assure que la Russie fera tout son possible pour assurer les livraisons d'hydrocarbures à Budapest, très dépendant du gaz russe. Il annonce par ailleurs que la Russie est prête à financer à 100% la construction des deux nouveaux réacteurs à la centrale nucléaire hongroise de Paks, dont le coup d'envoi a été entravé par une enquête de la Commission européenne. L'opposition de gauche estime que Vladimir Poutine cherche à s'appuyer sur le premier ministre hongrois pour déstabiliser l'UE et l'Otan de l'intérieur. Cependant la manifestation de protestation organisée par le parti Együtt n'attire que 250 participants.

Le 10 février, lors de son dix-neuvième « Discours sur l'état de la nation » prononcé à Budapest, Orbán Viktor met en avant le fait que les sociétés ouvertes, le politiquement correct et la police de la pensée, qui se sont établis en Europe de l'Ouest et outre-Atlantique, sont désormais rejetés par les peuples de ces pays, la Hongrie ayant été le premier pays qui, dès 2010, a ouvert la voie. Il ajoute que les gens sont fatigués de l'arrogance de l'élite mondialiste et de sa promotion agressive d'utopies et indique : bien entendu, nous accepterons les vrais réfugiés, allemands, néerlandais, français, italiens, responsables politiques ou journalistes effrayés, chrétiens contraints de quitter leur patrie, qui veulent retrouver chez nous leur Europe qu'ils ont perdue chez eux.

Le 18 février, la société en charge de la candidature de Budapest pour l'organisation des jeux olympiques de 2024[164] annonce qu'elle suspend ses opérations en raison d'un possible référendum contre

---

164 A cette date trois villes restaient candidates pour l'organisation des jeux : Paris, Los Angeles et Budapest.

les JO. Il y a un mois un mouvement de jeunes opposants, Momentum, a lancé une pétition pour l'organisation d'un référendum anti-JO. Selon la réglementation hongroise le référendum s'impose s'il est réclamé par au moins 138 000 citoyens. Or la pétition a déjà recueilli 266 151 signatures. Les autorités, gouvernement et mairie de Budapest, n'ont pas l'intention d'organiser le référendum qu'ils semblent assurés de perdre. Ils préfèrent renoncer à la candidature de Budapest pour les jeux. Le maire de la ville, Tarlós István, a déjà fait savoir qu'il soumettrait l'idée d'un renoncement à l'assemblée municipale dès le mercredi 22 février.

Le 22 février, immédiatement après une rencontre entre le maire de Budapest et Orbán Viktor, le gouvernement publie un communiqué dans lequel il constate que l'union nécessaire à Budapest a été perdue et que, par conséquent, la candidature de la ville à l'organisation des jeux olympiques a perdu toutes ses chances. Le gouvernement retire donc la candidature de la ville à l'organisation des jeux en 2024.

Le 28 février, dans un discours tenu devant la chambre de commerce et d'industrie, Orbán Viktor estime qu'il est important de sauvegarder la monochromie culturelle du pays. Alors que le taux de chômage est tombé à 4,3 % le premier ministre met en garde contre le recours à une immigration de travail pour compenser les pénuries de bras. S'il admet la possibilité de solliciter de façon transitoire des travailleurs étrangers, il insiste aussi sur la défense nécessaire de l'homogénéité ethnique.

Le 4 mars, au cours d'une assemblée générale le mouvement Momentum décide de se transformer en parti politique. Ce nouveau parti qui prétend dépasser le clivage droite-gauche défend une version libérale de l'économie, favorable à la mondialisation ainsi que le libéralisme sociétal, allant jusqu'à préconiser la dépénalisation des drogues dites douces. Selon certains spécialistes politiques Orbán Viktor n'est pas mécontent de l'apparition de ce nouveau groupe d'opposition qui émiettera encore un peu plus la gauche hongroise. Fekete-Győr András, un juriste âgé de 28 ans, devient le président du parti.

Le 7 mars, le Parlement hongrois adopte par 138 voix contre 6 et 22 abstentions la réintroduction de la mise en détention systématique de tous les migrants. Cette mesure avait été supprimée en 2013 sous pression de l'UE et du Haut commissariat de l'ONU aux réfugiés (HCR). Cette loi prévoit que les migrants seront placés dans des zones de transit aux frontières serbe et croate, où il seront détenus en attendant la décision définitive concernant leur demande d'asile. Cela évitera qu'il ne disparaissent dans la nature après avoir déposé leur demande qui a de fortes chances d'être refusée. En 2016, sur les 29 432 migrants ayant déposé une demande d'asile en Hongrie, seuls 425 ont obtenu l'asile.

Le 13 mars Áder János, président de Hongrie depuis 2012 et membre du FIDESZ est réélu sans surprise à la tête de l'état par le parlement hongrois, pour un mandat de cinq ans. Il a recueilli 131 voix parmi les 199 députés. Son élection à ce poste protocolaire ne faisait aucun doute compte tenu de la large majorité dont dispose le FIDESZ au Parlement. A la différence de l'élection précédente, en 2012, les partis de gauche étaient parvenus à désigner un candidat commun, Majtényi László, un juriste de 66 ans qui a obtenu 39 voix.

Le 28 mars la loi hongroise de mise en détention systématique des migrants entre en vigueur malgré les vives critiques des ONG de défense des droits de l'homme, l'Union européenne appelant de son côté au respect de ses principes humanitaires. Selon la nouvelle législation, tous les demandeurs d'asile présents en Hongrie ou y arrivant doivent être regroupés dans deux camps fermés installés à la frontière serbe, à Röszke et à Tompa. La mesure vise à empêcher les immigrés en attente d'une décision concernant leur demande d'asile de se déplacer librement sur le territoire national et au sein de la zone de Schengen et donc de réduire les risques sécuritaires liés aux migrations selon les autorités hongroises. Les camps sont équipés de 324 conteneurs habitables. Les immigrés ne pourront quitter les lieux qu'en cas d'avis positif à leur demande d'asile ou s'ils retournent en Serbie.

Début avril les huit millions d'électeurs hongrois reçoivent le questionnaire d'une consultation gouvernementale intitulée « stoppons Bruxelles »[165]. Il est accompagné d'une lettre d'Orbán qui explique que Bruxelles veut prendre des décisions qui mettent en danger la souveraineté nationale et la sécurité du pays. Il comprend six questions, avec seulement deux réponses au choix.

---

165 Állítsuk meg Brüsszelt en hongrois.

Exemple : « Les attaques terroristes se sont succédé en Europe. Malgré cela, Bruxelles veut forcer la Hongrie à autoriser l'entrée de migrants clandestins dans le pays. Que pensez-vous que la Hongrie devrait faire ?
- A : Placer ces personnes sous surveillance,
- B : Permettre aux migrants illégaux de se déplacer librement en Hongrie. »

Dimanche 2 avril plusieurs milliers de personnes manifestent à Budapest en soutien à l'Université d'Europe centrale (CEU)[166] financée par le milliardaire américain d'origine hongroise Georges Soros, ennemi intime[167] d'Orbán Viktor. C'est une réaction à un projet de loi présenté par le ministre des Ressources humaines, Balog Zoltán, quelques jours auparavant et qui devrait être approuvé dès le lendemain par les députés hongrois. Une loi qui vise essentiellement la CEU. Les universités étrangères implantées en Hongrie ne pourront bénéficier de l'homologation de leurs diplômes que si celles-ci proposent les mêmes cursus dans leur pays d'origine. Pour le recteur de l'établissement américain Michael Ignatieff, il s'agirait là d'une disposition discriminatoire dans la mesure où la CEU n'a pas d'implantation hors de Hongrie. Par conséquent la CEU pourrait être contrainte de fermer ses portes.

Dans la semaine qui suit la nouvelle loi relative aux universités étrangères, votée comme prévu au Parlement par 133 voix contre 38, fait couler beaucoup d'encre. Le commissaire européen chargé de la recherche se déclare préoccupé. Le PPE, auquel est affilié le FIDESZ, appelle la Commission européenne à évaluer la portée du texte. Le mouvement Momentum réclame un référendum en faveur du maintien de la CEU à Budapest. Le directeur de la CEU affirme qu'il refusera de fermer son université malgré le vote de la loi.

Dimanche 9 avril a lieu une nouvelle manifestation de plusieurs dizaines de milliers de personnes, 60 000 selon un photographe de l'AFP, en soutien à l'Université d'Europe centrale. Le but de la manifestation était de demander au président Áder de ne pas promulguer la loi relative aux universités étrangères. Selon les médias d'opposition, il s'agit de la plus importante manifestation

---

166 Central European University, université anglophone créée par Soros en 1991.
167 Orbán a cependant bénéficié d'une bourse Soros pour étudier une année en Angleterre au début des années 90.

depuis celle qui en 2014 avait abouti à l'abandon de la taxe internet que le gouvernement voulait instaurer. Les médias gouvernementaux font cependant le silence sur cette importante manifestation.

Le 10 avril le Haut-Commissariat de l'ONU pour les réfugiés (HCR) exhorte l'Union européenne à suspendre les transferts de demandeurs d'asile vers la Hongrie en réponse à la loi prévoyant la mise en détention systématique des migrants. Depuis l'entrée en vigueur de la mesure, le 28 mars, les demandeurs d'asile sont détenus à la frontière dans des containers entourés de hautes clôtures de barbelés pendant toute la durée de la procédure, déplore le HCR. L'accord européen de Dublin fait cependant reposer la responsabilité de prendre en charge un migrant ou demandeur d'asile sur l'État par lequel il est entré dans l'UE. Ainsi, un migrant qui dépose une demande d'asile en Allemagne après avoir déposé une première demande d'asile en Hongrie doit en principe être transféré vers la Hongrie.

Le 12 avril la Cour constitutionnelle hongroise annonce avoir invalidé un décret pris fin 2016 par le maire d'Ásothallom, une petite ville située près de la frontière serbe, par ailleurs vice-président du Jobbik. Ce décret interdisait la construction de mosquée, l'appel à la prière du muezzin, le port de vêtements tels que le niqab et le burkini ainsi que la propagande homosexuelle. Saisie par la petite communauté islamique de Hongrie la Cour a annulé le décret au motif que les autorités locales n'avaient pas le droit de prendre des décrets relatifs aux droits fondamentaux, car, selon la constitution, les règles concernant les droits et obligations fondamentales doivent faire l'objet de lois.

Ce même jour plusieurs milliers de personnes manifestent pour défendre les ONG. En effet le FIDESZ a déposé au Parlement un projet de loi qui obligerait toutes les institutions non gouvernementales percevant plus de 23 000 euros de fonds annuels provenant de l'étranger – ce qui est le cas pour certaines associations financées par la fondation de Soros – à s'inscrire sur un registre les cataloguant comme "agents de l'étranger".

Le 15 avril, dans un entretien accordé au quotidien *Magyar Idők,* Orbán Viktor annonce clairement qu'il ne reculera pas devant les manifestations organisées ces derniers jours aussi bien en ce qui concerne l'université Soros (la CEU) que la transparence du financement des ONG. Il considère qu'il s'agit de sujets secondaires face au véritable conflit sur l'immigration. Il estime que la politique internationale est un théâtre de conflits et que l'immigration est au cœur de ce théâtre.

Samedi 22 avril le MKKP[168], parti du chien à deux queues, organise une manifestation parodique pour critiquer les dernières décisions prises par le gouvernement. Les 2 à 3 mille personnes qui défilent au centre de Budapest en brandissant des affiches humoristiques crient des slogans tels que : à bas la presse, à bas l'éducation, encore plus de démagogie. Le président du parti, Kovács Gergely, remercie Orbán d'avoir refusé l'introduction de l'euro tout en déplorant de ne pas pouvoir payer avec le rouble. Il réclame par ailleurs la construction d'une ligne ferroviaire directe vers La Corée du Nord via Moscou.

Le 29 avril, en prélude à une rencontre à Bruxelles des chefs d'état de l'Union européenne, le PPE, dont fait partie le FIDESZ, adresse une sévère mise en garde à Orbán Viktor. La Commission européenne a ouvert le mercredi précédent une procédure d'infraction à l'encontre de Budapest concernant sa loi sur les universités étrangères qui vise particulièrement la CEU. Le PPE veut que cette université reste ouverte. Le Parti Populaire européen a aussi indiqué à Orbán qu'il considérait la rhétorique anti-européenne de sa consultation « Stoppons Bruxelles » inacceptable. Il ne tolère plus les attaques constantes contre l'Europe, que le FIDESZ lance depuis des années, et qui ont maintenant atteint un niveau inacceptable. Orbán réplique que son gouvernement fournira une réponse à la commission européenne dans le délai d'un mois qui lui a été accordé.

Fin avril on apprend que le site d'information hongrois *Index.hu* vient d'être racheté par l'ex-meilleur ami d'Orbán, Simicska Lajos, qui possède déjà la chaine *HírTV* ainsi que le quotidien *Magyar Nemzet*. *Index.hu*, premier site d'actualités en Hongrie était devenu très critique envers Orbán ces derniers temps. Mais Simicska financerait aussi le parti d'extrême-droite Jobbik selon les dires d'*Origo*, un autre site internet proche celui-là d'Orbán. Bizarrement

---

168 Magyar Kétfarkú Kutya Párt.

la presse socialiste-libérale ne trouve rien à redire de l'acquisition de ce média par un milliardaire sulfureux.

L'ampleur des violations des principes fondamentaux de l'Union européenne commises par la Hongrie justifie l'engagement à son égard d'une procédure de sanctions, affirme le Parlement européen dans une résolution adoptée le 17 mai à Strasbourg par 393 voix contre 221 et 64 abstentions. La majorité des eurodéputés déplorent en effet que les procédures d'infraction ouvertes par la Commission européenne à l'encontre de Budapest, en 2015 pour non-respect du droit d'asile ou le mois dernier à propos d'une loi controversée sur l'enseignement supérieur, soient restées sans effet. Selon la résolution la situation justifie le lancement de la procédure prévue à l'article 7, paragraphe 1, du traité de l'Union européenne. Cet article, jamais utilisé à ce jour, donne la possibilité au Conseil européen, après avoir constaté qu'il existe un risque clair de violation grave par un état membre des valeurs fondamentales de l'UE, d'appliquer des sanctions, telles que la privation des droits de vote. Cependant l'opération requerrait un vote unanime du Conseil, lequel serait probablement très difficile à atteindre. Le Parti populaire européen, groupe politique de centre droit auquel appartient le FIDESZ, s'est désolidarisé de la résolution, présentée par la gauche et les libéraux, tout en critiquant le gouvernement hongrois. Le groupe Europe des nations et des libertés, auquel appartient le Front national, a présenté un amendement affirmant son plein soutien à Orbán Viktor, qui n'a pas été adopté. Le ministre hongrois des affaires étrangères, Szijjártó Peter, a rejeté la résolution du parlement européen qui équivaut, selon lui, à une nouvelle attaque du réseau de George Soros contre la Hongrie. Il ajoute que les institutions européennes sont manifestement incapables d'accepter le fait que le gouvernement hongrois continue de mener une politique migratoire qui vise exclusivement à garantir la sécurité de la Hongrie.

Depuis le retour du FIDESZ au pouvoir en 2010, le 4 juin, date anniversaire de la signature du traité du Trianon, est devenu Jour de l'unité nationale, pour réunir symboliquement la nation séparée. A cette occasion des nationalistes hongrois brandissent des affiches montrant une France réduite à peau de chagrin avec l'inscription en français « Vous ne seriez pas contents non plus ! » jusque sous les fenêtres de l'ambassade de France, tenue pour responsable de la catastrophe du Trianon. Cette année, Lázár János, le bras droit d'Orbán, franchit un cap. Il déclare qu'il faut une compensation morale, sinon financière, pour le « diktat du Trianon » et reprend le vieux slogan de l'entre-deux-guerres en exigeant la « Justice pour la Hongrie ». Mais on sait très bien que la Hongrie ne réclamera pas une révision des frontières, notamment avec la Roumanie et la Slovaquie où vit la majorité des trois millions de magyars de l'étranger. Le FIDESZ tente simplement de couper l'herbe sous le pied de l'extrême-droite, à moins d'un an des élections générales.

Le 13 juin le parlement hongrois adopte la loi relative aux ONG bénéficiant de fonds étrangers. Elle oblige donc les ONG bénéficiant annuellement de plus de 23 000 euros de fonds étrangers à fournir tous les ans la liste de leurs principaux donateurs étrangers et à se présenter explicitement comme « organisation bénéficiant de financements étrangers ». Ces ONG seront tenues de publier sur un site en ligne le détail exact des dons reçus de l'étranger, et les noms des donateurs. Cependant les organisations religieuses, sportives, les fondations publiques et les associations des minorités ethniques ne sont pas concernées par cette loi. L'examen du texte avait été reporté à plusieurs reprises en raison de manifestations organisées par ses détracteurs ainsi que des critiques de l'Union européenne et de l'ONU. Mais les députés ne se sont pas laissés influencer, la loi a été votée par 130 voix contre 44 et 24 abstentions.

Le même jour la Commission européenne lance une procédure d'infraction contre la république tchèque, la Pologne et la Hongrie qui refusent la relocalisation de demandeurs d'asile. Il s'agit de faire pression sur ces trois pays pour qu'ils acceptent le partage du fardeau migratoire. Il est peu probable que ces pays obtempèrent car il faudrait une unanimité des chefs d'État européens pour mettre en place des sanctions telles que le gel des fonds européens, comme le suggèrent certains députés européens. En 2015 la Hongrie a bénéficié de 5,6 milliards de crédits alors qu'elle n'a contribué au budget européen qu'à hauteur de 945 millions d'euros.

Le 6 juillet, dans un communiqué adressé au gouvernement, le président de la Fédération des institutions juives de Hongrie (Mazsìhisz) dénonce l'antisémitisme latent de la dernière campagne d'affichage du gouvernement appelant à ne pas laisser Soros, le milliardaire américain d'origine hongroise et de religion juive, rire le dernier, autrement dit à imposer sa société ouverte et immigrationniste à la Hongrie. L'ambassadeur d'Israël demande lui aussi qu'il soit mis fin à cette campagne. Cependant le premier ministre israélien Benyamin Netanyahou apporte son soutien à Orbán Viktor.

Le 13 juillet, la commission européenne ouvre une nouvelle procédure d'infraction contre la Hongrie au sujet de la loi qui entend imposer des obligations spécifiques aux ONG bénéficiant de capitaux étrangers. Pour Bruxelles, le texte n'est pas conforme au droit de l'Union sur la liberté d'association, la libre circulation des capitaux et la protection de la vie privée et des données personnelles. D'après Bruxelles, la loi menace l'activité des organisations, en limitant leurs possibilités de collecter des fonds. Bruxelles a adressé une lettre de mise en demeure à la Hongrie, qui dispose d'un mois pour y répondre. Il s'agit de la première étape de la procédure d'infraction. Si la réponse est jugée incomplète ou insatisfaisante, la Commission pourra alors adresser un avis motivé à Budapest avant une saisine éventuelle de la Cour de justice européenne, à Luxembourg. Le même jour la Commission a lancé la deuxième étape de la procédure d'infraction contre la loi hongroise sur l'enseignement supérieur, qui vise principalement l'Université d'Europe centrale du milliardaire américain George Soros. Il est décidément plus facile pour la Commission de s'attaquer à la Hongrie qu'au problème migratoire.

Le 18 juillet lors d'une conférence de presse commune avec son homologue israélien Benyamin Netanyahou, Orbán Viktor se pose en garant de la défense de la nation mais aussi en opposant farouche à l'antisémitisme. « Il est de notoriété publique que nous avons une histoire difficile derrière nous. Le gouvernement de la Hongrie a fait une faute, a commis de nombreux crimes, lorsqu'elle n'a pas pris la défense de ses propres compatriotes », a-t-il déclaré au cours de la conférence. Une façon pour lui de balayer les accusations de négationnisme à son encontre, alors qu'il avait déclaré en juin dernier que la nation hongroise n'a pu survivre aux années 20 et 30 que grâce à des hommes d'État exceptionnels tels que le régent Horthy.

Le 22 juillet Orbán Viktor prend la parole à la traditionnelle université d'été de Tusnádfürdő (Băile Tușnad) en Roumanie. Les observateurs politiques présentent cette intervention comme le premier discours de campagne d'Orbán en vue des législatives de 2018. Il renouvelle ses attaques contre Soros qui veut faire entrer chaque année en Europe un million d'immigrés, une population cosmopolite à dominante musulmane, et aussi contre les élites européennes incapables de protéger les frontières de l'UE, contrairement à la Hongrie qui a réussi à couper le couloir d'immigration passant par les Balkans. Il affirme que les nations européennes ont le devoir de maintenir leur identité culturelle, ce qui est incompatible avec l'accueil d'un grand nombre d'immigrés musulmans qui se proposent de modifier la culture européenne. Il constate que la Hongrie joue un rôle essentiel dans la bataille contre la déchristianisation de l'Europe. Il aborde aussi les questions économiques en faisant remarquer qu'en 2010, lors du retour du FIDESZ aux affaires, 3,6 millions de personnes travaillaient en Hongrie, et 1,8 millions payaient des impôts, alors qu'aujourd'hui 4,4 millions travaillent et paient des impôts[169]. Il s'inquiète enfin du déclin démographique et fait remarquer que les seuls pays capables de se maintenir biologiquement sont ceux dont le taux de fécondité atteint 2,1 enfants[170] par famille.

Fort de sa coopération réussie avec l'Autriche et les pays de la route des Balkans qui a permis début 2016 de fermer cette route en bloquant, contre l'avis de Berlin et Bruxelles, le passage entre la Grèce et les pays situés plus au nord, le groupe de Visegrád (V4) envoie, le 20 juillet, une lettre au premier ministre italien Gentiloni pour lui proposer de contribuer financièrement et matériellement à la surveillance de la frontière méridionale de la Libye, à l'entraînement des garde-côtes libyens et à la création de *hotspots*[171] hors d'Europe. Le but est, bien entendu, de pouvoir examiner les demandes d'asile avant de faire venir les éventuels vrais réfugiés, de décourager les migrations économiques et d'empêcher la venue de nouveaux djihadistes adeptes du terrorisme islamique. Dès le lendemain Gentiloni déclarera ne pas accepter les leçons et les

---

169 Tous les revenus sont imposés à 15 %, aucun contribuable n'est exempté d'impôt.

170 En 2015 le taux de fécondité des hongroises n'était que de 1,44.

171 On peut traduire ce terme par centre de tri. Il existe bien des hotspot en Grèce et en Italie mais ce ne sont que de simples centres d'accueil dans lesquels les immigrants déposent une demande d'asile avant de s'égayer dans l'espace de Schengen.

phrases menaçantes du V4 : « Nous n'avons pas de leçons à recevoir[172] [...]. On ne peut également pas accepter des paroles de menaces qui viennent de pays voisins. Nous disons de manière sereine que nous continuons à faire face à nos obligations. Nous demandons à ce que toute l'Europe remplisse ses obligations, sans qu'elle éprouve le besoin d'émettre des propositions douteuses. »

Fin juillet le journal social-démocrate *Népszavaza* annonce que les six derniers journaux régionaux indépendants (sur 18) viennent de tomber entre les mains du régime. Trois d'entre eux ont été rachetés par Vajna András, un producteur de cinéma américano-hongrois proche du FIDESZ, et les autres ont été achetés par l'autrichien Heinrich Pecina, ancien propriétaire du défunt *Népszabadság*. Le site d'opinion conservateur *PestiSrácok.hu* remarque, non sans ironie, que Pecina a comblé une décennie durant les déficits abyssaux de *Népszabadság* (d'obédience socialiste) avant d'essayer de le vendre en vain au parti socialiste. Et maintenant, la gauche l'accuse d'être à la solde du FIDESZ parce qu'il rachète trois journaux régionaux.

Le 7 août le secrétaire d'État adjoint à l'enseignement Maruzsa Zoltán annonce que le gouvernement a décidé d'intégrer une formation militaire et patriotique dans les cours d'éducation physique. Les installations ne devraient pas manquer puisque Orbán Viktor a annoncé il y a quelque temps la construction de 200 pistes de tir, essentiellement dédiées à l'entraînement des jeunes. D'ailleurs le Klik, organisme qui centralise tout le système éducatif, a écrit aux établissements scolaires pour leur demander si, dans leurs locaux, il serait éventuellement possible d'installer des stands de tir.

Le 9 août le vice-Premier ministre Semjén Zsolt déclare que la Hongrie est prête à accorder l'asile politique à Aideen Strandsson. Cette actrice iranienne, arrivée en Suède trois ans plus tôt s'est convertie au christianisme et a pris un nom de famille suédois. La Suède a décidé de ne pas renouveler son visa de travail et de l'expulser alors qu'elle risque la peine de mort pour apostasie si elle

---

172 Cependant, dans les jours qui suivent, le gouvernement italien va agir contre les ONG qui semblent être en collusion avec les passeurs en leur demandant de signer une charte de bonne conduite. Ce que refuseront certaines ONG, dont *Médecins sans frontières*, qui mettront fin à leur activité de « sauvetage » en Méditerranée.

retourne en Iran. Le motif avancé par les autorités suédoises est que sa conversion au christianisme relève de son choix, autrement dit qu'il fallait qu'elle reste musulmane pour éviter les problèmes.

Selon les informations publiées lundi 14 août par le journal *Magyar Idők* ce ne sont pas moins de treize terroristes, formés par l'État islamique, qu'Abdeslam[173] aurait convoyés depuis Budapest vers l'"Europe de l'Ouest en 2015. Alors que la crise des réfugiés battait son plein, Abdeslam était chargé de récupérer ses complices aux abords de la gare internationale de Budapest. Ces derniers s'étaient infiltrés dans la zone Schengen par la frontière entre la Hongrie et la Serbie, dissimulés parmi les flots de migrants. Parmi eux trois membres du commando du Bataclan – Omar Ismaël Mostefaï, Mohamed Foued-Aggad et Samy Amimour – récupérés par Abdeslam le 17 septembre 2015. Le réseau pourrait avoir profité de l'assistance involontaire des nombreux bénévoles qui venaient en aide aux migrants : Salah Abdeslam lui-même a séjourné à deux reprises dans l'appartement d'une responsable d'organisation humanitaire.

Le 25 août le ministre des affaires étrangères Szijjártó Péter annonce que la Hongrie a convoqué pour consultation son ambassadeur à La Haye. Cette décision intervient au lendemain de la publication d'une interview à l'hebdomadaire hongrois *168 Ora* dans laquelle l'ambassadeur néerlandais Gajus Scheltema, en fin de mission à Budapest, compare certaines méthodes du gouvernement hongrois à celle employées par les extrémistes musulmans. M. Szijjarto exige des excuses publiques du gouvernement néerlandais. Il déclare ne pas accepter d'explication à huis clos et ajoute que la Hongrie ne se laissera pas insulter. Le gouvernement hollandais se désolidarisera des propos tenus par son ambassadeur à Budapest.

Le 28 août, pour la deuxième fois de l'année, le président russe Poutine est en visite à Budapest. Invité à l'occasion de l'ouverture des championnats du monde de judo, qui ont lieu dans cette ville, il rencontre Orbán Viktor. Que retenir de cette visite ? D'après le média russe *Sputnik* il aurait promis à Orbán de lui apprendre les règles du judo. Plus sérieusement le ministre des affaires étrangères annonce un accord sur le démarrage des travaux d'agrandissement de la centrale nucléaire de Paks : ce sera en janvier prochain.

---

173 Le seul survivant de l'équipe de tueurs du Bataclan.

Poutine se voit par ailleurs remettre le titre de *Civis Honoris Causa* par l'Université de Debrecen en raison du rôle accordé à cette université dans le projet dénommé Paks II. L'opposition organise quelques actions de protestation peu suivies et le mouvement Momentum appelle à une marche aux flambeaux qui n'attire que quelques centaines de jeunes.

Le 30 août le bureau central de statistiques annonce que 4 434 000 travailleurs occupent un emploi, ce qui représente un pic historique, en hausse de 62 000e sur un an. Par contre le nombre des chômeurs, en baisse de 35 000 sur un an, ne s'élève plus qu'à 193 000, ce qui donne un taux de chômage de 4,2 %.

Le 31 août l'association des retraités organise une conférence à laquelle elle invite les partis politiques à présenter les mesures qu'ils prendraient en faveur des retraités en cas de victoire électorale. Le FIDESZ est absent mais tous les partis d'opposition, les diverses tendances socialistes, les libéraux, les écologistes et même le Jobbik sont présents. On rivalise de générosité : 13$^e$ mois pour les retraités, augmentation de 50 000 forints voire même doublement du minimum retraite avec instauration d'un plafond de retraite, doublement du nombre des maisons de retraite, peines plus sévères pour les auteurs de délits touchant les personnes âgées, soutien de l'État aux supermarchés livrant les retraités à domicile, création d'une université pour les retraités souhaitant se remettre aux études, etc. Le chef du MOMA, le conservateur libéral Bokros Lajos, trouble quelque peu l'assistance en faisant remarquer que ces promesses ne pourront être tenues qu'en augmentant les impôts ou en diminuant le financement d'autres secteurs tels que l'éducation ou la santé.

Le 1$^{er}$ septembre est rendu public le contenu d'une lettre qu'Orbán Viktor vient d'adresser à Jean-Claude Juncker, président de la commission européenne. Il explique qu'en bloquant le flot migratoire à ses frontières la Hongrie agit non seulement dans son propre intérêt mais aussi dans celui de l'UE entière. Par conséquent il trouve anormal que le coût de cette protection, 270 milliards de forints soit environ 882 millions d'euros, soit uniquement supporté par les contribuables hongrois. Il demande donc que l'UE prenne en charge la moitié de cette somme. Juncker rejettera dédaigneusement cette demande.

189

Le 6 septembre La Cour européenne de justice rejette la requête magyaro-slovaque demandant un traitement de faveur sur les quotas de migrants que l'UE veut imposer aux différents pays de l'Union, décision que Budapest et Bratislava refusent d'appliquer. La Hongrie a douze mois pour régulariser sa situation en accueillant 1294 immigrés relocalisés, sinon elle risque une forte amende. Le gouvernement hongrois juge cet arrêt de la Cour irresponsable et scandaleux. Le ministre des affaires étrangères Sijjártó Péter déclare que la Hongrie n'acceptera aucun immigré sur la base des quotas et se battra.

En ce début septembre la campagne électorale pour les élections législatives de 2018 est bien lancée. Les deux principales factions socialistes, le MSZP avec son candidat Botka et la coalition démocratique de Gyurcsány, n'arrivent pas à s'entendre. Le FIDESZ présente Botka comme une marionnette de Soros et il affirme que Gyurcsány a l'intention de mettre en place les projets de Soros. Reprenant un slogan du FIDESZ des années 1990, la coalition démocratique distribue des tracts appelant à choisir entre Orbán et l'Europe. Le Jobbik poursuit son opération de dédiabolisation en gommant toutes les aspérités les plus extrémistes de son programme. Mais les médias d'État ressortent des images d'archive montrant les liens passés entre le Jobbik et un groupe nazi croate ou encore en rappelant les propos violents, anti-tziganes et anti-juifs, tenus dans le passé par Vona Gábor, chef du Jobbik. Il ne fait cependant pas de doute que le FIDESZ emportera les prochaines élections. Le 5 septembre le site internet *Origo.hu* a publié une étude se basant sur des sondages réalisés le mois précédent par 5 instituts. Seuls 4 partis dépasseraient la barre des 5 % nécessaires pour bénéficier de sièges à la proportionnelle : le FIDESZ, le Jobbik, le MSZP, et la coalition démocratique avec respectivement 47 % 19 %, 14 % et 6 % des intentions de votes. Si les formations de gauche partaient unies cela donnerait 131 sièges pour le FIDESZ, 40 pour la gauche et 28 pour le Jobbik. Une majorité confortable pour le FIDESZ mais pas tout à fait les deux-tiers nécessaires pour le vote de certaines lois (133 voix sur 199).

*l'homme du milliardaire*

Le 10 septembre, dans une interview au *Berliner Zeitung*, la chancelière Angela Merkel affirme que le rejet par Budapest du verdict du procès des quotas, prononcé le 6 septembre contre la Hongrie, est inacceptable. Mme Merkel ajoute que la question éventuelle d'une expulsion du pays de l'Union pourrait être soulevée au Conseil Européen d'octobre, si le gouvernement hongrois ne se plie pas à la décision de Strasbourg en accueillant 1294 immigrés relocalisés.

Le 19 septembre une délégation de parlementaires européens arrive en Hongrie pour vérifier si les fonds européens sont correctement utilisés. Elle s'intéresse d'abord à la nouvelle ligne de chemin de fer, d'une longueur de 6 kilomètres dont le terminus est Felcsút, le village où réside Orbán Viktor. Le gouvernement avait assuré à Bruxelles que le train transporterait entre 3 et 7 mille voyageurs par jour. Or de nombreux journalistes vont régulièrement à Felcsút et constatent que ce train circule pratiquement à vide. Le seul crime de ce malheureux petit village est d'être lié à Orbán Viktor, s'indigne Deutsch Tamás, un député du parti FIDESZ. Il dénonce une ingérence politique de Bruxelles à quelques mois des élections législatives. Le chef de cabinet du premier ministre parle d'outrage. L'eurodéputée allemande responsable de la délégation rétorque qu'elle est politiquement neutre. Elle ajoute que le groupe s'intéressera aussi à la ligne 4 du métro, chantier de l'ancienne municipalité socialiste-libérale de Budapest entaché de soupçons de fraude.

Le 22 septembre Orbán Viktor donne une conférence de presse à l'issue d'une visite officielle à Varsovie. Il déclare que l'Europe voit aujourd'hui apparaître clairement deux groupes de pays : les pays d'immigration qui, en ce qui concerne leur avenir, l'équilibre démographique et le marché du travail, misent tout sur les immigrés – ce sont typiquement les anciennes puissances coloniales – et ceux qui ne veulent pas le devenir et souhaitent résoudre leurs problèmes de démographie par une politique familiale et en stimulant l'économie. Il ajoute que l'avenir de l'UE dépend de la possibilité de communiquer entre ces deux groupes de pays. Mais au lieu d'observer le respect mutuel, les pays d'immigration veulent nous obliger à devenir comme eux, constate-t-il.

Le 25 septembre Botka László, le chef de file des socialistes, propose à 6 partis d'opposition de faire liste commune avec le MSZP qui leur réservait la moitié des sièges sur sa liste nationale. Le petit parti Momentum lui répond par la négative en précisant qu'il a l'intention de présenter des candidats dans les 106 circonscriptions. Il se dit que ce mouvement a rencontré récemment le parti LREM[174] de Macron. Peut-être pour essayer d'obtenir la recette permettant à un parti partant de zéro d'obtenir la majorité absolue au Parlement.

Le 26 septembre, le ministre des affaires étrangères Szijjártó Péter réagit à la décision ukrainienne d'interdire l'enseignement dans les langues des minorités linguistiques à partir de la cinquième classe (l'équivalent de notre CM2). La mesure vise bien évidemment les russophones mais aussi la petite minorité hongroise vivant en Ukraine. Il qualifie cette décision de honte et assure que la Hongrie fera tout pour bloquer les initiatives favorables à l'Ukraine dans les organisations internationales et en particulier dans l'Union européenne. Il garantit que cela fera mal à l'Ukraine dans le futur. Environ 150 000 Hongrois vivent en Ukraine, principalement autour de Berehove[175] et la majorité d'entre eux ne parle pas l'ukrainien.

Le 1er octobre débute une consultation populaire afin de savoir si les hongrois soutiennent le plan Soros, c'est-à-dire l'arrivée d'un million de migrants par an dans l'Union européenne. l'ONG Human Right Watch (HRW), qui ne fait pas dans la dentelle, dénonce une nouvelle campagne de haine. Le questionnaire adressé au domicile des électeurs leur demande de dire s'ils sont d'accord avec sept propositions découlant du plan Soros dont la destruction de la

---

174 Le mouvement de jeunes Momentum est alors qualifié par certains journalistes de bébé-Macron
175 Petite ville de l'ouest de l'Ukraine, frontalière de la Hongrie.

clôture érigée au sud de la Hongrie, une dépense de 9 millions de forint[176] par an et par immigré, l'adoucissement des peines pour les délinquants étrangers, etc. Le plan Soros n'existe pas, c'est une invention du gouvernement affirme Csontos Csaba, porte-parole en Hongrie de la fondation *Open Society*, financée par George Soros.

Le 2 octobre Botka László, candidat socialiste au poste de premier ministre, annonce son retrait. Il met en avant les difficultés qu'il a rencontrées ces derniers mois à construire une liste d'union de toute l'opposition de gauche ou libérale. Il constate que les partis qu'il qualifie de démocratiques ne semblent pas vouloir gagner en 2018, leur objectif se limitant à envoyer quelques personnes siéger sur les bancs de l'opposition du régime Orbán. Il critique vertement les partis LMP et DK qui ont désigné la semaine précédente leur propre candidat au poste de premier ministre.

Le 13 octobre le gouvernement hongrois octroie un an supplémentaire à la CEU, université américaine de Budapest financée par le milliardaire américain George Soros, pour se conformer à la nouvelle loi sur les universités étrangères qui sont au nombre de 28 en Hongrie. La CEU est la seule à ne pas respecter l'obligation de posséder un campus dans son pays de rattachement. Mais elle a annoncé récemment qu'un accord de principe avait été trouvé avec un établissement américain et son président a estimé au début du mois que la balle était dans le camp du gouvernement afin qu'il signe et ratifie rapidement la solution proposée. Selon la CEU l'annonce gouvernementale est donc un pas en arrière qui prolonge l'incertitude tout en éloignant une solution à portée de main.

Le 17 octobre le chargé d'affaires à l'ambassade des États-Unis à Budapest condamne les atteintes portées par le gouvernement hongrois à la liberté de la presse, et notamment la récente initiative d'un média qui a publié une liste de huit journalistes supposés hostiles à la Hongrie. Le diplomate souligne que les alliés du gouvernement hongrois ont progressivement étendu leur contrôle et leur influence sur le marché des médias, sans rencontrer d'opposition des autorités de la concurrence. Il dit regretter que dans les titres acquis par des acteurs pro-gouvernementaux les journalistes soient forcés de suivre les recommandations éditoriales dictées par les nouveaux propriétaires. Dans un communiqué le

---

176 Environ 30 000 €

ministère des affaires étrangères répond que si le chargé d'affaires prend la peine, avec l'aide d'un interprète, de feuilleter les quotidiens, de consulter les portails Internet et de visionner les émissions d'actualité, il pourra constater que d'innombrables informations critiquant le gouvernement sont diffusées chaque jour. Le ministère remarque par ailleurs que l'ambassade des États-Unis à Kiev avait salué il y a quelques semaines la modification de la loi ukrainienne sur l'éducation, en dépit du fait que celle-ci porte atteinte d'une manière inouïe aux droits des minorités. Il en conclut que les diplomates américains de Kiev et de Budapest ne sont pas informés des sujets sur lesquels ils s'expriment.

Le 23 octobre, lors d'un discours prononcé dans le cadre de la commémoration du début de l'insurrection de 1956, Orbán Viktor déclare que l'identité hongroise est menacée par le mondialisme et les spéculateurs financiers. Il remarque que les communistes n'ont pas réussi à faire des Hongrois des *Homo Sovieticus* mais aujourd'hui il constate avec stupeur que les puissances mondialistes tentent de forcer les portes de la Hongrie et de faire des hongrois des *Homo Bruxellicus*. Il désigne clairement le responsable de la menace pesant sur la culture et le peuple de Hongrie : un empire financier qui n'a pas de frontières, qui a des dizaines de milliers de personnes à son service, qui dispose de réseaux étendus, qui agit avec force et brutalité. Cet empire de la spéculation financière a pris Bruxelles en otage, ainsi qu'un certain nombre d'États membres. C'est cet empire financier qui est responsable de l'immigration massive et a fomenté le projet de faire de l'Europe une terre métissée. Alors que l'Europe centrale est la dernière partie de l'Europe sans migrants, Orbán estime que le sort de l'Europe se joue actuellement et qu'il est encore possible de retrouver la grandiose Europe d'avant le multiculturalisme.

Le 24 octobre un pakistanais soupçonné d'être un tueur à gages avec 70 meurtres à son actif dans son pays est arrêté en Hongrie, mêlé à un groupe de migrants qui comptaient entrer illégalement en Autriche. Le Pakistan avait émis un mandat d'arrêt international pour meurtre à l'encontre de l'individu interpellé. Le groupe de migrants avec lequel il se déplaçait comptait franchir la frontière avec un passeur. Ils ont été arrêtés à environ 175 km au sud de Budapest, à proximité des frontières croate et serbe.

Le 13 novembre le département d'État américain annonce l'ouverture d'un fonds de 700 000 dollars destiné à aider les médias indépendants en Hongrie, qu'il juge soumis à des pressions et intimidations de la part du gouvernement Orbán. Le chargé d'affaires David Kostelancik, plus haut diplomate américain actuellement en poste à Budapest, s'était inquiété le mois dernier d'une érosion du pluralisme des médias en Hongrie. Selon lui, il y a encore en Hongrie des médias indépendants et d'opposition qui sont capables de faire du journalisme avec une large liberté éditoriale. Cependant, leur nombre se réduit et ils rencontrent sur le marché publicitaire des obstacles auxquels ne sont pas confrontés les médias pro-gouvernementaux. Les fonds seront disponibles à partir de mai 2018. L'argent servira à former et équiper des journalistes. Le ministère des affaires étrangères convoquera immédiatement le chargé d'affaires à l'ambassade américaine pour lui demander des explications sur cette immixtion dans les affaires intérieures de la Hongrie.

Le 20 novembre Georges Soros répond, sur son blog, aux attaques dont il est l'objet de la part du gouvernement hongrois qui a lancé une consultation nationale sur son prétendu plan : « Face à la situation désastreuse des systèmes de santé et d'éducation et à la montée de la corruption dans le pays, le gouvernement hongrois cherche à distraire ses concitoyens en inventant un ennemi extérieur. Il a choisi George Soros et déclenché une vaste campagne médiatique contre lui, qui coûte 10 millions d'euros aux contribuables, attise les sentiments antimusulmans et reprend la rhétorique antisémite des années 1930. Cette consultation nationale s'inscrit dans le cadre des actions de propagande entreprises depuis mai 2015, qui ont déjà donné lieu au référendum diabolisant les migrants et les réfugiés en 2016 et à la consultation «Stop Bruxelles» au printemps dernier. » Manifestement Georges Soros doit regretter d'avoir financé un semestre d'études d'Orbán à Oxford en 1989-90 et d'avoir apporté un soutien de 4,7 millions de forints lors de la création du FIDESZ à la fin des années 80.

Le 5 décembre le millionième citoyen hongrois d'outre-frontières, originaire de Gunaras[177] en Voïvodine, est invité à prêter serment au Parlement. Il fait partie de ces habitants de Slovaquie, d'Ukraine, de

---

177 Гунарош en serbe. 97 % des 1440 habitants de ce village du nord de la Serbie font partie de la minorité hongroise.

Roumanie ou de Serbie qui savent parler hongrois et qui ont une ascendance hongroise. Ces nouveaux hongrois n'ont en général pas l'intention de quitter leur pays d'origine mais ils possèdent un passeport qui leur permet de se déplacer librement dans l'espace de Schengen. Ils bénéficient aussi du droit de vote pour les élections législatives, en ce qui concerne la fraction de députés élus à la proportionnelle. En 2014 seuls 63 000 de ces binationaux avaient voté. A 95 % en faveur du FIDESZ. Aujourd'hui ils sont 350 000 à être inscrits sur les listes électorales et le gouvernement espère que leur nombre atteindra le demi-million pour les prochaines élections.

Le 7 décembre la Commission européenne décide de renvoyer la Pologne, la Hongrie et la République tchèque devant la Cour de justice de l'Union européenne (CJUE) au motif que ces pays refusent d'accueillir des immigrés selon les quotas qui leur ont été assignés. La Pologne et la Hongrie n'en ont accueilli aucun tandis que le République tchèque n'en a accepté que 16. Il est à noter que la veille, le gouvernement portugais, bon élève du système de relocalisation, confirmait que sur 1 500 relocalisés accueillis, plus de 820 s'étaient déjà enfuis et l'on ne savait rien de leur lieu de séjour. Le même jour la Commission forme aussi des recours contre la Hongrie au sujet de sa loi relative aux ONG bénéficiant de financements étrangers ainsi qu'à celle relative à l'enseignement supérieur qui, selon la Commission, viserait à la fermeture de l'Université d'Europe Centrale (CEU) fondée et financée par Soros. Le gouvernement hongrois compare cette série de mesures à une attaque à l'arme automatique.

Le 15 décembre, alors qu'il vient d'être condamné par la Cour des Comptes à une amende colossale de 662 millions de forints[178] pour irrégularités dans ses dépenses de campagne électorale, le Jobbik appelle à manifester devant le siège du FIDESZ. Plus de 2 000 manifestants, dont des membres des partis LMP, Együtt et Momentum, écoutent le discours de Vona Gábor qui dénonce la corruption et le vol auquel le pays est soumis avec le gouvernement Orbán. Devant une gigantesque affiche portant le slogan « il n'est pas possible d'interdire le peuple mais il est possible de changer de gouvernement » il affirme qu'Orbán c'est le passé tandis que le Jobbik représente le futur. Il ajoute que ce jour marque un tournant

---

178 En fait une amende 331 millions de forints, plus d'un million d'euros, associée à la suspension de la prochaine tranche de financement public d'un même montant.

historique puisque des partis tels que le LMP, Együtt et Momentum manifestent au côtés du Jobbik. Il faut cependant noter que les partis socialisants MSZP et DK ont refusé de se joindre à la manifestation en qualifiant le Jobbik de raciste et d'antisémite.

Le 25 décembre, à l'occasion de ses vœux de Noël, Orbán Viktor appelle les Européens à la résistance, les invitant notamment à protéger leur culture chrétienne, déclarant : « le christianisme est une culture et une civilisation. Nous vivons dedans. Il ne s'agit pas de savoir combien de personnes vont à l'église ou combien prient honnêtement. La culture est la réalité de notre vie quotidienne. », tout en promettant que la Hongrie ne se retranchera pas derrière des blocs de béton et ne regardera pas ses femmes et ses filles se faire harceler le soir du Nouvel An[179]. Les bases de la vie européenne sont maintenant attaquées, ajoute-t-il, faisant allusion aux difficultés rencontrées par des pays comme la Grande-Bretagne, la France et l'Allemagne, qui poursuivent des politiques de migration de masse et de multiculturalisme.

### Année 2018

Le 1$^{er}$ janvier 2018 le salaire minimum brut augmente de 8 %, passant de 127 500 à 138 000 forints, le salaire minimum garanti pour les travailleurs qualifiés augmente de 12 %, passant de 161 000 à 181 500 forints[180] tandis que le taux des charges patronales baisse de 22 à 19,5 %. Dans les restaurants le taux de TVA sur la nourriture passe de 18 à 5 %. L'âge de départ à la retraite est relevé à 63 ans et demi.

En ce début d'année l'OCDE, Organisation de coopération et de développement économique, publie ses prévisions sur les hausses de salaires attendues en 2018 dans ses 32 états membres. On apprend que les salariés hongrois devraient voir leur salaire réel augmenter en moyenne de 4,9% cette année. Une conséquence du boom économique dans le pays avec une croissance attendue à 4,3% en 2018 et un taux de chômage parmi les plus bas du monde à 3,8% de la population active.

---

179 Une référence aux 1 200 femmes agressées à Cologne par des immigrés dans la nuit du 31 décembre 2015 au 1$^{er}$ janvier 2016.
180 Soit 445 € pour le salaire minimum et 585 € pour le salaire garanti.

Le 5 janvier Orbán Viktor assiste, en tant qu'hôte d'honneur, à la conférence d'hiver du CSU[181], au monastère Seeon, en Bavière. Martin Schultz, chef du parti social-démocrate d'Allemagne, avait déclaré qu'Orbán suivait une logique dangereuse, en premier lieu dans la politique migratoire, et qu'il attendait du chef de la CSU qu'il lui pose des limites à ce sujet. Orbán lui répond sèchement que la Hongrie ne comptait pas accueillir de nouveaux réfugiés à l'avenir. « Les Hongrois croient qu'un grand nombre de musulmans conduit inévitablement à des sociétés parallèles. Ils ne souhaitent rien de tel. Et ils ne souhaitent pas y être forcés. » Orbán ajoute qu'il ne considère pas les immigrés comme des réfugiés musulmans, mais comme des envahisseurs musulmans qui ne sont que des migrants économiques en quête d'une meilleure vie.

Le 9 janvier, Vona Gábor, président du Jobbik, annonce qu'il ne paiera pas l'amende colossale qui lui a été infligée par la Cour des Comptes. On connaît maintenant le motif avancé par la Cour : financement illégal et refus de coopérer lors de l'enquête de la Cour. Il y a eu ces derniers mois une importante campagne d'affichage du Jobbik dénonçant la corruption du FIDESZ. Cette campagne a été réalisée par une société appartenant à l'ex-meilleur ami d'Orbán, Simicska Lajos. Et l'afficheur a accordé un prix d'ami au Jobbik, très inférieur aux tarifs habituellement pratiqués. Par ce biais il a donc illégalement financé le Jobbik.

Le 12 janvier l'OLAF (Office de lutte anti-fraude de l'UE) révèle avoir découvert de graves irrégularités dans un vaste contrat – 35 marchés au total – d'équipement en éclairage public de municipalités hongroises cofinancé par des fonds européens. L'affaire fait du bruit en Hongrie car l'entreprise qui a remporté la plupart des marchés entre 2011 et 2015, Elios innovative, avait comme actionnaire principal Tiborcs István, le gendre d'Orbán Viktor. Le porte-parole du gouvernement hongrois a déclaré que son pays était disposé à ouvrir une enquête judiciaire tout en remarquant que les appels d'offre avaient été lancés sous le précédent gouvernement de gauche. Avant que Tiborcz n'épouse une fille d'Orbán.

Le 15 janvier le premier ministre roumain démissionne. Quelque jours auparavant il avait provoqué la colère des hongrois de

---

181 Branche bavaroise de le droite démocrate-chrétienne allemande.

Transylvanie en déclarant qu'il les pendraient aux côtés de leur drapeau autonomiste si celui-ci continuait d'apparaître sur les bâtiments publics. Les Hongrois sont nombreux en Transylvanie, ils sont même majoritaires dans deux départements de cette région et leur drapeau est hissé dans les mairies chaque fois qu'ils en ont le contrôle. Le 8 janvier les trois partis représentant la minorité hongroise de Roumanie avaient signé une déclaration commune exigeant une autonomie pour la partie de la Transylvanie où les hongrois sont majoritaires, une zone de 13 000 km² peuplée de 650 000 habitants .

Le 17 janvier le porte-parole du gouvernent annonce que 2,3 millions de hongrois ont participé à la consultation nationale sur le plan Soros et qu'il s'avère que l'opposition au plan du spéculateur milliardaire soutenant l'immigration est quasi-unanime. Le gouvernement présentera donc un projet de loi pour entraver l'action des ONG et des individus qui sont au service de Soros et qui menacent la sécurité de la Hongrie en organisant l'immigration clandestine.

Le 24 janvier l'administration hongroise communique les chiffres relatifs aux demandes d'asile acceptées en 2017. Ce sont près de 1 300 réfugiés qui ont été accueillis. Pour l'opposition socialiste/libérale il s'agit d'une information embarrassante pour le gouvernement qui ne cesse de mettre en garde contre le poison migratoire et les envahisseurs musulmans. Pour le gouvernement cela prouve que son administration examine avec attention les demandes d'asile et y répond favorablement lorsque ces demandes sont justifiées, et uniquement dans ce cas.

Le 25 janvier, au forum de Davos[182], Soros déclare qu'Orbán a acheté les dirigeants du parti socialiste pour pouvoir maintenir son État mafieux. Il ajoute qu'Orbán a placé des espions dans tous les petits partis d'opposition pour favoriser la dispersion des voix. Les socialistes démentent avec véhémence. Mais il est vrai que la mésentente entre les nombreux groupes ou groupuscules socialistes et libéraux à moins de trois mois des élections ne peut qu'avantager le FIDESZ.

---

182 Réunion annuelle regroupant des dirigeants d'entreprises multinationales et des responsables politiques.

Fin janvier la Cour européenne de justice donne raison à un demandeur d'asile africain qui contestait le rejet par la Hongrie de sa demande. Le motif avancé par le plaignant pour obtenir l'asile en Hongrie était son homosexualité. L'office hongrois d'asile l'avait débouté car, selon un rapport psychologique, l'orientation homosexuelle de l'individu n'était pas prouvée. Pour la Cour de justice l'expertise psychologique est une intrusion disproportionnée dans la vie privée. Il convient donc s'en tenir aux déclarations des demandeurs d'asile sans tenter de vérifier si elles sont exactes.

Jeudi 8 février a lieu la première représentation de Porgy and Bess[183] à l'Opéra de Budapest. Certains intellectuels crient au scandale car l'action a été transférée des taudis de la Caroline du Sud vers un camps d'immigrés. De plus les deux acteurs principaux ne sont pas noirs mais blancs alors que Gershwin aurait émis le souhait que les rôles de Porgy et Bess soient toujours tenus par des noirs. Cependant les hongrois ont l'air d'apprécier car le spectacle se joue à guichets fermés. Au même moment à Broadway on choisit une actrice noire pour incarner Jeanne d'Arc. Et en France c'est le rôle du docteur Knock[184] qui est confié à un interprète noir. Et cela ravit les mêmes intellectuels.

Le 11 février le parti socialiste MSZP réunit son congrès pour faire avaliser sa liste nationale de candidats et surtout sa tête de liste Karácsony Gergely, chef du minuscule parti Párbeszéd, allié aux socialistes. Le leader travailliste anglais Jeremy Corbyn envoie un message pour exhorter la gauche hongroise à vaincre la politique d'Orbán. Un inaccessible rêve puisque l'opposition socialiste/libérale part au combat très divisée. Outre le MSZP/Párbeszéd cette mouvance est aussi représentée par la coalition démocratique (DK) de l'ancien premier ministre socialiste Gyurcsány, le minuscule parti Együtt et l'éventuelle alliance des verts/libéraux du LMP avec le mouvement Momentum qui n'arrive pas à décoller malgré le soutien du parti LREM de Macron. Par ailleurs le dernier sondage d'opinion en vue des législatives accorde 53 % des intentions de vote au FIDESZ.

Le 14 février Orbán présente au parlement sa proposition de loi intitulée « stop Soros ». Elle vise les ONG qui  soutiennent les

_____

183 Opéra composé par George Gershwin.
184 Personnage d'une pièce de théâtre écrite par Jules Romains.

immigrés. Ces associations devront demander une autorisation d'activité qui pourra leur être refusée pour raisons de sécurité. Les organisations habilitées à agir subiront une taxe de 25 % sur les donations et financements provenant de l'étranger. Il n'est bien entendu pas question de faciliter l'immigration illégale. Tout Hongrois qui soutiendrait l'entrée illégale d'un ressortissant étranger pourra se voir interdire l'accès de la portion de territoire situé à moins de 8 km de la frontière. Tout citoyen étranger se trouvant dans le même cas pourrait se voir interdire l'entrée en Hongrie. Le commissaire aux droits de l'homme du Conseil de l'Europe proteste tout comme le porte-parole du Haut-Commissariat aux droits de l'homme de l'ONU.

Dimanche 18 février Orbán prononce son discours annuel sur l'état de la nation. L'immigration est l'un des principaux sujets abordés. Il constate que le danger menaçant la Hongrie vient de l'Occident. Il vient des politiciens de Bruxelles, Berlin et Paris qui veulent que les pays de l'Est européen hostiles à l'immigration adoptent leurs politiques : des politiques qui ont fait de chez eux des pays d'immigration et qui ont ouvert la voie au déclin de la culture chrétienne et à l'expansion de l'islam. Ces politiciens veulent que la Hongrie accueille aussi les migrants et qu'elle devienne un pays aux populations mixtes alors que le multiculturalisme a échoué partout. Aussi absurde que cela puisse paraître le danger vient de l'Ouest européen qui cherche à imposer ses vues, aidé par le spéculateur financier Soros. Mais dans son combat contre Bruxelles la Hongrie n'est pas seule. Le groupe de Visegrád (Hongrie, Slovaquie, Pologne, République tchèque) est ferme, la Croatie se laisse convaincre, l'Autriche a pris une direction patriotique et en Bavière, la CSU (Union chrétienne-sociale) a créé une résistance, s'est félicité Orbán Viktor.

Le 20 février nous apprenons que Székesfehérvár, commune de cent mille habitants dans la région de Transdanubie[185] centrale, ne pourra pas prétendre à devenir « capitale européenne de la culture » pour l'année 2023. La capitale européenne de la culture est une ville désignée par l'Union européenne pour une période d'une année civile durant laquelle un programme de manifestations culturelles est organisé. La ville avait donc présenté sa candidature auprès du jury nommé par le conseil de l'Union européenne et proposé un clip

_____

185 Partie de la Hongrie située à l'ouest du Danube.

de présentation. La ville a été éliminée car le jury estime que le clip est un film de propagande pour une Europe blanche et chrétienne. Il est vrai qu'il est difficile de trouver des habitants noirs ou des mosquées dans cette charmante ville qui fut le lieu des couronnements royaux avant l'occupation ottomane.

Dimanche 25 février une élection partielle est organisée dans la ville de Hódmezővásárhely suite au décès de son maire[186] élu en 2014 avec 61 % des voix sous l'étiquette FIDESZ. A la surprise générale c'est le candidat indépendant Márki-Zay Péter qui est élu avec 57 % des voix dans ce bastion du FIDESZ. Márki-Zay avait reçu le soutien de la totalité de l'opposition, des socialistes à l'extrême droite, en passant par les verts et les libéraux. Dès le lendemain des voix se font entendre dans les différents partis pour prôner l'union de toutes les forces opposition lors des législatives prévues le 8 avril. Cependant le Jobbik réagit aussitôt en déclarant qu'il n'accepterait un accord qu'avec les partis du XXIe siècle, c'est-à-dire les verts du LMP et le mouvement Momentum. Quand à la coalition démocratique de Gyurcsány, elle refuse toute alliance avec l'extrême droite.

Début mars Lázár János, bras droit d'Orbán Viktor, poste sur son site Facebook un vidéo réalisée dans une rue de Favoriten, un quartier de la capitale autrichienne où vivent de nombreux étrangers. Il y a beaucoup plus de désordre, de saleté et d'ordures dans les rues et les quelques Viennois qui vivent encore ici disent que les crimes sont beaucoup plus nombreux, déclare-t-il sur fond d'images d'immigrés, de noirs et de femmes voilées. Il ajoute que les immigrés ont pris le pouvoir dans ce quartier et que les blancs et les chrétiens ont dû déménager. Le parti social-démocrate autrichien, qui dirige Vienne avec les écologistes, rejette des commentaires qui s'inscrivent selon lui dans une stratégie électorale raciste et xénophobe mise en place par le FIDESZ en vue des élections législatives du 8 avril tandis que le premier ministre autrichien reconnaît qu'il y a du vrai dans les propos de Lázár. Facebook supprime cette vidéo au prétexte qu'elle enfreint sa charte communautaire avant de la réintroduire, affirmant faire une exception à l'interdiction des discours de haine car des exceptions sont parfois faites si le contenu est intéressant, significatif ou important pour le public.

---

186 Le maire est élu directement et non par les conseillers municipaux.

Le 6 mars le Haut-Commissaire de l'ONU chargé des droits de l'homme, le jordanien Zeid Ra'ad Al Hussein[187], publie sur le site de l'organisation un texte dans lequel il réitère et tente de justifier ses accusations de racisme envers Orbán. Des accusations qu'il avait lancées quelques jours auparavant entraînant une réaction du ministre hongrois des Affaires étrangères. Ce dernier avait demandé la démission du Haut-Commissaire suite à ses propos considérés comme diffamatoires envers Orbán. Parmi les justifications du Haut-Commissaire on trouve le refus hongrois du multiculturalisme, les consultations citoyennes sur l'immigration, le fait que 72% des hongrois sont défavorables à l'islam ou encore le faible nombre de citoyens d'origine africaine installés en Hongrie, 1064 hommes et 260 femmes seulement. Le gouvernement lance immédiatement une campagne d'affiches contre l'ONU.

*L'ONU veut que nous accueillions des immigrés à jet continu. LA HONGRIE DÉCIDE, PAS L'ONU !*

A l'occasion de la fête nationale du 15 mars le FIDESZ fait défiler plusieurs centaines de milliers – 500 000 selon les autorités – de ses partisans. A l'issue de la marche Orbán s'adresse à la foule rassemblée devant le Parlement. Il prononce un discours de 25 minutes portant essentiellement sur la question migratoire. Il déclare notamment que l'Afrique veut enfoncer notre porte et que

---

187 Favorable à la criminalisation universelle du blasphème.

Bruxelles ne nous défend pas, que l'Europe est déjà sous invasion et qu'ils (les dirigeants de l'UE) regardent les mains en l'air, que les pays qui n'arrêtent pas l'immigration seront perdus. Il ajoute, à trois semaines des élections législatives, qu'il ne veut pas seulement gagner ces élections, mais surtout gagner l'avenir de la Hongrie en bloquant le déplacement de population voulu par Bruxelles et Soros. De leurs côtés les différents partis d'opposition n'arrivent à réunir que quelques milliers de participants sans grand enthousiasme.

Le 19 mars, le lendemain de la réélection triomphale de Vladimir Poutine à la présidence de l'État russe, Orbán est l'un des rares dirigeants de l'UE à lui adresser un message de félicitations sans réserve, affirmant que cette réélection garantira la poursuite du développement des relations bilatérales entre la Russie et la Hongrie dans la période à venir. Une attitude qui contraste avec la position fébrile des dirigeants occidentaux qui entretiennent une véritable hystérie envers la Russie pour cause de Crimée, Donbass, Syrie et maintenant affaire Skripal[188].

Le 20 mars Manfred Weber, président du groupe parlementaire de droite PPE au Parlement européen, rencontre le premier ministre hongrois à Budapest, mettant ainsi fin à toute spéculation de mise à l'écart du FIDESZ. Orbán déclare que son parti se tiendra aux côtés du PPE aux élections européennes de 2019. Il reconnaît que le FIDESZ se situe à la droite de ce courant politique. Mais il estime que le PPE est une grande tente au sein de laquelle ce genre de parti a aussi sa place.

Le 28 mars le chef de file de la coalition socialiste Karácsony Gergely est interviewé par le site internet Index. Il indique les mesures que son gouvernement prendrait en cas d'improbable victoire du camp de gauche dans lequel il range aussi les libéraux et les écologistes. Il affirme qu'aucun membre des anciens gouvernements socialistes ne pourra faire partie de son gouvernement. Cela vise particulièrement Gyurcsány Ferenc, chef de file de la coalition démocratique (DK) et ancien premier ministre. Il est aussi interrogé sur l'hypothèse d'une majorité qui ne serait obtenue qu'avec le renfort du Jobbik, parti d'extrême-droite

188 Ancien agent double de nationalité russe, exilé en Angleterre, victime d'une tentative de meurtre au novitchok, un puissant gaz innervant que les russes seraient seuls à savoir fabriquer.

qui semble s'être recentré ces derniers temps. Il estime que le Jobbik est moins dangereux que le FIDESZ et qu'il faudrait alors constituer un gouvernement de crise qui ne serait dirigé ni par lui ni par le Jobbik.

Samedi 7 avril, en cette veille d'élection, Orbán est serein. L'opposition n'a pas réussi à s'unir même s'il y a eu plusieurs retraits de candidats pour éviter de stériliser des voix qui pourraient être utiles à un opposant au FIDESZ ayant quelques chances, selon les sondages, de l'emporter dans sa circonscription. Pour tous les observateurs il est clair qu'Orbán obtiendra son troisième mandat consécutif. La seule question qui reste en suspens est celle de la majorité des deux tiers, nécessaire pour modifier un certain nombre de lois. Orbán a refusé tout débat public avec les chefs de l'opposition sans que cela ne lui porte préjudice dans l'opinion publique. Il n'a pas véritablement présenté de programme électoral mais a centré sa campagne sur la défense de l'identité hongroise et le refus de toute immigration extra-européenne. Il n'a eu de cesse d'accuser les dirigeants socialistes, écologistes, libéraux et d'extrême droite de vouloir détruire, avec l'aide de Soros, la clôture protégeant la frontière sud de la Hongrie et mettant le pays à l'abri de l'invasion migratoire musulmane.

*ENSEMBLE ILS DÉTRUIRAIENT LA CLÔTURE FRONTALIÈRE*

Dans les jours précédant les élections du 8 avril la presse française s'intéresse à la Hongrie. Ne sont publiés que des articles sans aucune objectivité car les journalistes ne reprennent que les dépêches de l'AFP très orientées anti-Orbán, ou ne rencontrent que des opposants lorsqu'ils se rendent sur place. Si bien que la Hongrie est généralement dépeinte comme l'antre de l'illibéralisme, de l'antisémitisme, de la xénophobie, de la corruption, de la mise au pas de la justice, du bâillonnement des médias ou de la mort de l'État de droit. La lutte du gouvernement hongrois contre l'invasion migratoire et son conservatisme sociétal sont ce que les médias occidentaux détestent le plus.

# 17 - Un troisième mandat consécutif pour Orbán

Le soir du 8 avril certains bureaux de vote ne peuvent fermer à 19 heures car il y a encore du monde qui fait la queue pour voter. Si bien que les résultats tardent à parvenir. La participation est en nette hausse à 69,5 % contre 61,7 % lors du précédent scrutin. De nombreux commentateurs politiques estiment que cela profitera à l'opposition. Mais lorsque les résultats tombent enfin c'est la déception pour les partis d'opposition ardemment défendus par l'Union européenne et les dirigeants politiques occidentaux. Le FIDESZ retrouve sa majorité des deux-tiers avec 133 élus sur 199. Les électeurs ont eu à émettre deux votes, le premier pour élire le député de leur circonscription – il y en a 106 – au scrutin majoritaire à un seul tour et le second pour élire 93 députés à la proportionnelle sur une liste nationale.
Les résultats sont les suivants :

| Liste nationale | |
|---|---|
| FIDESZ | 49,3 % |
| Jobbik | 19,1 % |
| MSZP/Parbészed (socialiste/écologiste) | 11,9 % |
| LMP (écologiste) | 7,1 % |
| DK (socialistes dissidents) | 5,4 % |
| Momentum (« bébés-Macron ») | 3,1 % |
| MKKP (parti du chien à 2 queues) | 1,7 % |
| Együtt (socialiste-libéral) | 0,7 % |
| Munkaspart (communiste) | 0,3 % |

| Composition du Parlement | | | |
|---|---|---|---|
| | individuel | proportionnel | total |
| FIDESZ | 91 | 42 | 133 |
| Jobbik | 1 | 25 | 26 |
| MSZP/Parbészed | 8 | 12 | 20 |
| DK | 3 | 6 | 9 |
| LMP | 1 | 7 | 8 |
| Együtt | 1 | | 1 |
| Indépendant | 1 | | 1 |
| Minorité allemande | | 1 | 1 |

Ce que l'on peut retenir de ce scrutin, c'est que le FIDESZ progresse, passant de 44,6 % des voix en 2014 à 49,3 % cette année. Mais cette progression s'effectue hors de Budapest. En effet le FIDESZ ne conserve que 6 des 18 circonscriptions de la capitale alors qu'il en détenait 10 auparavant.

Le 11 avril le quotidien conservateur *Magyar Nemzet*, propriété de l'ancien ami d'Orbán Simicska Lajos, fait paraître son dernier numéro. Alors qu'il avait grandement aidé Orbán à parvenir au pouvoir en 2010 ce journal était devenu très critique envers le pouvoir depuis le divorce entre Orbán et Simicska. Ses revenus publicitaires en avaient souffert. Simicska, qui n'est quand même pas un philanthrope, a préféré jeter l'éponge.

Le 12 avril le site internet Origo publie une liste intitulée « Les hommes du spéculateur », comportant près de 200 noms de personnes travaillant en Hongrie pour le compte de Soros. Le journal *Magyar Idök* avait dévoilé le 23 mars un enregistrement audio d'un proche de Soros affirmant que 2 000 personnes étaient au service de Soros en Hongrie et que son *Open Society Foundation* y avait déjà dépensé plusieurs milliards de dollars. Dans cette liste on trouve des enseignants de l'université CEU, des journalistes, des membres d'ONG et d'associations d'aide aux immigrés. Le haut-commissariat des droits de l'homme de l'ONU critique dans un tweet la publication d'une liste d'ennemis gouvernementaux. Orbán

Viktor rétorque qu'il encourage les professionnels de la presse à faire connaître aux gens les faits et à dévoiler les réseaux et collaborations autant que possible.

Samedi 14 avril des dizaines de milliers de hongrois – 100 000 selon les organisateurs – manifestent dans le centre de Budapest, à l'appel d'organisations non gouvernementales, pour protester contre la réélection d'Orbán. Tous les partis d'opposition sont présents des socialistes au Jobbik d'extrême-droite en passant par les écologistes et les libéraux. La manifestation se déroule dans le calme. Parmi les demandes des manifestants on peut noter l'exigence de l'union des partis d'opposition ainsi que l'organisation de nouvelles élections. La presse gouvernementale ironise sur ces opposants qui refusent d'accepter leur défaite cuisante en manifestant à l'appel d'ONG au service de Soros.

Dimanche 15 avril le président français Macron fait sa 2e intervention télévisée de la semaine. Interrogé sur les divergences entre pays européens sur diverses questions, notamment sur l'accueil des réfugiés, il juge que le continent européen assiste à une montée de l'illibéralisme, c'est-à-dire des extrêmes, des populismes, de gens qui remettent en cause l'État de droit. Le président français critique au passage le premier ministre hongrois : « Je ne partage rien de ses valeurs », déclare-t-il. Culotté, le Président Macron, de prétendre que l'État de droit est mieux respecté en France qu'en Hongrie, un pays où les zones de non-droit n'existent pas.

Le 19 avril Patrick Gaspard, président de l'*Open Society Foundation* (OSF) de Georges Soros, annonce que l'OSF va fermer ses portes à Budapest pour déménager à Berlin. L'OSF, qui est implanté à Budapest depuis 1984, emploie une centaine de personnes actuellement et finance de nombreuses ONG hongroises hostiles au gouvernement d'Orbán. Une des raisons de ce départ semble être la taxe de 25% sur les financements étrangers des ONG pro-immigration, conséquence de la loi dite "Stop Soros" voulue par le FIDESZ.

Samedi 21 avril une nouvelle manifestation de protestation contre la réélection d'Orbán a lieu à Budapest. Elle attire encore une foule nombreuse, 30 000 personnes selon l'AFP. Lors du meeting organisé en fin de parcours les orateurs exigent des médias publics non partisans. Décision est prise d'organiser une nouvelle manifestation le 8 mai.

Le 26 avril une députée écologiste néerlandaise présente au Parlement européen un  rapport sur la situation des libertés en Hongrie. Elle égrène tous les griefs portés depuis plusieurs années contre le régime d'Orbán : atteintes à la liberté de la presse, remise en cause de l'indépendance de la justice, attaques contre les ONG, regain d'antisémitisme, refus d'accueillir les immigrés, etc. Le ministre des affaires étrangères hongrois, Szijjártó Péter, lui répond avec véhémence. Il conteste le droit de cette élue hollandaise à remettre en cause les décisions du peuple hongrois, d'autant plus que son rapport ne s'appuie pas sur des faits mais sur des mensonges. Il affirme que la Hongrie continuera à protéger ses frontières, qu'elle maintiendra son refus d'accueillir les immigrés relocalisés sur la base des quotas et qu'elle s'opposera à ceux qui pensent qu'une société multiculturelle a plus de valeur qu'une société homogène. Il fait remarquer que ce n'est pas en Hongrie que l'on agresse un jeune homme portant la kippa ou que l'on égorge une vieille dame juive[189]. Cette affaire intervient au moment où l'Union européenne envisage d'accorder ses subventions non plus sur l'unique base du PIB mais en utilisant des critères tels que le respect de l'État de droit (tel que conçu par Bruxelles) ou l'accueil des immigrés. Cela permettrait ainsi de punir financièrement des pays tels que la Hongrie ou la Pologne.

Le 2 mai La Hongrie refuse de ratifier une déclaration euro-africaine reconnaissant « les avantages des migrations en termes de développement » adoptée lors d'une conférence ministérielle au Maroc réunissant une soixantaine de pays d'Europe et d'Afrique. Cette déclaration a été signée par les représentants de 55 pays, 27 européens et 28 africains. Le ministre hongrois des affaires étrangères Szijjártó Péter a justifié le vote de son pays en déclarant que la Hongrie rejette l'approche internationale actuelle qui se concentre sur la façon de gérer la migration alors qu'il faudrait stopper le flux illégal vers l'Europe.

Le 4 mai, interrogé sur la radio publique *Kossuth Rádió*, Orbán Viktor réagit au projet de budget européen pour la période allant de

---

189 Il fait référence aux meurtres de Sara Halimi (65 ans) le 4 avril 2017 et Mireille Knoll (85 ans) le 23 mars 2018. Toutes les deux assassinées par des fanatiques musulmans.

2021 à 2027 ainsi qu'à l'idée bruxelloise de conditionner le versement des subventions européennes au respect de l'État de droit et à l'accueil des immigrés. Un chantage inacceptable pour Orbán qui déclare refuser de voter un budget – le vote requiert l'unanimité – qui prendrait aux agriculteurs, à la recherche ou au développement pour donner aux pays qui laissent entrer des migrants. Pas un seul centime ne doit être donné aux migrants, prévient-il. Dans la même interview il indique que son troisième mandat d'affilée sera voué à construire une démocratie chrétienne enracinée dans la tradition européenne et à l'ancienne. Il défendra la culture chrétienne et ne livrera pas son pays aux étrangers. Il fera inscrire dans la constitution l'exclusion de l'application de règles européennes de nature à remettre en cause l'intégrité territoriale du pays ou la composition ethnique de la population. Enfin il continuera à combattre l'armée des ombres de Georges Soros qui agit en Hongrie en prétendant défendre les droits de l'homme. Car il estime que les migrations ne sont pas une question de droits de l'homme mais une question de sécurité nationale.

Le 8 mai le parlement fraîchement élu tient sa première séance sous une présence policière importante car l'opposition à appelé à une nouvelle manifestation qui doit débuter face au bâtiment où siègent les élus. Cependant l'essoufflement de la contestation ainsi qu'une tempête de grêle font tourner court le rassemblement prévu.

Le 12 mai, le Jobbik réunit son congrès pour désigner un nouveau président. C'est un représentant de l'aile modérée, Sneider Tamás, qui est élu par 298 voix contre 256 à Toroczkai László, beaucoup plus radical et en complet désaccord avec l'évolution/dédiabolisation du parti ces dernières années. Certains commentateurs pensent qu'une scission n'est pas à exclure. Après avoir démenti les allégations selon lesquelles il aurait autrefois mené un gang de skinheads, le nouveau président de ce parti qualifié d'extrême droite déclare qu'il est prêt à coopérer avec d'autres partis de l'opposition, c'est-à-dire avec la gauche libérale.

Le 14 mai les américains inaugurent leur nouvelle ambassade en Israël transférée de Tel-Aviv à Jérusalem. Seul quatre pays membres de l'Union européenne, dont la Hongrie, sont représentés à la cérémonie. Cette attitude amicale de la Hongrie envers Israël va à l'encontre des accusations d'antisémitisme régulièrement portées par les occidentaux envers le gouvernement hongrois. Quelques jours plus tôt le président du Congrès juif mondial avait critiqué Orbán, non pas en raison de meurtres de juifs en Hongrie, mais en raison du traitement indigne dont était victime Soros. Orbán lui avait vertement répondu que son gouvernement protégeait les communautés juives européennes en empêchant l'entrée incontrôlée de migrants dans l'Union européenne.

A l'occasion d'un forum organisé à Bratislava du 17 au 19 mai le très européiste institut slovaque *GLOBSEC* publie les résultats d'un sondage réalisé dans les 4 pays du groupe de Visegrad. Examinons les résultats[190] les plus significatifs en ce qui concerne la Hongrie. 62 % des sondés pensent que la chute du communisme a été positive pour leur pays alors que 20 % sont d'un avis contraire. Cependant ils ne sont plus que 35 % à affirmer que l'on vit mieux en Hongrie qu'avant 1989 contre 34 % d'avis opposés. Dans le contexte de l'hystérie antirusse, interrogés pour savoir si la Russie a pu s'ingérer dans les dernières élections américaines, les sondés hongrois répondent oui à 32 % mais aussi non à 42 %. Bien entendu après le Brexit et dans le cadre des accusations d'anti européanisme portées contre Orbán on a demandé aux personnes interrogées ce qu'ils voteraient en cas de référendum sur la sortie de l'UE : ce serait non à 75 % contre 18 % de oui. L'antisémitisme, en recrudescence dans les pays occidentaux parallèlement à l'arrivée de populations musulmanes, intéresse aussi beaucoup l'institut qui voudrait montrer que c'est une idée ancrée dans les populations de souche. Ainsi 38 % des sondés hongrois pensent que les juifs ont trop de pouvoirs et contrôlent secrètement beaucoup de gouvernements et d'institutions dans le monde contre 43 % qui sont d'un avis contraire.

Le 24 mai, lors d'une réunion des ministres européens des affaires étrangères, la Hongrie bloque le processus de renégociation de l'accord de Cotonou. Cet accord de coopération entre l'UE et les 79 pays ACP[191], très avantageux pour ces pays, arrive à échéance en 2020. Il doit donc être renegocié. L'actualité imposerait que cet accord comporte un volet migratoire incluant la réadmission des immigrés illégaux dans leur pays d'origine. Ce n'est malheureusement pas ce qui est envisagé par les négociateurs de l'UE. En effet la plupart des pays, France et Allemagne en tête,

---

190 www.globsec.org/news/globsec-trends-central-europe-different-perspectives.
191 Afrique Caraïbes et Pacifique.

mettent l'accent sur le volet économique prévoyant une meilleure protection du droit des investisseurs, ce qui ne gêne pas la Hongrie à condition que la question migratoire soit aussi traitée.

Le 29 mai le gouvernement présente au Parlement son projet intitulé « stop Soros » visant les ONG favorables à l'immigration de masse et incontrôlée. L'adoption de ce projet entraînera des modifications de la constitution, ce qui nécessite la majorité des deux tiers dont dispose le FIDESZ. Parmi les dispositions de ce projet il est prévu que toute aide apportée à un clandestin dans le but de lui permettre d'acquérir un dossier d'asile ou un permis de résidence sera passible de 5 à 90 jours de prison. Si ce genre d'activité est régulière ou monnayée, l'intéressé sera passible d'un an de prison. Les ONG dont les documents expliquent aux migrants clandestins comment déjouer les règles de l'Union européenne, par exemple en les incitant à mentir systématiquement sur leur âge pour être inexpulsables, sont particulièrement visées par cette loi. Par ailleurs les tribunaux pourront interdire l'accès des activistes et salariés des ONG immigrationnistes à moins de 8 km de la frontière. Certains craignent que cela concerne tous les points de passages frontaliers, y compris ceux de l'aéroport international de Budapest, interdisant ainsi l'accès à la capitale hongroise aux activistes concernés. En ce qui concerne les activistes étrangers collaborant avec les ONG pro-immigration, les tribunaux pourront prononcer des mesures d'expulsion du territoire hongrois. La loi vise aussi à redéfinir le statut juridique des demandeurs d'asile afin de limiter les abus. Ainsi la Hongrie n'acceptera que les demandes d'asile des personnes persécutées et en grave danger (la Hongrie a d'ailleurs un programme actif d'aide aux chrétiens persécutés dans le monde). Enfin les associations immigrationnistes seront frappées au portefeuille : leurs revenus, dons et subventions, seront imposés à hauteur de 25 %, le produit de cet impôt servant à l'entretien de la clôture frontalière.

Le 8 Juin Toroczkai László, le candidat battu lors de l'élection à la présidence du Jobbik, est exclu de ce parti. Après son échec il avait créé une tendance au sein du parti, ce qui n'a pas plu à la nouvelle direction. La seule députée qui l'avait suivi démissionne du parti tout en conservant son siège. Suite à cela de nombreux responsables locaux du Jobbik font savoir qu'ils quittent ce parti devenu trop modéré à leurs yeux.

Le 11 juin le magazine en ligne *Times of Israel* relaie une information de l'observatoire hongrois de la communauté juive relative aux incidents antisémites. Ils ont diminué de 23 % passant de 48 en 2016 à 37 en 2017. Ce qui est en totale contradiction avec les affirmations de médias occidentaux selon lesquels la campagne anti-Soros menée par le FIDESZ renforcerait l'antisémitisme. Selon Szalai Kálmán, secrétaire général de l'observatoire, les juifs de Hongrie – ils sont environ 100 000 – ne craignent pas les attaques physiques dans la rue comme leurs coreligionnaires en France, en Belgique, en Allemagne et ailleurs en Europe occidentale.

Mardi 12 juin, interrogé sur son sentiment après que l'Italie a refusé d'accueillir le navire de sauvetage Aquarius avec 629 migrants illégaux à bord, Orbán déclare avoir ressenti un énorme soulagement. Il précise qu'il était las d'entendre pendant des années que les frontières maritimes ne peuvent pas être protégées. Il estime que ce qui manquait jusqu'ici était bel et bien la volonté. Mais grâce au nouveau gouvernement italien formé par la Ligue et le mouvement antisystème Cinq Etoiles cette volonté manquante est de retour en Italie. Dans cette affaire Orbán a d'ailleurs assuré Rome du total soutien de son pays ainsi que du groupe de Visegrad (Hongrie, Pologne, Slovaquie et Tchéquie).

Le 17 juin le MSZP réunit son congrès afin d'élire une nouvelle présidence. Celui qui était le chef de file des socialistes lors des élections législatives de 2014, Meszterházy Attila, tentait de reprendre le parti en mains. Mais le congrès lui préfère Tóth Bertalan, président du groupe socialiste au Parlement. Ce dernier a la lourde tâche de redresser un parti en totale déconfiture.

Samedi 23 juin plusieurs centaines de démissionnaires du Jobbik se réunissent à Ásotthalom, ville dont le maire est Toroczkai László, exclu de ce parti après avoir échoué dans sa candidature à la présidence. Ils décident de créer le mouvement *Notre Patrie*[192]. Ce mouvement a vocation à devenir un parti politique et devrait participer aux élections européenne et municipales en 2019. Le mouvement s'intéressera particulièrement à la situation démographique de la Hongrie, à la question de l'immigration et de l'émigration et à la cohabitation hongrois/tziganes. Mais son activité principale portera sur l'arrêt de l'islamisation.

───────────────

192 Mi Hazánk en hongrois.

Le 28 juin *Mediapart* révèle une note diplomatique rédigée par l'ambassadeur de France en Hongrie. Ce dernier, pourtant nommé par François Hollande, incite les autorités françaises à modifier leur perception de la politique menée par Orbán. Il remarque tout d'abord que la Hongrie est un modèle ayant su anticiper les problèmes posés par les mouvements migratoires illégaux. Il rappelle également qu'aucun gouvernement européen ne peut se prévaloir d'une triple victoire électorale consécutive avec une majorité des deux-tiers, en référence aux succès récurrents d'Orbán dans son pays. Il défend la récente entrée en vigueur d'un amendement à la Constitution hongroise, qui a provoqué la colère d'un groupe de députés européens, stipulant que toutes les institutions du pays doivent défendre la culture chrétienne, ce qui lui semble naturel de la part d'une nation qui continue depuis 1 018 ans de faire de Saint-Etienne[193] l'un de ses pères fondateurs. Enfin il s'arrête sur le supposé antisémitisme qui sévirait au sommet de l'État hongrois. Pour l'ambassadeur ces insinuations sont non seulement un fantasme de journalistes étrangers mais aussi un moyen de faire diversion quant au véritable antisémitisme moderne qui est le fait des musulmans de France et d'Allemagne. Le ministère français des Affaires étrangères confirmera l'existence de cette note considérée comme un commentaire non sollicité et malvenu de son auteur, auquel il a été fermement rappelé la nécessité d'une expression précise et mesurée ! Le président Macron limogera l'ambassadeur deux jours plus tard. Le gouvernement hongrois réagira en le décorant de la Grande-Croix de l'Ordre du Mérite de Hongrie.

Le 18 juillet le gouvernement hongrois annonce qu'il rejette le pacte mondial sur les migrations que prépare l'ONU. Interrogé à ce sujet par *Euronews* le ministre des affaires étrangères Szijjártó Péter déclare que le document en cours de négociation à l'ONU est un texte biaisé et déséquilibré car il considère les migrations comme quelque chose de bien et il se concentre sur les droits des migrants et non sur les droits des populations en général. Quelques jours plus tôt le secrétaire général de l'ONU avait déclaré qu'il considérait les migrations comme un phénomène mondial positif, ajoutant qu'il était inévitable et devait être organisé. Il avait même affirmé que les

---

193 Etienne 1er (István en hongrois) fut le premier roi chrétien de Hongrie. Couronné en 1000 ou 1001, il fut canonisé en 1083.

migrants étaient un moteur de croissance remarquable car ils ne représentent que 3% de la population mondiale mais apportent une contribution au produit intérieur brut mondial de 10% ! Il faut préciser que les États-Unis s'étaient retirés de ce pacte fin 2017.

Le 19 juillet la Commission européenne lance une nouvelle offensive contre la Hongrie. D'une part elle dépose un recours contre ce pays devant la Cour de justice de l'Union européenne relatif à la gestion des demandeurs d'asile : la Commission dénonce notamment leur rétention illimitée dans les zones de transit (en fait jusqu'à l'obtention d'une réponse à leur demande) et les procédures de renvoi contraires au droit communautaire. Par ailleurs elle joint à son recours une lettre de mise en demeure critiquant la loi "Stop Soros", votée en juin, qui rend passible d'un an de prison ferme l'aide aux immigrés illégaux, disposition que la Commission considère comme un délit de solidarité.

Le 20 juillet le Parlement vote une taxe spéciale sur l'immigration. Au taux de 25 %, elle frappera tout programme, action ou activité visant directement ou indirectement à promouvoir l'immigration (c'est-à-dire la relocalisation permanente de personnes de leur pays de résidence vers un autre pays, en dehors de cas dûment justifiés permettant d'accorder l'asile) en :
a) menant des campagnes médiatiques et des séminaires et en participant à de telles activités ;
b) organisant l'éducation ;
c) construisant et mettant en œuvre des réseaux ;
d) participant à des activités de propagande qui présentent l'immigration sous un jour favorable.
Le produit de cette taxe sera affecté à la protection des frontières.

Samedi 28 juillet, Orbán Viktor prend la parole lors de la traditionnelle université d'été de la minorité hongroise de Roumanie à Băile Tuşnad. Il espère que l'élite libérale européenne issue de 1968 sera bientôt balayée par une nouvelle génération de chrétiens. Il a en effet mis en sommeil son idée d'illibéralisme au profit d'une démocratie chrétienne, précisant qu'elle était anti-migrant et anti-multiculturelle. Il qualifie l'Europe occidentale, dans laquelle les atteintes à la liberté d'expression et la censure sont devenues monnaie courante, de non démocratique. Il accuse l'Union européenne d'être inefficace et incapable de défendre l'Europe contre l'immigration. Il ajoute qu'il fera de l'immigration l'un des sujets phares des élections européennes de l'année prochaine. Il rassure ses auditeurs en leur affirmant que leur région, à majorité hongroise, existera toujours, même quand l'Europe aura été envahie par l'islam. Enfin il en profite pour critiquer les sanctions européennes contre Moscou en qualifiant de primitive la politique de l'UE à l'égard de Moscou.

Début août la chaîne d'information en continu *Hír TV* réorganise ses programmes et licencie un certain nombre de journalistes. L'opposition hongroise et les médias occidentaux font état d'une prise de contrôle de cette chaîne par le FIDESZ. Jusqu'au mois précédent la chaîne possédait deux copropriétaires, Nyerges Zsolt, un soutien historique de la politique d'Orbán, et Simicska Lajos, l'ex-ami d'enfance d'Orbán devenu son meilleur ennemi. Après le divorce Orbán-Simicska *Hír TV*, jusque là pro-gouvernementale, était devenue beaucoup plus critique. Lors des élections législatives d'avril Simicska avait soutenu le Jobbik aussi bien financièrement que médiatiquement. Suite au relatif échec du Jobbik, quand même arrivé en seconde position, Simicska a décidé de vendre ses participations dans les médias. A *Hír TV* l'acheteur n'est autre que Nyerges Zsolt. Devenu seul maître à bord il rend à la chaîne sa vocation initiale.

Mi août le gouvernement dépose une proposition de loi visant à interdire les formations universitaires relatives à la théorie du genre à compter de la rentrée 2019. Aux critiques qui estiment qu'il s'agit d'une décision idéologique, le gouvernement répond que c'est une question économique dans la mesure où les éventuels diplômés dans ce domaine sont peu demandés sur le marché du travail. D'après le site *Hungarian Free Press* deux universités seraient concernées par cette interdiction dont la CEU (Université d'Europe centrale) financée par le spéculateur milliardaire Soros. Et les formations ne seraient suivies que par 13 étudiants.

Le 24 août la CEU, université d'Europe centrale, annonce qu'elle suspend sa gestion de bourses de recherche financées par l'UE sur le thème des politiques migratoires et qu'elle met fin à ses programmes destinés aux demandeurs d'asile et immigrés enregistrés, essentiellement des cours d'anglais, afin d'échapper à l'impôt de 25 % voté récemment. Quelques jours auparavant c'était l'ONG hongroise *Migration Aid* qui avait annoncé la fin à ses activités dans les trois mois, pour les mêmes raisons.

Le 28 août Orbán se rend en Italie pour une rencontre avec Mattéo Salvini, vice-président du Conseil et ministre de l'Intérieur qui s'est fait remarquer par une politique ferme dans le domaine de l'immigration en refusant l'accostage dans les ports italiens des bateaux transportant des immigrés illégaux repêchés au large de la Libye. Orbán déclare notamment que la Hongrie a montré que l'immigration pouvait être stoppée sur des frontières terrestres tandis que le nouveau gouvernement italien a prouvé qu'elle pouvait être stoppée en Méditerranée. Les deux dirigeants attaquent Macron, qu'ils présentent comme le chef de file du camp favorable à l'immigration au sein de l'UE, et conviennent de coopérer à l'approche des élections européennes alors même qu'ils appartiennent à des factions différentes au Parlement européen. La Ligue de Matteo Salvini, est alliée au Rassemblement national (RN) de Marine Le Pen, tandis que le FIDESZ est affilié au Parti Populaire Européen et siège donc auprès des Républicains de Wauqiez.

Le 11 septembre le Parlement européen se prononce sur le rapport de la députée verte néerlandaise Judith Sargentini. L'objectif est d'activer l'article 7 du traité sur l'Union européenne qui permettrait de suspendre le droit de vote de la Hongrie au sein des instances de l'UE. Le rapport dénonce en particulier des atteintes répétées à l'État de droit, à la liberté de la presse ainsi qu'à l'activité des ONG pro-migrants. Orbán dispose de 7 minutes, pas une de plus, pour répondre aux accusations. Il rappelle qu'aux dernières élections européennes son parti a obtenu 52 % des suffrages et qu'aucun des partis qui prétendent le condamner n'a obtenu un tel succès populaire. Il constate que le rapport Sargentini comporte 37 erreurs factuelles, ce qui est normal puisque les auteurs de ce rapport n'ont pas daigné se rendre en Hongrie. Il estime que chaque état membre a le droit d'organiser la vie dans son propre pays, de défendre ses frontières et ses habitants le droit de choisir avec qui ils veulent vivre. Il considère qu'une majorité de parlementaires veut condamner la Hongrie car les Hongrois ont décidé que leur pays ne serait pas un pays d'immigration.

Le lendemain le Parlement approuve le rapport Sargentini par 448 voix contre 197. Une grande partie des membres du PPE, auquel est affilié le FIDESZ avec ses 12 députés, prend position pour Sargentini contre Orbán. Le gouvernement hongrois dénonce une petite vengeance de politiciens pro-immigration contre la Hongrie. Le vote de ce 12 septembre signifie concrètement que les autres États européens doivent désormais décider de mesures contre la Hongrie, la plus sévère étant de retirer à Budapest ses droits de vote au sein de l'UE. Ce scénario semble toutefois peu probable, la Pologne ayant déjà affirmé qu'elle s'opposerait à ces actions extrêmes qui requièrent l'unanimité.

Quelques jours plus tard le chef de file des députés européens libéraux, le belge Guy Verhofstadt, publie une tribune pour la chaîne de télévision américaine CNN dans laquelle il somme les dirigeants occidentaux, et Washington tout particulièrement, d'intervenir pour contrer Orbán. Le texte se conclut par cette invite pour le moins martiale : «Nous devons le stopper, maintenant». Certes, il n'imagine probablement pas qu'une opération punitive armée contre la Hongrie – membre de l'OTAN – soit possible. Il évoque plutôt les coûts financiers et politiques que les gouvernements de l'UE et des USA ont le devoir moral d'imposer, une formulation anglo-saxonne classique pour désigner des sanctions. Il exhorte également ceux-ci à fournir du soutien aux ONG sur place.

Le 21 septembre, le ministre des Affaires étrangères ukrainien déclare que l'Ukraine est prête à expulser le Consul de Hongrie en poste à Berehove[194] si Budapest ne le rappelle pas. Cette déclaration fait suite à une vidéo dans laquelle des Hongrois d'Ukraine participent à une courte cérémonie durant laquelle il se voient attribuer la citoyenneté hongroise. En principe, l'Ukraine ne reconnaît pas la double-citoyenneté et il est préférable de ne pas faire état de l'obtention d'une autre citoyenneté aux autorités au risque que la citoyenneté ukrainienne soit perdue. L'application des dispositions strictes de cette loi semble toutefois être à géométrie variable puisqu'il est notoriété publique que plusieurs oligarques proches du pouvoir possèdent deux voire trois nationalités. Szijjártó Péter, ministre des affaires étrangères hongrois, réagit en affirmant que l'éventuelle expulsion d'Ukraine du consul de Berehove ne resterait pas sans réponse. La réponse majeure de la Hongrie est d'enrayer les rapprochements voulus par l'Ukraine avec l'OTAN et l'UE en utilisant son droit de veto. L'Ukraine mettra sa menace à

---

194Beregszász en hongrois. Ville ukrainienne dont la population est hongroise à 88 %.

exécution en expulsant le consul le 4 octobre. La Hongrie répondra le même jour en expulsant un consul ukrainien.

Le 24 septembre la fondation *Open Society* de Georges Soros annonce avoir déposé une plainte devant la Cour européenne des droits de l'homme en raison des mesures prises par Budapest pour entraver ses activités humanitaires en Hongrie. L'organisation estime que les lois frappant les ONG d'aide aux migrants d'une taxe de 25% sur leurs revenus et prévoyant une peine d'un an de prison pour l'assistance à l'entrée illégale en Hongrie contreviennent aux conventions européennes sur la liberté de parole et d'association.

Le 9 octobre, lors d'une conférence de presse conjointe avec le président turc Erdogan en visite officielle à Budapest, Orbán déclare que l'UE n'est pas honnête avec la Turquie car elle laisse entendre que l'adhésion de ce pays à l'Union est toujours à l'ordre du jour, ce qui n'est manifestement pas le cas. Il réaffirme que la Hongrie a soutenu et continuera de soutenir la Turquie dans le processus de son adhésion à l'Union européenne.

Lundi 15 octobre entre en vigueur une loi votée en juin qui interdit la résidence habituelle dans un espace public. Elle vise les SDF qui vivent dans les rues et dorment dans les nombreux passages piétonniers souterrains. Depuis 2013 résider dans l'espace public est passible d'une amende que les intéressés ne sont bien évidemment pas en mesure de payer. Dorénavant la police est habilitée à déloger les sans-abri et à démanteler les cabanes et les abris de fortune installés dans l'espace public. Répondant aux critiques des d'associations de défense des droits de l'homme qui jugent cette loi cruelle, le gouvernement hongrois fait remarquer qu'il existe 11 000 places dans les centres d'hébergement d'urgence mieux adaptés que les passages souterrains.

Le 16 octobre la Banque centrale de Hongrie (MNB) annonce que les achats qu'elle a effectués au cours de ces dernières semaines, pendant que que les marchés d'actions vacillaient, ont permis de multiplier par 10 ses réserves d'or. Alors que depuis 1986 les réserves étaient restées stables à 3,1 tonnes, les achats effectués en seulement deux semaines ont permis de les porter à 31,5 tonnes. Selon la banque, l'or qu'elle détient représente dorénavant 4,4% de ses réserves de change.

Le 30 octobre la Cour suprême de Hongrie annule les condamnations infligées par un tribunal puis par une cour d'appel à Laszló Petra. Cette journaliste de la télévision avait, le 8 septembre 2015, fait un croc-en-jambe à un immigré illégal, membre d'un groupe d'une centaine d'individus qui avaient réussi à forcer un cordon de police à la frontière serbo-hongroise. Les images de cette action avaient fait le tour du monde, scandalisant les médias occidentaux et autres défenseurs des prétendus réfugiés de guerre. La Cour a estimé que cette action perturbatrice n'était qu'un délit mineur et a donc relaxé la journaliste.

Le 5 novembre le gouvernement hongrois lance une consultation nationale sur les valeurs familiales. Les huit millions d'électeurs hongrois sont invités à répondre à un questionnaire qui leur est adressé à domicile. Intitulé « défense de la famille » le document comporte une dizaine de questions dont les suivantes :
- Approuvez-vous le fait que le déclin démographique doive être corrigé à travers un soutien appuyé aux familles plutôt que par l'intermédiaire de l'immigration ?
- Êtes-vous d'accord avec le principe fondamental selon lequel les enfants ont droit à un père et une mère ?
Avec 1,49 enfant par femme, la Hongrie a l'un des taux de fécondité les plus faibles de l'UE. La pays se dépeuple. Cependant Novák Katalin, secrétaire d'État chargée des affaires familiales et de la jeunesse, a affirmé que la Hongrie souhaitait compter sur ses propres ressources internes et ne pas remplacer sa population par des immigrés.

Le 12 novembre on apprend que l'ancien premier ministre macédonien Nikola Gruevski, battu aux dernières élections par une coalition de sociaux-démocrates et de partis albanais[195], condamné par la justice macédonienne pour abus de pouvoir et privé de son passeport, vient d'arriver en Hongrie. D'après la police albanaise Gruevski a traversé la frontière vers le Monténégro en tant que passager d'un véhicule de l'ambassade hongroise à Tirana. Quelques jours plus tard le site d'information *Magyar Idők* indiquera que l'office hongrois de l'immigration avait effectué un examen approfondi d'une demande d'asile déposée le 12 novembre par Nikola Gruevski à Budapest. Et, d'après des sources internes, l'organisme considérerait comme justifiée la motivation de l'ancien

---

195 25 % de la population de la Macédoine du Nord est albanaise.

premier ministre macédonien, qui estime être en danger de mort dans son pays. L'administration hongroise lui aurait ainsi accordé le statut de réfugié, estimant que les risques de persécution en raison de son passé politique et de ses opinions seraient avérés, et que les autorités macédoniennes ne lui garantiraient pas la protection nécessaire.

Le 28 novembre une dizaine de patrons de presse favorables au gouvernement hongrois s'associent dans une Fondation de la presse et des médias d'Europe centrale. Au total 476 médias – un quotidien national, la quasi-totalité des quotidiens locaux, des télévisions, des radios et sites internet – qui souhaitent mettre en valeur la conscience nationale hongroise d'après la charte de cette fondation. L'opposition et les médias occidentaux y voient une nouvelle attaque contre la pluralisme médiatique alors qu'aucun média d'opposition n'est concerné par ce regroupement.

Le 3 décembre la CEU, université d'Europe centrale fondée par George Soros annonce le transfert de l'essentiel de ses activités de Budapest à Vienne à compter de septembre 2019. Seules les formations en hongrois conduisant à des diplômes hongrois seront maintenues à Budapest. La CEU avait tenté de s'apparier à une université américaine pour se conformer à la nouvelle loi hongroise mais cela n'a pas convaincu les autorités. La semaine précédente une marche organisée pour défendre cette université et soutenir la liberté académique en Hongrie n'avait attiré que 2 000 participants. Le président de la CEU, Michael Ignatieff, se lamente de voir une institution américaine contrainte de quitter un pays de l'OTAN !

Le 8 décembre plusieurs milliers de hongrois manifestent à l'appel des syndicats et avec le soutien des partis socialistes ennemis MSZP et DK pour protester contre un projet de loi gouvernemental relatif aux heures supplémentaires. Il est envisagé de faire passer à 400 le nombre annuel d'heures supplémentaires autorisées alors qu'il est actuellement de 300 s'il y a une convention collective et 250 en l'absence de convention. Les syndicats parlent d'esclavage moderne tandis que le gouvernement répond que ces heures effectuées par des salariés qui veulent gagner plus le seront sur la base du volontariat. La loi sera votée par le Parlement 4 jours plus tard alors que des échauffourées se produisent à l'extérieur entre les forces de police et un bon millier de manifestants. Les manifestations et accrochages avec la police devant le Parlement se poursuivront durant plusieurs jours. Le dimanche 16 décembre c'est une dizaine de milliers de personnes qui défile dans les rues de la capitale et une partie de ces manifestants investit le siège de la télévision publique pour réclamer l'indépendance des médias publics. D'autres manifestations plus ou moins importantes auront lieu les jours suivants dans la capitale et dans quelques villes de province

Le 24 décembre, Orbán Viktor donne une interview de Noël au quotidien hongrois *Magyar Idők*. Commentant la situation en Europe, il déclare que les grands pays d'Europe occidentale expérimentent le développement de sociétés métissées et que ces pays pensent que l'Europe chrétienne devrait être transformée en une Europe musulmane. L'Europe centrale, cependant, a décidé de ne pas commencer cette expérience parce que les risques qu'elle comporte sont extrêmement élevés. Ses habitants ne veulent pas que leurs pays soient habités par une population métissée. C'est pourquoi la Hongrie a décidé de protéger ses frontières et de s'opposer aux migrations. Tout le monde peut voir que certains à l'Ouest ne respectent pas cette décision. Ils utilisent l'opposition hongroise comme un outil. George Soros et ses réseaux ne tolèrent pas que l'Europe centrale soit exclue de leur grande expérience de transformation des sociétés. Orbán ajoute que les élections au Parlement européen marqueront une étape importante dans cette lutte car elles impliqueront un rapport de force entre les forces politiques qui protègent l'Europe chrétienne et celles qui soutiennent l'immigration. La Hongrie se bat non seulement pour elle-même mais aussi pour l'Europe chrétienne. L'article est illustré par une photo d'Orbán avec ses trois petits-enfants sur les genoux.

## Année 2019

Au premier janvier le salaire minimum augmente de 8 %, passant à 149 000 forints bruts, tandis que le minimum garanti pour les travailleurs qualifiés passe à 195 000 forints[196]. La Banque nationale de Hongrie estime que cela ne devrait pas entraîner une reprise de l'inflation qui resterait limitée à 3 %. Une nouvelle hausse de 8 % pour ces minimums est d'ores et déjà annoncée pour le 1er janvier 2020. Les retraites bénéficient d'une augmentation indexée sur l'inflation soit 2,7 %.

---

196 Respectivement 465 et 610 €.

Le 3 janvier, lors d'une cérémonie organisée devant le Parlement, les députés de l'opposition jurent de faire de 2019 l'année de la résistance à Orbán, à l'intérieur comme à l'extérieur du parlement, et ceci avec l'unité et la coopération de tous les partis. Le président du Parti socialiste MSZP, Tóth Bertalan se félicite que l'opposition de gauche, libérale, écologiste et d'extrême droite ait enfin réussi à se fédérer face au premier ministre, tout en déplorant que cette unité ne se soit pas manifestée lors du scrutin législatif d'avril dernier.

Le 10 janvier Orbán Viktor organise une conférence de presse centrée sur les futures élections européennes. Il fait l'éloge de Salvini qui a réussi a stopper l'immigration sur les mers après que les hongrois l'ait fait sur la terre ferme. Il dénonce l'attitude de la chancelière Merkel et des médias allemands qui ne cessent de faire pression pour que l'Europe accueille de plus en plus de migrants. Il déclare qu'il combattra Macron qu'il considère comme le chef des forces pro-immigration en Europe. Il dit son agacement de voir le PPE, dont le FIDESZ fait partie, de chercher des alliés à gauche au parlement européen au lieu d'en chercher parmi les mouvements populistes. Il espère que les partis anti-immigration remporteront la majorité lors des prochaines élections européennes et il souhaite l'apparition d'un parti fort à droite du PPE. Enfin il refuse de démentir une rencontre entre son parti et le RN de Marine Le Pen qui aurait eu lieu à Budapest il y a un mois.

Le 24 janvier 4 000 des 13 000 ouvriers de l'usine Audi de Győr, l'une des plus importantes du constructeur automobile allemand, se mettent en grève pour obtenir une substantielle augmentation de salaire. Un nombre de gréviste suffisamment important pour entraver la production non seulement à Győr mais aussi dans d'autres usines du groupe. Au bout d'une semaine de grève les employés obtiendront l'augmentation salariale de 18 % réclamée par le syndicat ainsi que d'autres avantages. Il faut dire que les salaires payés par Audi en Hongrie étaient 25 % plus faibles que ceux que la même entreprise verse en Slovaquie ou en Tchéquie et 40 % inférieurs à ceux versés en Pologne.

Dimanche 10 février Orbán Viktor prononce son discours annuel à la nation portant essentiellement sur le soutien aux familles. Lors de la récente consultation à ce sujet 93 % des 1,4 millions de hongrois ayant émis un avis préfèrent que l'on aide les familles plutôt que de faire appel aux immigrés pour maintenir la démographie. Le contraire de ce qui se passe dans l'Europe de l'Ouest où l'on a fait de choix d'accueillir des immigrés extra-européens selon Orbán. Toute une batterie de mesures est annoncée pour tenter de faire remonter le taux de natalité. Un prêt sans intérêt de 10 millions de forints pour les femmes de moins de 40 ans qui se marient pour la première fois, avec suspension des remboursements pendant 3 ans à la naissance des premier et deuxième enfants et annulation des remboursements au troisième. L'exonération d'impôt sur le revenu à vie pour les mères de 4 enfants. Des prêts aidés pouvant atteindre 25 millions de forints pour les familles d'au moins 2 enfants achetant un logement qui s'ajoutent à l'aide non remboursable de 10 millions de forints accordée aux familles qui s'engagent à avoir 3 enfants. Une place en crèche assurée pour tous les bébés dès 2022. Une prime de 2,5 millions de forints pour les familles de 3 enfants achetant un véhicule d'au moins 7 places.

Le 11 février le secrétaire d'État américain Mike Pompeo est en visite officielle à Budapest . Il est venu faire les gros yeux au gouvernement hongrois qui ne participe pas à l'hystérie anti-russe. Il appelle la Hongrie à ne pas laisser Moscou creuser des divisions entre Occidentaux. Il déclare devant la presse que Les Russes ont fini par obtenir plus d'influence ici, alors qu'ils ne partagent en rien les idéaux américains qui nous tiennent tant à cœur. Le ministre des affaires étrangères Szijjártó Péter, lui réplique vertement, qualifiant d'énorme hypocrisie les critiques envers la Russie de la part des Occidentaux qui par ailleurs entretiennent des liens commerciaux avec Moscou, notamment dans le secteur de l'énergie.

Le 16 février l'ambassadeur suédois est convoqué au ministère hongrois des affaires étrangères suite aux commentaires de la ministre suédoise des affaires sociales Annika Strandhall. Elle a déclaré être inquiète car le plan de soutien aux familles décidé en Hongrie avait des relents d'années 1930. Maintenant Orbán veut avoir davantage de vrais enfants hongrois. Ce type de politique va nuire à l'autonomie pour laquelle les femmes ont lutté pendant des décennies, a-t-elle ajouté. Le ministre des affaires étrangères Szijjártó Péter dira le jour même, lors d'une conférence de presse, que l'ambassadeur suédois avait été informé que ces commentaires étaient inacceptables, ajoutant que la Hongrie dépense de l'argent pour les familles tandis que la Suède en dépense pour les migrants.

Le 18 février le gouvernement lance dans le pays une campagne d'affiches sur lesquelles apparaît Juncker tout sourire aux côtés de Soros aussi rayonnant, avec le slogan « vous avez le droit de savoir aussi ce que Bruxelles prépare ». En parallèle les électeurs hongrois reçoivent une lettre dans laquelle Orbán Viktor dévoile ce que Bruxelles prépare : des quotas de migrants obligatoires, un affaiblissement des frontières, une facilitation de l'immigration en distribuant des visas, plus d'argent pour les ONG qui aident les réfugiés et une réduction des aides financières pour les pays opposés à l'immigration. Les affiches suscitent la colère de la Commission européenne qui dénonce une ridicule théorie du complot. Plusieurs petits partis affiliés au Parti Populaire Européen demandent que l'exclusion du FIDESZ soit mise à l'ordre du jour de la prochaine assemblée générale du PPE qui aura lieu le 20 mars. Dans une interview au journal allemand *Die Welt am Sonntag* Orbán les qualifie d'idiots utiles de la gauche car ils veulent affaiblir le PPE. Cependant le porte-parole du gouvernement annoncera quelques jours plus tard que cette campagne d'affichage prendra fin la 15 mars.

Le 12 mars Manfred Weber, président du groupe PPE au parlement européen et candidat à la succession de Juncker à la tête de la Commission européenne, arrive à Budapest pour tenter de trouver un terrain d'entente avec Orbán Viktor. Ce dernier a fait un geste d'apaisement en faisant disparaître toutes les affiches litigieuses sur la route entre l'aéroport et le centre ville. Manfred n'est pas favorable à l'exclusion du FIDESZ car il a besoin d'un PPE fort pour arriver à ses fins. Il n'obtient pas grand-chose d'Orbán. Simplement une lettre d'excuses à tous les partis membres du PPE partisans de l'exclusion du FIDESZ qu'Orbán avait qualifiés d'idiots utiles de la gauche.

Le 20 mars l'assemblée du PPE réunie à Bruxelles décide par 190 voix contre 3 de suspendre de FIDESZ et non de l'exclure comme cela était demandé par 13 partis conservateurs originaires essentiellement du Benelux et de Scandinavie. Cette suspension, avec effet immédiat, implique que le FIDESZ ne pourra plus participer à aucune réunion du PPE, n'aura plus de droit de vote ni le droit de proposer des candidats à des postes au sein du parti. La presse progouvernementale parle d'une victoire consacrant l'importance du FIDESZ au sein du PPE tandis que les titres d'opposition dénoncent une supercherie. Ce qui est certain c'est que l'aile libérale du PPE n'est pas encore débarrassée du caillou hongrois dans sa chaussure. Une fois les élections passées, Orbán aura toutes les cartes en main pour faire pression sur le PPE ou choisir d'autres alliés, en fonction du résultat de ces élections.

Le week-end des 23 et 24 mars une conférence internationale sur les migrations est organisée à Budapest, réunissant de nombreux experts venus du monde entier. Orbán Viktor y prend la parole. Il déclare que la question la plus importante à propos de l'immigration en Europe occidentale – après la protection des frontières – est de savoir comment gérer la coexistence de cultures différentes qui ne veulent pas vraiment coexister. Il fait remarquer qu'en Europe centrale et orientale, il n'y a pas beaucoup de personnes ayant des cultures différentes et il veut que que cela reste ainsi. Il insiste sur l'urgence qu'il y a à prendre des décisions concernant la migration maintenant. En effdet dans quelques décennies, les conséquences seront tellement graves qu'il sera trop tard pour faire quoi que ce soit car la pression migratoire d'Afrique vers l'Europe et la population musulmane en Europe vont s'accroître. Parmi les invités à cette conférence on remarque Eric Zemmour, Douglas Murray[197], Ayaan Hirsi Ali[198] et les anciens présidents tchèque Vaclav Klaus et français Nicolas Sarkozy. Ce dernier, devenu subitement très offensif, affirme entre autres qu'on ne peut plus faire de tourisme social en Europe, qu'on ne peut pas venir en Europe pour toucher des allocations et qu'il est donc favorable à ce que les aides sociales ne soient dues qu'à partir de 4 ou 5 années de présence.

Fin mars le bureau central des statistiques indique que le salaire moyen brut hongrois s'est élevé à 343 500 forints en janvier 2019, ce qui donne un montant net de 228 000 forints après prélèvements des charges et de l'impôt à la source[199]. Cela représente une augmentation de plus de 10 % en un an. Ces hausses de salaires n'ont pas entraîné une inflation considérable puisque la la hausse des prix a été limitée à 2,7 % en 2018.

---

197 Sorte de Zemmour anglais, auteur de « The strange death of Europe ».
198 Originaire de Somalie, apostate de l'islam très virulente envers son ancienne religion.
199 Soit respectivement 1045 € et 710€

Le 17 avril la société Mahír, détentrice de la quasi-totalité des colonnes d'informations culturelles à Budapest, annonce au magazine *Hvg* qu'elle met fin au contrat qui permettait à ce magazine d'avoir sa page de couverture affichée à chaque nouveau numéro. *Hvg* est un hebdomadaire d'opposition dont la page de couverture est bien souvent provocatrice afin d'attirer l'attention des lecteurs potentiels. La société Mahír a été rachetée en janvier dernier par Mészáros Lőrinc, maire du village natal d'Orbán, un ancien monteur en chauffage central devenu l'un des hommes les plus riches de Hongrie.

Le 13 mai Orbán Viktor est reçu à la Maison Blancche. Après la rencontre Donald Trump déclare aux journalistes que les gens ont beaucoup de respect pour ce Premier ministre car il a fait la bonne chose, selon beaucoup, sur l'immigration. Orbán lui répond que les hongrois sont fiers de se tenir aux côtés des États-Unis dans la lutte contre l'immigration illégale, le terrorisme, et dans la protection et l'aide des communautés chrétiennes dans le monde. La chaleur affichée par Donald Trump envers son invité contraste avec la froideur d'une partie de la presse qui lui reproche essentiellement son hostilité envers Soros et sa lutte contre l'immigration clandestine.

Le 26 mai ont lieu les élections européennes. Neuf listes sont en présence. La participation électorale s'élève à 41,74 % alors que n'était que de 28,97 cinq ans auparavant. Les résultats en pourcentage et des inscrits et en élus sont les suivants :

| Listes | Pourcentage obtenu | Nombre d'élus |
|---|---|---|
| FIDESZ-KDNP | 52,26 | 13 |
| DK | 16,21 | 4 |
| Momentum | 9,90 | 2 |
| MSZP-Párbészed | 6,67 | 1 |
| Jobbik | 6,42 | 1 |
| Mi Hazánk | 3,32 | |
| MKKP | 2,62 | |
| LMP | 2,18 | |
| Munkáspárt | 0,42 | |

Le FIDESZ et son minuscule allié, le parti chrétien-démocrate, remportent à nouveau un immense succès. L'arrivée en seconde position de la liste de la coalition démocratique de Gyurcsány (DK), conduite par son épouse, est un peu une surprise car elle était donnée au coude à coude avec celle de l'alliance des socialistes du MSZP et des verts du Párbészed qui subissent un échec. Surprise aussi avec le résultat du Momentum, mouvement à l'origine de l'abandon de la candidature de Budapest aux jeux olympiques. Ce mouvement de jeunes était simplement annoncé un peu au-dessus du seuil de 5 %. Échec aussi pour le Jobbik qui était proche de 20 % aux précédentes élections européennes. Les éléments les plus radicaux de ce parti, qui ont formé Mi Hazánk après leur exclusion ne passent pas le seuil des 5 %. Autre échec pour les écologistes conservateurs du LMP qui passent sous les 5 % pour la première fois depuis leur création, se faisant même dépasser par le parti satirique du chien à 2 queues (MKKP). Dès le soir des élections la direction collective du LMP annonce sa démission. Le parti communiste, rebaptisé parti travailliste, arrive bon dernier.

Le 16 juillet la conservatrice allemande Ursula von der Leyen est élue présidente de la Commission européenne par le Parlement européen. Avec seulement 9 voix de majorité malgré le soutien des trois principaux groupes du Parlement, le PPE, les sociaux-démocrates et les libéraux. Les 13 députés du FIDESZ ont voté pour elle. Dans la presse pro-gouvernementale on laisse entendre qu'elle doit son élection au FIDESZ.

Le 7 août débute, avec le thème « love revolution », le traditionnel Sziget Fesztivál, gigantesque festival de musique de renommée internationale qui attire chaque année près d'un demi-million de personnes dont de nombreux jeunes ouest-européens. A cette occasion la firme Coca-Cola lance dans le métro et les rues de Budapest une campagne d'affichage ouvertement homosexualiste. Sur une affiche on peut apercevoir deux jeunes femmes s'embrasser sensuellement autour d'une bouteille de Coca, sur une autre deux jeunes hommes enlacés la boisson à la main, quand une troisième montre deux amoureuses siroter la boisson à la paille, les yeux dans les yeux. Avec le slogan « love is love ». Immédiatement un député du FIDESZ appelle à boycotter le breuvage pour protester contre ces affiches provocantes. Le média pro-gouvernemental *Pesti Srácok* lui apporte son soutien en déclarant que le lobby homosexuel montait à l'assaut de Budapest . Des membres du parti d'extrême-droite Mi Hazánk bloquent l'entrée d'une fabrique de Coca-Cola à Dunaharaszti près de Budapest et y déploient une banderole sur laquelle on peut lire « après cela, la pédophilie ? ». Une pétition demandant le retrait de ces affiches obtient 50 000 signatures en quelques jours. Coca-Cola décide alors de faire marche arrière et retire ses affiches pro-LGBT.

Le 7 septembre se tient à Budapest un sommet démographique visant à promouvoir le modèle de famille traditionnelle. Le président serbe Aleksandar Vucic, le premier ministre tchèque Andrej Babis, l'ancien premier ministre australien Tony Abbott ainsi que des ministres bulgare, brésilien, letton, polonais, bangladais et cap-verdien ont fait le déplacement. Dans son intervention Orbán Viktor appelle à inscrire dans la constitution les politiques favorables à la famille afin de contrecarrer les éventuelles décisions de justice anti-famille. Il indique que la Hongrie a progressivement mis en place, depuis 2010, une politique nataliste parmi les plus volontaristes des pays occidentaux. Ce qui a entraîné une hausse du taux de natalité passé de 1,25 à 1,49 enfant par femme. Il précise qu'une des conditions de succès de cette politique est la résurgence du christianisme en Europe. Et il rappelle son opposition à l'immigration qui ne peut qu'aboutir au remplacement des populations.

Le 11 septembre le ministère hongrois des affaires étrangères annonce qu'il va nommer un chargé des affaires consulaires en Syrie, La Hongrie devenant ainsi l'un des rares états européens représentés dans ce pays[200] pas encore totalement pacifié et isolé par les diplomaties occidentales. La Hongrie déclare qu'elle a fourni une assistance aux chrétiens du Proche-Orient, y compris en Syrie et affirme que de nombreux étudiants syriens suivent actuellement un cursus universitaire sur son territoire. Le rétablissement de ces relations devraient permettre à la Hongrie de prendre une longueur d'avance sur les autres pays de l'UE lorsque de nouvelles opportunités commerciales apparaîtront en Syrie dans le cadre du processus de reconstruction.

Le 30 septembre la commission juridique du Parlement européen rejette par 12 voix contre 9 la candidature de Trócsányi László au poste de commissaire à l'élargissement. Ce francophone, ancien ministre de la justice, avait conduit la liste du FIDESZ aux dernières élections européennes. Il lui est reproché un conflit d'intérêts, le cabinet d'avocat qu'il a créé en 1991 ayant obtenu des contrats de la part d'organismes gouvernementaux. Ce n'est qu'un prétexte puisque Trócsányi a quitté ce cabinet il y a 13 ans, selon ses dires. La vérité est que c'est un proche d'Orbán et c'est ce dernier qui est visé. Orbán, qui tient à ce poste de commissaire pour conforter l'influence de la Hongrie dans les Balkans, désigne immédiatement un remplaçant en la personne de Várhely Olivér, ambassadeur de la Hongrie auprès de l'UE. Pas de conflit d'intérêt pour lui mais il est recalé par 48 voix contre 30 lors des auditions devant le Parlement bien qu'il ait affirmé qu'en tant que commissaire il prendrait ses ordres à Bruxelles et non à Budapest. Un rattrapage sous forme de question écrites lui est imposé. Sa candidature est validée le 18 novembre suite à d'amicales pressions internes sur les récalcitrants au sein de plusieurs groupes du Parlement. Il faut dire que la commission européenne doit enter en fonction le 1er décembre.

Début octobre on apprend que *Radio Free Europe* va à nouveau émettre vers la Hongrie. Cette radio privée financée par le Congrès américain avait diffusé ses programmes dans les langues des pays du bloc de l'Est de 1949 à 1993, date à laquelle elle a considéré qu'elle était arrivée à ses fins. Oui mais voilà, alors que Poutine

---

200 La république tchèque est le seul état membre de l'UE à avoir maintenu une mission diplomatique en Syrie.

s'apprête à effectuer sa énième visite à Budapest, les dirigeants américains commencent à douter de la loyauté d'Orbán. *Radio Free Europe* affirme qu'elle va relancer ses programmes en langue hongroise pour fournir un journalisme indépendant et objectif.

Le 13 octobre les hongrois renouvellent leurs conseils municipaux. Un scrutin uninominal majoritaire à un seul tour pour élire les maires et, dans les villes de plus de dix mille habitants, les conseillers municipaux de secteur. Ce qui favorise le parti le plus influent. Jusqu'ici c'était le FIDESZ puisque l'opposition était divisée en une multitude de chapelles. Cependant, pour ces municipales, tous les partis d'opposition, le MSZP (socialiste-libéral), le DK (socialiste ultra-libéral), le Párbeszéd (écologiste de centre gauche), le LMP (écologiste conservateur), le Momentum (mouvement de jeunes à l'origine de l'abandon de la candidature de Budapest pour les jeux olympiques) et même le Jobbik qui refuse l'étiquette d'extrême-droite depuis qu'il s'est séparé de ses éléments les plus radicaux, sont parvenus à s'entendre pour présenter des candidats uniques. A Budapest ces partis se sont partagé les 23 arrondissements et leur candidat au poste de maire de la ville (appelé maire principal) a été choisi lors d'une primaire. Il s'agit de Karácsony Gergely, président du minuscule parti Párbeszéd et maire d'un arrondissement de Budapest. Le FIDESZ ne conserve que 13 des 23 plus grandes villes contre 20 auparavant. Par contre il majoritaire dans la totalité des 19 comitats[201]. La presse occidentale parle de revers, voire de cuisant échec, pour Orbán. Il ne s'agit en fait que de résultats logiques, conséquence de l'union de l'opposition. D'ailleurs une étude réalisée par l'institut *Nézőpont* à partir des votes pour les maires des grandes villes et pour les assemblées des comitats indique que que le FIDESZ aurait obtenu 129 députés sur 199 en cas d'élections législatives.

Le 15 octobre Borkai Zsolt, réélu maire de Győr[202] avec 44 % des voix, annonce sa démission du FIDESZ car il ne souhaite pas que sa présence devienne un handicap pour ce parti. En effet, quelques jours avant les élections, une vidéo le montrant participant à une orgie avec des prostituées sur un bateau au large de la côte croate a fuité. Ce qui fait désordre pour un parti défendant l'identité

---

201 Division administrative analogue au département. Cependant les grandes villes sont autonomes et non rattachées au comitat qui les entoure.
202 Ville de 130 000 habitants proche des frontières autrichienne et slovaque.

chrétienne de la Hongrie. Il tente de rester maire de ville en tant qu'indépendant mais sera poussé à la démission quelques jours plus tard.

Mi novembre on apprend que l'UE a infligé une amende record à la Hongrie pour sa gestion irrégulière des fonds communautaires alloués par Bruxelles sur le cycle 2014-2020. Un rapport de l'Olaf, office européen de lutte anti-fraude, publié public en septembre 2019 jugeait problématiques 3,84 % des fonds transmis entre 2014 et 2018. Pour mes médias d'opposition il s'agit de multiples détournement de fonds. La sanction s'élève à 10 % du montant des subventions pour la période, soit environ 500 milliards de forints (1,49 milliard d'euros). Avec l'accord du gouvernement hongrois, la Commission européenne va ponctionner cette somme sur les financements de projets en cours ou à venir.

Fin novembre la chaîne de télévision publique hongroise annonce qu'elle se retire de l'Eurovision. Il semble que les autorités hongroises en ait assez de voir le concours de l'Eurovision se transformer en instrument de propagande en faveur de l'homo-sexualisme et du transsexualisme et parfois aussi de l'immigration extra-européenne. La chaîne dément les accusations d'homophobie portées par l''opposition hongroise et les médias occidentaux et précise qu'elle soutiendra directement les productions de qualité créées par les talents hongrois de la pop-musique.

Le 11 décembre le Parlement adopte une loi relative à la culture. Le projet qui avait été dévoilé quelques jours auparavant avait fait l'objet de vives critiques de la part de l'opposition et des milieux culturels. Une pétition s'opposant à ce projet avait réuni plus de 50 000 signatures et quelques milliers de hongrois s'étaient rassemblés au centre du Budapest pour protester contre la mainmise du gouvernement sur les organismes culturels. En fait il ressort de cette loi que les mairies souhaitant que leurs théâtres, musées, orchestres, etc, bénéficient de subventions de l'État devront conclure avec un accord avec le gouvernement relatif à la gestion de ces institutions. Par ailleurs dans ce pays où il n'existe pas de ministère de la Culture il est créé un Conseil national de la culture chargé de formuler des recommandations au gouvernement et de suivre les 17 plus grandes institutions culturelles du pays dont l'Opéra, le Palais des Beaux-Arts, le Théâtre national, etc, qui bénéficieront d'un plan de financement public à long terme.

Le 16 décembre, dans les locaux de la CEU, l'université créée par Soros dont une partie des formations ont été délocalisées à Vienne, les maires des 4 capitales des pays du groupe de Visegrad, tous opposés à leur gouvernement, signent un pacte des villes libres. Ces maires s'engagent à faire des capitales dont ils ont la gestion des villes tolérantes, progressistes et ouvertes à la diversité culturelle. Ces maires entendent peser sur les gouvernements polonais, hongrois, tchèque et slovaque qui chercheraient, selon eux, à éloigner leur pays de l'UE. Ils lancent un appel à l'UE afin d'avoir accès directement aux fonds qu'elle verse aux états. Ce qui est bien évidemment impossible en l'état actuel de la réglementation européenne. L'européanisme béat est le seul point commun à ces 4 maires aux opinions politiques très diverses, centre gauche à Budapest, centre droit à Varsovie, parti Pirate à Prague et absence d'étiquette pour Bratislava.

Fin décembre la secrétaire d'État à la famille Novák Katalin annonce une nouvelle mesure destinée à stimuler la natalité. Elle concerne les couples qui n'arrivent pas à avoir d'enfants, ils seraient 150 000. La fécondation in-vitro, qui coûte actuellement environ 1 million de forints dont 30 % restant à charge de la famille, deviendra gratuite à partir du 1$^{er}$ juillet 2020. Par ailleurs pour éviter les trop longues attentes avant d'obtenir un rendez-vous dans les établissements spécialisés dans cette technique de procréation assistée l'État va nationaliser les six cliniques privées pratiquant ces interventions.

# Epilogue

Après avoir dirigé le gouvernement de 1998 à 2002 Orbán a obtenu en 2018 un troisième mandat consécutif de quatre ans, avec le soutien de près d'un électeur sur deux.

Il faut reconnaître qu'il a réussi à redresser la situation économique du pays avec un taux de croissance estimé à 4,8 % en 2019 et un taux de chômage à 3,5 %. Cela entraîne d'ailleurs une tension sur le marché de l'emploi avec un manque de main-d'œuvre dans certains secteurs et dans les zones économiques les plus actives telles que la capitale. Mais Orbán refuse catégoriquement de faire appel à l'immigration extra-européenne dont la culture et bien souvent la religion sont incompatibles avec l'identité culturelle de la Hongrie. Il aimerait freiner le mouvement d'expatriation de diplômés hongrois attirés par les salaires plus élevés de l'Ouest européen, c'est pourquoi il a engagé une opération de hausse assez significative du salaire minimal qui s'étalera sur plusieurs années. On a déjà eu des hausses de 15 % en 2018 puis 8 % en 2019 et 2020. Cette mesure pousse bien évidemment à la hausse les autres salaires mais le taux d'inflation reste modéré, un peu au dessus de 3 % en 2019.

C'est naturellement par son action résolue contre la déferlante migratoire qu'Orbán s'est attiré le plus de critiques. Après son entrée dans la zone de Schengen, la Hongrie s'est vue imposer un contrôle très strict de ses frontières avec l'Ukraine, la Roumanie, la Serbie et le Croatie. Et voilà que brusquement l'Union européenne lui demande de laisser passer des flots d'immigrés illégaux parmi lesquels se sont infiltrés des terroristes islamistes[203]. Des réfugiés de guerre qu'il faut accueillir, affirment les dirigeants occidentaux. Non des réfugiés économiques que l'Europe ne peut et ne doit pas accueillir, rétorque Orbán. La clôture érigée à la frontière sud de la Hongrie, au grand dam des associations immigrationnistes de l'Ouest européen, a quasiment fermé la route des Balkans qui permettait à tous les immigrés accédant à la Turquie de poursuivre leur chemin jusqu'en Allemagne et, par la suite, de se disséminer dans toute la zone de Schengen sans visa, avec une simple demande d'asile. Et voilà que maintenant les autrichiens et les allemands, qui

---

203Salah Abdeslam, qui a participé à la tuerie du Bataclan, s'est rendu à trois reprises en Hongrie pour y chercher des complices.

étaient peut-être les plus virulents dans leurs critiques envers la politique migratoire d'Orbán, se mettent aussi aux contrôles stricts des entrées à leurs frontières orientales.

Sa défense de l'identité hongroise et de la culture européenne, son refus du multiculturalisme et du mélange à grande échelle des religions lui font encourir les foudres de la bien-pensance qui est aux manettes à Bruxelles et dans les pays de l'Ouest européen, des médias qui considèrent l'immigration comme une chance pour l'Europe et d'organisations non gouvernementales au financement opaque. Dans ce domaine Orbán bénéficie d'un large soutien dans son pays. En France même, beaucoup de citoyens, inquiets face à l'obligation à de diversité et au métissage culturel que dirigeants et médias veulent leur imposer, ne sont pas loin d'épouser les idées d'Orbán.

On peut, bien entendu, considérer que le gouvernement Orbán utilise parfois des méthodes un peu abruptes pour arriver à ses fins ou qu'il prend quelques libertés avec la législation européenne. C'est ce que l'ancien président de la Commission européenne, Juncker, appelait la dérive autoritaire de la Hongrie. Cela peut troubler les français qui sont habitués à une justice plutôt laxiste, à l'impuissance des gouvernements pour cause de respect des droits de l'homme érigés en religion ou à la toute puissance des juges du Conseil d'État. Mais ce sont des méthodes donnant des résultats. Elles font de la Hongrie un pays sûr dans lequel la délinquance est traitée avec sévérité, un pays qui ne connaît pas de zones de non-droit. Elles ont l'aval de la grande majorité des hongrois, et pas seulement des électeurs du FIDESZ .

J'en termine avec la question de la vie démocratique qui serait mise à mal en Hongrie. Rappelons toutefois que près de la moitié des députés (93 sur 199) sont élus à la proportionnelle, ce qui permet à tous les partis dépassant le seuil de 5 % des voix d'avoir des représentants. Le scrutin majoritaire français serait-il plus démocratique ? Et le référendum, qui s'impose au gouvernement hongrois dès qu'un certain nombre de signatures d'électeurs ont été recueillies, n'est-il pas aussi une marque forte de démocratie. Ces dernières années le gouvernement Orbán a reculé à deux reprises, sur la fermeture des magasins le dimanche puis sur l'organisation des jeux olympiques à Budapest, devant la menace de référendums qu'il était certain de perdre. En France le résultat du dernier référendum[204] a été cyniquement foulé aux pieds deux ans plus tard par les députés et sénateurs réunis en Congrès. Imagine-t-on par ailleurs le maire de Paris organiser un référendum pour savoir ce que pensent les parisiens de l'organisation des jeux olympiques dans leur ville ?

---

204Référendum de 2005 sur le traité constitutionnel européen. Le non l'avait emporté malgré le soutien au oui du PS, de L'UMP et de la quasi-totalité des médias.

# Bibliographie

Kende Pierre : Le défi hongrois – de Trianon à Bruxelles (Buchet Chastel).

Nagy Laurent : La transition hongroise de 1990 à 1996 (GEORG EDITEUR – 1996).

Joëlle Stolz : Hongrie – L'apprentie sorcière du nationalisme (Editions du Cygne – 2012).

La nouvelle Alternative n°69-70 : 1956-2006 Hongrie examen de conscience (septembre 2006).

François Fejtö : La fin des démocraties populaires (Seuil – réédition février 1997).

Molnar Miklós : Histoire de la Hongrie (Perrin 2004 – collection tempus).

Anne-Emmanuelle Kervella : L'épopée hongroise, un bilan : de 1945 à nos jours (L'harmattan-1993).

Le Breton Jean-Marie : L'Europe centrale et orientale de 1917 à 1990 (Nathan – 1994).

Thomas Schreiber : Hongrie, la transition pacifique (collection actualité – le Monde Éditions, 1991).

Sous la direction de Thomas Szende : La Hongrie au XXe siècle : regards sur une civilisation (L'Harmattan – 2000).

Bernard Le Calloc'h : Histoire de la Hongrie (Éditions Armeline – 2014).

Timothy Garton Ash : La chaudière, Europe centrale 1980-1990 (Gallimard – collection Témoins, 1990).

Delépine Samuel – Atlas des tsiganes (Autrement, 2$^e$ édition 2016).

Catherine Horel – Histoire de Budapest (Fayard, 1999).

Catherine Horel – L'amiral Horthy, régent de Hongrie (Perrin 2014).

Actes de la recherche en sciences sociales. Vol. 56, mars 1985. L'antisémitisme.

« Hello, dictator ! » (Editor : Ulf Schyldt) – 2015. Texte en anglais.

Sites internet : Blog des mardis hongrois, Visegradpost, Origo (en hongrois) et Index (en hongrois), Hungarianfreepress (en anglais).

Autoédition
dépôt légal : février 2020
ISBN : 9798609800947

Made in the USA
Middletown, DE
17 December 2020